读者评价

技术分析的书很多,但能把一个指标写得非常透彻的书很少。无论新手还是老手,本书都值得一读,而且结合实战反复读。

有很多技术指标,而且指标发烧友每天都在创造新的指标。技术指标都是价格或成交量的函数,没有神奇的预测能力,都为了捕捉三种市场状态(牛市、熊市、震荡市)。交易者无需也不能预测未来的价格(一段时间猜准了那是运气,沾沾自喜者很快就会受到市场的惩罚),只需根据不同的市场状态选择相应的交易策略。如果只能选一种市场变量,那么我选收盘价,因为它是经过一天多空混战,市场认可的价格;如果只能选一个指标,那么我选 MACD,因为它兼具识别趋势和振荡两种功能。如果只选一本书,那么我推荐这本书。

总之,这是一本值得一看的交易书,任何水平和风格的交易者都能找到对自己有启发的内容。有评论认为作者还藏着掖着,也许是吧!但我感觉作者已经将自己的交易思想和盘托出,而且为读者留下了空间,读者可以积累自己的经验,建立属于自己的交易系统。

科学的信仰

详细看了此书,我认为这是我见到的国内最有价值的股票书籍,该书的价值不仅仅是详解了 MACD 指标的用法,更为重要的是,作者屡屡强调交易系统的重要性,我个人建议大家结合海龟交易法则来看。

雁阵惊寒

我是一名业余交易者,读了您的《振荡指标 MACD》受益匪浅,连续读了四遍,一遍比一遍受用。我想请问在外汇交易中,使用 MACD 指标的设置参数是多少?做欧元,MACD 指标应该怎样设置?

魏先生

我是一个断断续续加起来股龄相当长的失败交易者，近些年总算是总结出一些经验和技术，并在尝试建立自己的交易系统，也在实战中见到了一些盈利效果。拿到这本书，我看了目录，直奔第八章《MACD 交易系统》（这是我当前的困惑和需求所在），粗略翻看了一遍，从章节的结构和内容来看，作者是有技术水平且坦诚相告的，实在难得。国内的炒股书籍我看了很多，有的作者是有技术但不坦诚相告，有的作者是坦诚相告但技术含金量很低，好点的炒股书籍一双手的手指都数不满。我想，这本书应该数进去。更深入的研读和收获还没有，留待以后学完本书后再来追评。

无不常

以前在购买股票类的书时，也就是买什么股票入门、买股秘籍之类的，看到这本书时，首先是对它的书名挺感兴趣的，因为我自己对股票并不是很了解，于是买来看一看，不过作者的写法还真是高明，能让我这个对股票一知半解的人看懂还真是不容易，另外，书中都是结合股市图来写的，形象明了，挺好，炒股的朋友，推荐一下。

廖焰

您好，我是西安的一名读者，读了您关于 MACD 指标的书，非常喜欢。不夸张地说，这是我看过的国外和国内的最好的一部关于指标讲解的书。深入浅出，通俗易懂。不仅仅讲了很实用的方法和技巧，而且在交易的心理和交易与道的关系上指出了二者的相通之处。读了很多遍，如饮醇酒，久而弥香。

梁先生

我从 2009 年开始接触股票，经过这几年的跌跌撞撞，逐渐摆脱了当初的无原则交易局面，初步建立了自己的交易规则。前不久很有幸拜读了《振荡指标 MACD：波段操作精解》，让我受益匪浅，特别是书中以 2 个交易系统示例进行的分析更让我如获至宝，并立即按照书中的图例着手建立自己的交易系统。

淡定

把一个指标讲得透透的，相当棒，谢谢作者。专而精才是上策。关于系统交易部分写得特别好。比如系统的数学期望，太少书籍会提到这些至关重要的内容。其实成功交易就三要素：正期望收益的交易系统、与交易系统匹配的资金管理体系，最后是心理管控，即坚定的执行力，耐心等待进出场机会，铁血纪律。做到上面三点，就进入了书中所说的木剑阶段了，能够稳定赢利了。

sjybsrs

《振荡指标MACD：波段操作精解》一书拜读，感觉非常有收获，有了系统交易的初步概念，可以按照某种标准对市场进行多空的划分，形成有效操作理念，不过多关注日内市场波动。

张先生
（特别感谢张先生的勘误表）

有幸拜读了您的大作《振荡指标MACD：波段操作精解》受益匪浅。尤其是关于MACD交易系统如何建立和市场研判对于初入股市的朋友大有裨益，该书非常完整地描述了MACD的各个操作模式和方法，作为您的读者很荣幸在刚入股市就能读到这么好的书籍。

祖先生

MACD书是我读过的作者第二本书。记得读第一本《黑马波段操盘术》时根本停不下来，非常喜欢。MACD书厚厚的一本，觉得一个指标介绍得太详尽专业了，还担心自己看不懂。翻开书，就被书中每一章后的盘后阅读所吸引，随着作者娓娓道来，指标之王MACD的前世今生，构成形态，波段盈利，交易系统，实战案列一一呈现。书中作者不仅自己授业解惑，每一节更是邀请投资大师做客开讲，足见用心。我读3遍了，MACD书如同耐品的佳酿，每次回味都有惊喜。衷心感谢作者投资路上的无私引导，期待您下一部好书。

红涨

本书提供了新的思路和视角，图文并茂，深浅适度，感觉适合中级股民学习。

木夕

您好！我购买您的大作《振荡指标MACD：波段操作精解》后，经多次阅读、思考，有些激动，忍不住要给您写信了，郑重地向您说声：谢谢！本人受益匪浅，您的讲解全面、深入、系统，我这么多年买有关股票的书籍有一柜子了，大部分可以说是垃圾书，明天将其他大部分股票类书籍和家里的报纸一起卖掉。您将一个指标讲解得如此系统、深刻、可操作，可能中国目前还没有出现第二个人。看完此书，可以判断，您是一个有良知的作者，更是一个成功的、优秀的操盘手。

罗先生

6月底一次偶然的机会，在新华书店的推荐书架上看到了您的大作《振荡指标MACD：波段操作精解》。随手一翻便觉得这是我看过最好的一本书，解决了我长期以来的困惑。此前，我读过不少有关技术分析的书籍，一直在苦苦寻找一种能盈利的操作方法（仅仅还是方法，此前从没有交易系统的概念）。可越学越感到不会操作，多种技术交织，各种指标发出的不同信号，让我无所适从。您的大作给我的交易策略指明了方向，在学习股票操作的同时也分享了老师渊博的学识。现在我已研读了三遍，每一遍都有新的收获，操作思路渐渐明晰，深深感到技术不一定是学得越多越好，重要的是建立起一套适合自己的交易系统，然后严格地执行。

老胡

【升级版】

振荡指标 MACD 波段操作精解

凌 波 ◎ 著

中华工商联合出版社

图书在版编目（CIP）数据

振荡指标 MACD：波段操作精解：升级版／凌波著．
—北京：中华工商联合出版社，2015.1（2020.9重印）
ISBN 978-7-5158-1004-1

Ⅰ．①振…　Ⅱ．①凌…　Ⅲ．①股票交易－基本知识
Ⅳ．①F830.91

中国版本图书馆 CIP 数据核字（2014）第 162427 号

振荡指标 MACD：波段操作精解（升级版）

作　　者：	凌　波
责任编辑：	于建廷　效慧辉
封面设计：	杜　帅
责任印制：	迈致红
出版发行：	中华工商联合出版社有限责任公司
印　　刷：	河北鹏润印刷有限公司
版　　次：	2015 年 1 月第 1 版
印　　次：	2020 年 9 月第 13 次印刷
开　　本：	700mm×1000mm　1/16
字　　数：	280 千字
印　　张：	20
书　　号：	ISBN 978-7-5158-1004-1
定　　价：	49.80 元

服务热线：010-58301130　　　　　　　　工商联版图书
销售热线：010-58302813　　　　　　　　版权所有　盗版必究
地址邮编：北京市西城区西环广场 A 座
　　　　　19-20 层，100044
http://www.chgslcbs.cn
E-mail：cicap1202@sina.com（营销中心）　　凡本社图书出现印装质量问题，
　　　　　　　　　　　　　　　　　　　　　请与印务部联系。
E-mail：gslzbs@sina.com（总编室）　　　　联系电话：010-58302915

再版前言

本书自出版以来受到了很多个人和机构投资者的支持与青睐，收到了广泛的好评，当然也不乏对本书的宝贵意见和指正。在此首先对给予本书大力支持的广大投资者表示感谢，特别感谢对本书提出过诚挚建议的多位投资者，没有你们的耐心和对不妥之处的指正，就不会有日臻完善的这个版本。

在收到的大量读者邮件中，能感受到投资者对交易的热情，对交易的理解，以及对优势系统的孜孜以求。一本书可能说不尽所有的交易问题，但我相信，像很多投资者反馈的那样，这本书是学习 MACD 指标、学习交易、进入投资领域的一本非常值得借鉴的参考书。希望它能给投资者带来更多的帮助。

本次修订主要对文字和图表中的一些错误进行了更正，对一些数据和图表做了必要的更新，力求达到正确、流畅和清晰。同时，在一些相关的地方，加入了一些新的经验和对交易的理解，对部分内容做了调整，在第八章新增了一节。

在交易中，以前有效的方法，现在有效，未来也同样有效。历史会重现，这是被一再证明了的。因为人性不变，市场情绪就不会变，图形就会依然有效。市场波动越剧烈，人性的弱点就会被放得越大，你就越有机会利用这一点，从被放大的波段行情中获利。

本书不仅仅讲了一个指标，它涵盖了一位投资者应该了解的大部分交易思想，遵循着其中的一些痕迹，它将指引你打开更广阔的天地。其中总会有一些话语会点亮你在某些方面的思想，提升你的看盘功力和对行情的理解。朴素的道理更有力量，好的方法往往是简单而不容易被人重视的，发现它不易、遵守它更难。

  在此再次感谢对第一版提出宝贵意见的读者和投资者。这本书中有你们的功劳，希望它给你和你的朋友提供更多的帮助。在本次修订过程中虽力求完善，但限于水平，书中难免还会有疏漏和不妥之处，敬请指正。我们会根据广大读者的宝贵意见进行修订，使之臻于完善。

凌 波

前 言

随着国内投资市场的成熟，各种股票软件的功能日益强大，投资者对指标的研究不断深入，而国内有关指标的参考书，不仅数量不多，质量也是参差不齐，本书旨在帮助投资者全面深入地了解经典指标 MACD 以及波段操作方法。

MACD 指标是几乎所有交易软件的首选默认指标，不管是在股票交易中，还是在期货、外汇等其他投资品种的交易中都被频繁使用。它是最经典，也是最实用的技术指标，被投资者称为"指标之王"！

本书的关键词是"MACD 指标"和"波段操作"，我们希望投资者通过本书，精通一个指标，并且掌握波段操作技巧。万法同理，殊途同归，能够研究好一个经典指标，其他的指标也便极易上手，甚至使用这一个指标就足够指导投资。波段操作是主要的趋势操作方法，我们经常听说的"短线是银"也好，"中线是金"也好，其实指的都是波段操作，只是操作周期大小不同的区别，但操作方法是一样的，都是以"波段为王"。

这样，有了"王"的指标，又有了"王道"的操作，再加上一些实战经历，在投资中实现稳定收益也便是水到渠成的事情。本书围绕"MACD 指标"和"波段操作"展开，共分为八章内容。

第一章，指标之王，主要介绍 MACD 指标的构成，股市以牛熊交替形式出现的波动特点，简单介绍波段操作理论基础——道氏理论和波浪理论，并以此来总结上证指数历史行情数据，帮助投资者了解我国股市的历次牛熊循环，这些都是不可多得的珍贵资料，投资者可借此对股市的循环有一个系统的认识。

在本章最后，介绍了波段操作的方法、误区以及要点。

第二章，振荡指标应用基础，主要介绍包括 MACD 指标在内的几个常见指标，从指标在分析图中的位置、形态、交叉、背离等方面全面介绍振荡指标的应用基础。这些内容是对大部分指标均适用的研究方法。

第三章，MACD 指标，主要从指标的由来、算法、组成及应用原则等几个方面，系统地全面介绍 MACD 指标。

第四章，DIF 快线波段操作，主要介绍以 MACD 指标中的快线指标 DIF 线为依据的波段操作方法，包括趋势线、顶背离、底背离的波段买点与卖点，每种波段操作方法都有详细图解和实战分析。

第五章，DEA 慢线波段操作，主要介绍以 MACD 指标中的慢线指标 DEA 线为依据的波段操作方法，快线 DIF 与慢线 DEA 的聚散交叉波段操作方法，每一节都会有详细的买点与卖点介绍和图解实战举例分析。

第六章，MACD 柱状线波段操作，主要介绍以 MACD 指标中的柱状线为依据的波段操作方法，包括柱状线的原理、抽脚与缩头、杀多棒与逼空棒，柱状线的六大形态及波段买卖点，同样每种波段方法都会有买卖点介绍和图解实例分析。

第七章，市场研判，主要总结 MACD 指标的波段操作关键技巧与经验，包括多空的分界，长期与短期操作，多空转折点，市场强弱研判，左侧与右侧交易等。本章中的经验和数据总结也是不可多得的资料，一些分析图对投资者会很有启发价值。

第八章，MACD 交易系统，主要介绍系统化的交易方法以及交易系统如何建立，并且包括"一长一短"两个基于 MACD 指标的交易系统实例，这两个交易系统均可用于实战，还有详细的测试报告，投资者可以由此进入系统化交易的更深入、更专业的投资领域。在本章的最后三节主要介绍了投资经验，这些是实战交易者才会有的感悟，相信会对投资者具有相当大的启发和借鉴意义。

在每章结尾还有一篇盘后阅读文章，我们希望投资者在研究投资的同时接

前　言

触一些富有启发性和趣味性的与交易相关的话题，其中很可能会有哪段文字触发你的投资灵感或者改变你的思维惯性，从而使投资水平提高一个层次。

由于作者水平有限，书中难免有不足之处，恳请读者不吝赐教，不胜感激。作为实战交易者，作者非常欢迎与投资者互相交流，互相促进！

希望各位投资者通过本书内容，精通 MACD 指标，掌握波段操作方法，下面我们一起开始探索"指标之王"之路……

目　录
Contents

第一章　指标之王

第一节　指标之王——MACD ／ 3

第二节　交替出现的牛市与熊市 ／ 9

第三节　道氏理论与牛熊循环 ／ 12

第四节　波浪理论与牛熊循环 ／ 20

第五节　波段是金 ／ 26

第六节　波段操作的误区 ／ 28

第七节　如何利用波段操作获利 ／ 32

盘后阅读之一　南隐禅师的"空杯" ／ 36

第二章　振荡指标应用基础

第一节　振荡指标 ／ 41

第二节　指标的高位与低位 ／ 47

第三节　指标的趋势 ／ 49

第四节　指标的形态 ／ 51

第五节　指标的交叉 ／ 54

第六节　指标的背离 ／ 57

盘后阅读之二　宫本武藏 ／ 61

第三章　MACD 指标

第一节　MACD——指数平滑异同移动平均线 ／ 65

第二节　MACD 指标之父：杰拉德·阿佩尔 ／ 70

第三节　EMA 指数平滑移动平均线 ／ 73

第四节　DIF 快线 ／ 76

第五节　DEA 慢线 ／ 78

第六节　MACD 柱状线 ／ 79

第七节　DIF 快线与 DEA 慢线的运用 / 81

第八节　DIF 快线与 MACD 柱状线的运用 / 82

盘后阅读之三　羊群效应 / 83

第四章　DIF 快线波段操作

第一节　DIF 快线的运用 / 87

第二节　趋势线的运用 / 95

第三节　底背离（多头背离）/ 102

第四节　顶背离（空头背离）/ 109

盘后阅读之四　瓦西里：我静得像一块石头 / 122

第五章　DEA 慢线波段操作

第一节　聚散交叉 / 127

第二节　黄金交叉 / 129

第三节　死亡交叉 / 138

盘后阅读之五　《玩转 21 点》中三扇门的问题 / 151

第六章　MACD 柱状线波段操作

第一节　MACD 柱状线破解 / 157

第二节　柱状线"抽脚" / 159

第三节　柱状线"缩头" / 163

第四节　柱状线的杀多棒与逼空棒 / 168

盘后阅读之六　鳄鱼法则 / 177

第五节　单峰（谷）形态 / 178

第六节　双重峰（谷）形态 / 181

第七节　三重峰（谷）形态 / 187

第八节　汤匙形态 / 193

第九节　0 轴之上（下）徘徊 / 195

第十节　顶（底）背离 / 196

盘后阅读之七　"蜜蜂与苍蝇"的赚钱精神特性 / 204

第七章　市场研判

第一节　多空的分界 / 209

第二节　长期与短期操作 / 213

第三节　多空转折点 / 217

第四节　市场强弱研判 / 224

第五节　左侧交易与右侧交易 / 225

盘后阅读之八　21天养成盈利投资习惯 / 232

第八章　MACD交易系统

第一节　系统交易与交易系统 / 237

第二节　对交易系统认识的误区 / 240

第三节　系统交易的优势 / 244

第四节　如何建立高胜算交易系统 / 246

第五节　交易系统建立中的误区 / 250

盘后阅读之九　"围棋十诀"博弈之道 / 254

第六节　交易系统实例之一——DIF中长线交易系统 / 258

第七节　交易系统实例之二——MACD中短线交易系统 / 268

第八节　波段之秘——个股测试比较 / 273

第九节　对过滤条件和交易品种的选择 / 283

第十节　"善输、小错"是成功的关键 / 289

第十一节　从感觉交易到系统交易 / 292

第十二节　投资之道 / 295

盘后阅读之十　足球与交易——献给19届南非世界杯 / 299

后记 / 303

第一章

ZHEN DANG ZHI BIAO MACD: BO DUAN CAO ZUO JING JIE

指标之王

> "华尔街没有新事物。因为投机像山岳那样古老。股市今天发生的事情以前发生过,以后会再度发生。"
> ——华尔街传奇大作手 杰西·利弗莫尔(Jesse Livermore)

本章主要内容

第一节　指标之王——MACD

第二节　交替出现的牛市与熊市

第三节　道氏理论与牛熊循环

第四节　波浪理论与牛熊循环

第五节　波段是金

第六节　波段操作的误区

第七节　如何利用波段操作获利

盘后阅读之一　南隐禅师的"空杯"

"技术分析是历史经验的总结,其有效性是以概率的形式出现,技术分析必须与基本分析相结合有效性才能得到提高。"

——著名技术分析家 约翰·墨菲(John J. Murphy)

第一节 指标之王——MACD

MACD 指标是股票行情软件中默认的第一个指标,如图 1-1 所示,也是投资者进行指标学习的入门指标,经典指标,被称为"指标之王"。

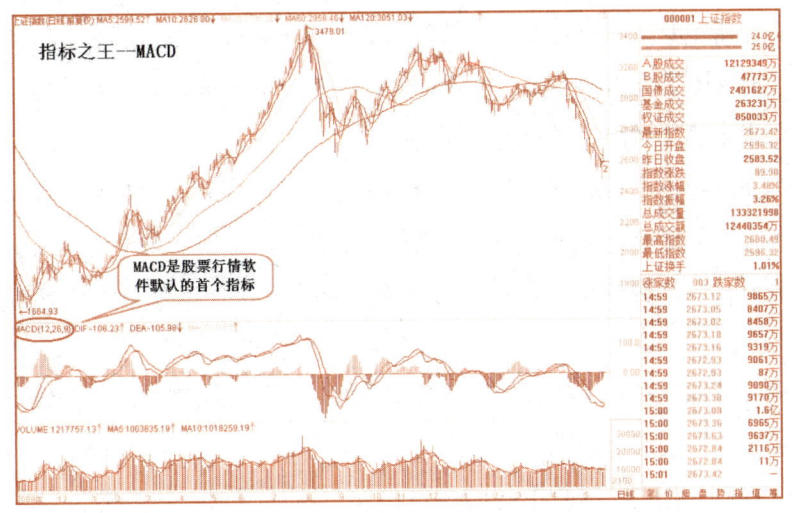

图 1-1 MACD 指标是股票行情软件默认的首个指标

MACD 指标的重要性表现在:

(1) MACD 指标是各大股票、期货行情软件中默认的首选指标。

(2) MACD 指标当然也是被运用最多的指标,是被历史检验过的最有效和最实用的指标。

(3) MACD 指标是由趋势类均线指标 EMA 计算而来的振荡指标,对趋势和震荡行情都有很好的应用效果。

(4) MACD 指标的背离被认为是最好用的"抄底逃顶"技术分析方法之一。

(5) MACD 指标是首选入门指标,是很多投资者进入指标研究的开始,而且是很多人在接触了其他指标,甚至自创了指标或使用指标组合之后,最终又回归本原,仍旧使用的终极指标。所谓"众里寻她千百度,蓦然回首,那人却在灯火阑珊处。"

(6) MACD 指标是系统化交易者最常用的进出场依据之一,被广泛用来判断买点与卖点以及市场多空状况。

股票投资的分析方法可分为技术分析和基本面分析两大流派,在这两大流派中,中小投资者往往更偏爱技术分析。

技术分析主要指对行情图表中的价格与成交量进行分析,借助过往和当前的 K 线图、指标图呈现出的形态、模式,通过一些分析方法,对当前价格走势进行研判,对未来趋势做出概率上的预期。

基本面分析主要指通过对企业的财务状况、运营状况、行业发展以及宏观经济指标等方面的研究,对企业的现状进行评估并对未来做出预期,这涉及对财务报表的分析,对产业政策的解读,对国家财政政策及货币政策的研究等方面的内容。

两种分析方法各有千秋,他们都有专业性的一面,但对于普通投资者就掌握难易程度及使用效果上来说,技术分析应该更胜一筹。在实际操作中,利用一根指标线(DIF)就可以判断市场的多空以及个股的强弱。技术分析者可以做到"一把直尺闯天下"。

事实也证明技术分析是中小投资者值得信赖的分析方法。其原因是:首先,在股市中那些关于基本面的重要"真实"信息是有价值的,中小投资者往往不具备获得及时、准确、详细的基本面信息的能力。其次,即使中小投资者能够获得"真实"信息,在正确地解读这些信息上也会有困难,这些信息往往数据量大,专业性强。基本面分析往往是投资机构比较重视的,由于他们资金量比较大,进出市场不方便,才一定要有基本面的依据,否则机构也会被套牢。

那么中小投资者就不需要看基本面了吗?当然不是!只是相对于基本面来

说，我们更侧重于技术面，而基本面可以作为技术分析的参考。投资者只需要对基本面有一定的了解，不出现大的偏差即可，比如，在经济危机、市场情绪低落、经济数据明显疲软、国家实行收紧的货币政策或财政政策等情况下，减少操作或不操作，这些是很容易获得的宏观的基本面信息。再比如一些行业兴衰报道，对行业的调控政策等，对于这种行业信息，投资者多关注新闻报道基本就不会犯方向性错误。

因此，对于普通投资者来说，主要还是要依靠技术分析，发挥资金规模小、灵活机动的优势，进行波段操作，才能实现资本金的复利稳定增长。在技术分析中，指标分析是一项重要的内容，开始研究指标是投资者探索股市波动规律迈出的重要一步，能够熟练地运用好指标是成功投资者必备的素质之一。指标是历史行情数据的统计工具，它能帮助我们更好地、更直观地分析股票行情。

投资之道与剑道

无名利剑，凌厉刚猛，无坚不摧，弱冠前以之与河朔群雄争锋。
紫薇软剑，三十岁前所用，误伤义士不祥，乃弃之深谷。
重剑无锋，大巧不工，四十岁前恃之横行天下。
四十岁后，不滞于物，草木竹石均可为剑。
自此精修，渐进于无剑胜有剑之境。

——独孤求败

借用金庸大师笔下独孤求败前辈的武学归纳：利剑、软剑、重剑、木剑、无剑这五个阶段来对股票投资和指标应用的进级过程做一个说明。

第一阶段：利剑期

"无名利剑，凌厉刚猛，无坚不摧，弱冠前以之与河朔群雄争锋。"

古时男子二十岁行冠礼，"弱冠前"即二十岁以前。这对应着投资者的入市阶段，追求的是"利剑"，利就是峰利、迅速。新手多是在赚钱效应的趋动下进

入股市,这时的行情往往处于波浪理论中上涨推动浪的三浪末或是五浪中,这是牛市最疯狂的时期。

新手在第一个牛熊转换中会有痛苦的教训,多数被套牢,他们在此之后开始学习各种股票技术和理论知识。从巴菲特的价值投资到索罗斯的反向理论;再到一些技术分析方法,如日本蜡烛图技术、K 线形态、各种指标等;再到一些技术理论,如道氏理论、波浪理论、江恩理论等等;还有可能接触一些投资心理方面的知识。

投资者在这个阶段所做的大部分努力是为了提高买入和卖出点的准确率。追求那把无名利剑,想达到"唯快不破"的境界,准确迅速地给市场致命一击。偏向于短平快的各种方法,操作上快进快出,想尽可能地把曲线拉直。

"利剑期"在指标研究上表现为,从学习经典指标开始,如 MACD、KDJ、RSI 等等,然后开始自创指标或者进行指标组合,沉浸在寻找"神之一招"的过程中。这时候会发现有时指标很好用,而有时它好像又失效了,其原因是对指标研究的杂而不专,只知其表相,而不识其本质原理。

第二阶段:软剑期

"紫薇软剑,三十岁前所用,误伤义士不祥,乃弃之深谷。"

投资之道,刚者易折,唯至阴至柔,方可纵横天下。这个阶段的投资者开始渐渐领悟到过度的精确是不可能的也是没必要的。三十岁是而立之年,在投资中是树立投资理念的阶段。投资者经过了利剑期的探索,开始集中研究适合自己的投资方法。

很多投资者处于这个阶段,而且很多人会在这个阶段探索很长时间。"紫薇软剑"是对"无名利剑"的升级,这时候要抛弃一些之前用过的看似"凌厉刚猛"的过度追求精确的方法,而在改进投资稳定性上下功夫。这个过程中,账户资金会因为试验方法而极不稳定,有时会暴赚一段时间,有时又会有很大的亏损。

在交易理念上,开始注意"截断亏损,让利润奔跑",领悟到资金管理的重要性,这是一项重大突破。仓位与止损是这个阶段经常研究的内容,这时,不会再像以前一样博傻交易,而是多了一些投资策略。

"软剑期"在指标研究上表现在,深入研究一两个适合自己的指标,不再过多关注杂乱而花哨的图表设置。去掉不必要的复杂,开始追求简单,注重实效。直到有一天,顿悟来了,进入了下一阶段。要知道70%以上的投资者会徘徊在前两个阶段,而难于更进一步。

第三阶段:重剑期

"重剑无锋,大巧不工。四十岁前恃之横行天下。"

一部分投资者经过上善若水的"软剑期"顿悟后,开始进入大道至简的"重剑期"。在这个阶段,主要是在投资技术上的基本完善以及投资理念上的升华。四十岁是不惑之年,人生和投资都有了一定的阅历,对市场的理解更加深入。

这个阶段的投资者更关注资金管理和交易系统,资金管理包括仓位控制和风险控制,交易系统是关于进出场策略、资金管理及交易心理这三方面的综合计划体系。开始有明确的投资计划,所谓"计划你的交易,交易你的计划"。

这时投资者的资金账户已经鲜有亏损,开始接受"任何人都不能100%的正确"这一观念,承认小的亏损,但能抓住大的波段利润来弥补多次小的亏损,总体上还是盈利的。有时能连续持仓一两个月,有时也会一两个月不出手,有了严格的操作纪律,坚持市场不给我们机会,我们也不给市场机会!在股票投资中,赚钱不是每个人都能做到的,而不亏钱则每个人都可以轻易做到。

"知势知止",懂得趋势并借助趋势顺水行舟;开始做减法,"弱水三千只取一瓢饮",知道抱残守拙,大巧不工。过度的优化方法只能使系统失效。胜率和盈亏比应该处于一个平衡之中,过于"锋利"的剑所斩获的利润也会相应的薄。

"重剑期"在指标运用上表现为,已经能熟练地运用指标,深入理解了指标的构造原理,知道什么市况下用什么指标更合适。知道每种指标都会有盲区,只要做大概率的事情就可以盈利。盈利的交易就是把简单而正确的事情重复做。

这个时期研究指标已经不再那么有激情,一切都是顺其自然。指标出现了买入信号就果断买进,出现了卖出信号就毫不犹豫地卖出。如果这次失误那么会增

大下次正确的概率,因为这时的方法是经过长期多次证明有效的方法,不再用单次的眼光来看指标的效果。有20%左右的投资者会在这个阶段时赚时亏,但总体上会有所盈利,只有占总数10%以内的投资者会进入下个稳定盈利的阶段。

第四阶段:木剑期

"四十岁后,不滞于物,草木竹石均可为剑。"

这个阶段的投资者已经成为了成熟的投资者,有了完善的技术和成熟的投资理念。对经济规律和市场波动本质已经了如指掌。所谓"不滞于物",即不再拘泥于"剑"的形式,技术分析方法和理念,如指标、形态、各种理论、纪律等等都已经深入到了投资者的骨子里。"草木竹石均可为剑",这时的投资者已经有了自己的理论,掌握了投资之道,一切方法只是表相。

投资者这时能够一致性地执行自己的投资计划,投资决策不会再受到市场情绪或者他人意见的干扰,是一位"独立"的投资人。"木剑期"的投资者可以说是成功的投资者,他们的账户已经能稳定增长,有时会有回撤,但总体上会保持向上的增长趋势,只要有时间的积累就能产生复利财富效应。像巴菲特的"滚雪球"投资理念一样,有粘着力的小雪球从山顶滑落下来,只要有足够长的时间,雪球会越滚越大。

"木剑期"在指标运用上的表现为,已经不注重指标的形式,甚至看到K线图表就能联想到下面副图上的指标形态,一切了然于胸。这时的投资者可以自创很好的指标,并且建立稳定盈利的交易系统,可是他不会告诉别人,因为他知道,告诉别人,别人也不会严格遵守。

这个时期的高手是寂寞的!交易对他来说就像开车一样,看见红灯停车,看到绿灯起步,根据路况调整速度,一切得心应手。达到策略明晰,执行果断,从心所欲不逾矩。盈利已经不再是问题,交易也少有激情,一切都在计划之中,成为了枯燥的执行。最后会有5%以内的投资者会进入下个阶段。

第五阶段:无剑期

"自此精修,渐进于无剑胜有剑之境。"

最后会有极少数投资者进入止于至善的"无剑期"。能进入这个阶段的投资

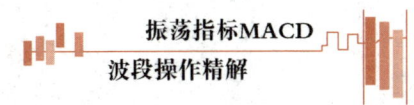

者是在做人境界上的优胜者。股市中常讲"四流高手靠技术,三流高手靠资金管理,二流高手靠理念,一流高手靠心理,超级高手靠素质",这个素质就是综合的境界。

这个阶段的投资者,有些是著名的投资大师,有些是大隐于市的高手。对于他们来说,阳光下没有新鲜事,赚钱已经不是目的,重要的是对真理的追求。

"无剑期"的投资者已经不必再用指标,达到"无剑胜有剑"的境界。这时的投资者已经可以称之为投资家,可以说从"剑宗"转变到了"气宗"。他们具备艺术家一样的眼光,投资已经不是工作而是享受和体验的过程。

至此,通过上面剑道五个阶段的总结,投资者对股票投资和指标运用的进阶过程应该已经有所了解,想到禅宗中著名的见山是山与见山不是山的公案,以此作为结尾。公案系出于青原惟信禅师的《上堂法语》,他说:"老僧三十年前,未参禅时,见山是山,见水是水。及至后来,亲见知识,有个入处,见山不是山,见水不是水。而今得个休歇处,依前见山只是山,见水只是水。"

"胜兵先胜而后求战,败兵先战而后求胜。"

——《孙子兵法》

第二节　交替出现的牛市与熊市

"牛市捂股,熊市捂钱"这是股市中流传的名言,看似简单,实则道出了投资的真理!股市的波动具有牛市与熊市交替出现的规律。牛市中的股票十个有八个会上涨,这时越是频繁换股越是享受不到大波段的上涨;而熊市中的股票则大部分会下跌,这时即使挖掘投资机会也不会太多,持币观望,捂好钱袋子才是最好的选择!

"牛市"与"熊市"的说法来源已久,关于它的起源说法不一。"牛市"也

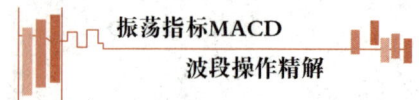

被称为多头市场，这时的市场被多数人看好后市，做多是顺势交易，也最容易赚钱。牛市表现出了股票像万牛奔腾一样的一起上涨的局面，这时的证券营业厅也是人头攒动。"熊市"也被称为空头市场，这时的市场中的多数人看淡后市，做空是顺势交易，也最容易赚钱。熊市表现了人们对股票下跌就像看到熊一样恐惧。

把牛市与熊市看作牛与熊的攻击形式，这更容易让人理解。牛总是把牛角冲向上方来攻击对方，这样更像是股票市场的上涨攻击形态；而熊总是用熊掌向下扑击对方，这更像是股票市场的下跌形态。

牛市与熊市是相对的，也是分级别的，一轮大的牛市可以包含若干个较小级别的牛市与熊市，同样，一轮大的熊市也可以包含若干个较小级别的牛市与熊市。在后面的两节中我们会通过"道氏理论"与"波浪理论"来介绍我国上证指数的牛熊循环全景图。

MACD 指标能够有效地判断中长期与中短期的牛市与熊市，一根指标线就可以告诉你哪里是牛市的开始，哪里是熊市的开始。这在后面的章节中会有详细的介绍。我们还是先来讨论技术分析的基本问题，为后面的指标介绍和波段操作打好基础。

任何技术分析方法都是对价格规律的总结，也都有其局限性，其成功率都是以概率的形式出现。而且每种分析方法的适用性和侧重点也有所不同。投资者应坚持"博采众长，精于一技"的原则，做到广纳良策，去伪存真，逐步形成自己的投资风格和投资理念，构建出一套适合自己的，合理并且高效的投资方法。

我们对股票的价格走势进行技术分析，这需要有一个前提，即技术分析是有效的。所有技术分析的立论基础可以概括为以下三方面的内容：

（1）市场行为包容消化一切

一切信息反映在股票价格上，市场行为包容消化一切，这构成了整个技术分析的基础。技术派投资者认为，影响价格的所有因素，如经济、政治、社会因素等，实际上通过价格得到体现，不需要去研究原因只需要关注价格变动，当前的所有消息都反映到了当前的股价上。其实质含义就是价格变化反映供求关系，供

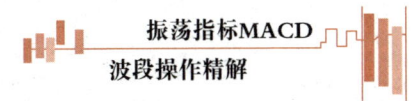

求关系决定价格变化。既然影响市场价格的所有因素最终必定通过市场价格反映,那么研究价格就足够了。这也就是那句"市场永远是对的"的本质含义。

(2) 价格沿着趋势移动

"趋势"理念是技术分析的核心。随便打开一张K线图,我们都会发现,无论是股票还是期货、外汇,其大部分时间的价格变动都是运行在趋势之中,出现最高点和最低点只是瞬间的事情。研究价格图表的全部意义,就是要在一个趋势的运行初期,及时准确的介入,从而达到顺着趋势交易的目的。价格运动是有趋势的,顺势交易在空间与时间上均占有优势。

(3) 历史会重演

技术分析和金融行为学、交易心理学有着关系,价格通过特定的图表形态表现了人们对某市场看好或看淡的心理。过去有效,未来同样有效。"上涨——下跌——再上涨——再下跌",循环往复成为价格走势的特点。波浪理论、道氏理论之所以能流传,就是因为不仅证明过去是有效的,将来还会有效。历史不会简单的复制,但历史也会重演。

技术分析方法有很多种,但总体来说只是形式上的变化。如果我们研究技术分析的整个历史,会发现其数量和种类就像一棵大树,不断地开花结果,变得越来越枝繁叶茂。若对这些纷繁复杂的分析方法没有系统的认识,拿起来就直接运用到本就复杂的股市中,其结果可想而知。因此,我们在介绍MACD指标之前,先简要介绍两个反应市场波动的经典理论,即"道氏理论"和"波浪理论",这有助于我们理解股价波动特点和波段操作原理,有助于在以后的讨论中识别指标形态和理解指标背离。

"在观测潮汐来临时,我们希望知道最高潮的准确高度,因此在沙堆中立一木桩,若后浪超越木桩,那证明潮水是在上涨,直到木桩到达没有其他浪能企及的最高点,并且最终退却足够的高度,显示出趋势已经转变。这种方法对于观察和确定股市趋势的涨落同样有不错的效果。"

——道琼斯指数创始人 道氏理论奠基人 查尔斯·亨利·道(Charles H. Dow)

第三节 道氏理论与牛熊循环

道氏理论——股市晴雨表

道氏理论是股票市场技术分析的基石,这套理论最早是由查尔斯·道(《华尔街日报》的创办人之一)发展出来,他认为这套理论并非用于预测股票市场,也不是用来指导投资者进行操作,而只是一般用来衡量经济趋势的指标,并作为反映市场总体趋势的晴雨表。然而这套理论却描述了股市波动中可能重复出现的模型,也衍生出了波浪理论。道氏理论中关于潮汐的描述,实为技术分析中的精髓,投资者若能够理解这套理论,必能对股价波动的轮廓有更深入的认识。

1902年,查尔斯·道去世以后,威廉·汉弥尔顿和罗伯特·雷亚继任《华尔街日报》的编辑工作,同时在发表关于股市的评论中,逐步整理、归纳这套理论,最后威廉·汉弥尔顿在1922年出版了《股市晴雨表》一书,罗伯特·雷亚在1932年出版了《道氏理论》一书,至此,道氏理论才有了完整的理论结构。

道氏理论在19世纪30年代达到巅峰。那时,《华尔街日报》以道氏理论为依据每日撰写股市评论。1929年10月23日《华尔街日报》刊登"浪潮转向"一文,正确地指出"多头市场(牛市)"已经结束,"空头市场(熊市)"的时代来临。这篇文章是以道氏理论为基础提出的预测。紧接这一预测之后,果然发生了可怕的股市崩盘,于是道氏理论名噪一时。

道氏理论可以总结成三个假设和五个定理,也是我们所有技术分析的基石。

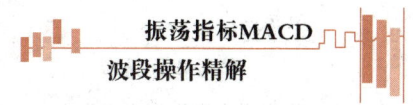

假设1：

主要趋势不受人为操纵。指数每天的波动可能受到人为操纵，次级折返行情也可能受到有限的人为操纵，但主要趋势绝对不会受到人为的操纵。

假设2：

市场指数包含一切信息。每个市场参与者对市场消息进行解读所形成的预期都会反映在当前的价格指数上。因此，市场指数永远会体现出市场对未来的预期。当前的市场指数消化了当前的所有信息，如果发生地震、战争等灾难，市场也会迅速加以评估并将其反映到指数上。

假设3：

这套理论并非万无一失。道氏理论可以帮助我们客观地认识市场，避免凭主观猜测指导投资。它不是可以击败市场的系统。遵循市场波动规律，以概率思维来看待交易，形成优势策略是运用好该理论的正确方向。

定理1：

道氏理论按行情级别的大小将市场分为三种走势：

第一种走势——潮汐，它是主要趋势，最为重要。整体向上或向下的走势称为"多头市场（牛市）"或"空头市场（熊市）"，主要趋势可能持续长达数年的时间。

第二种走势——波浪，它是次级的折返走势，最难捉摸。它是主要多头市场中重要下跌走势；或是主要空头市场中的反弹。次级折返走势通常会持续三个星期至数个月的时间。

第三种走势——涟漪，它是每天波动的走势，相对于一波主要趋势来说，日间走势通常较不重要。

定理2：

主要走势：主要走势代表市场整体的基本趋势，通常称为多头或空头市场（见图1-2），持续时间可能在一年以内，也可能达数年之久。正确判断主要走势的方向，是投资取得成功的重要因素。没有任何已知的方法可以准确预测主要走势的持续期限。

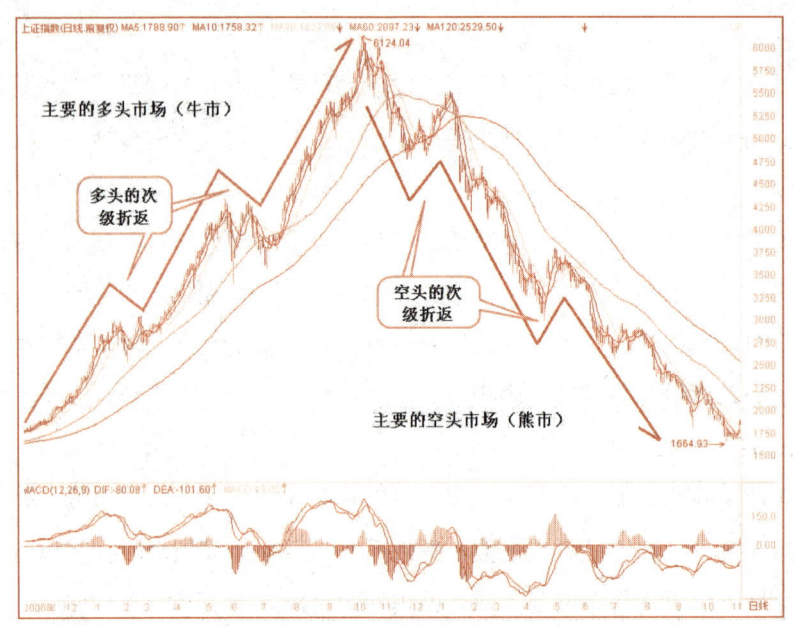

图1-2 道氏理论在上证指数的应用说明

定理3：

主要的空头市场（熊市）：主要的空头市场是长期向下的走势，其间夹杂着反弹（次级折返）。它起始于利好兑现，终止于利空出尽。空头市场会经历三个主要阶段：

第一阶段，市场参与者不再期待股票可以支撑过度高涨的价格（挤除泡沫）；

第二阶段，由经济状况与企业盈余的衰退导致的卖压（经济衰退）；

第三阶段，对股票的失望产生的卖压，市场情绪低迷，人们不计成本地盲目抛售股票（过度悲观）。

定理4：

主要的多头市场（牛市）：主要的多头市场是一种整体性的上涨走势，其中夹杂着次级折返走势，平均的持续期间长于两年。在此期间，由于经济情况好转与投机活动转盛，所以投资性与投机性的需求增加，并因此推高股票价格。多头市场有三个阶段：

第一阶段，人们对于未来的景气恢复信心（经济复苏）；

第二阶段，股票对于已知的公司盈余改善产生反应（经济增长）；

第三阶段，投机热情高涨，股价明显飞涨，这阶段的股价上涨是基于期待与希望（产生泡沫）。

多头市场的特点是所有主要指数都持续联袂走高，回调走势不会跌破前一个次级折返走势的低点，然后再继续上涨而创出新高。在次级的折返走势中，指数不会同时跌破先前的重要低点。

定理5：

次级折返走势；次级折返走势是多头市场中重要的下跌走势，或空头市场中重要的上涨走势，持续的时间通常为三个星期至数个月；此期间内折返的幅度为前一次级折返走势结束后之主要走势幅度的33%至66%。次级折返走势经常被误以为是主要走势的改变，因为多头市场的初期走势，显然可能仅是空头市场的次级折返走势。

次级折返走势（修正走势）是一种重要的中期走势，它是逆于主要趋势的重大折返走势。判断何者是逆于主要趋势的"重要"中期走势，这是"道氏理论"中最微妙与困难的一环。

综上所述，是对道氏理论的要点介绍，下面我们根据道氏理论来总结上证指数的主要牛市与熊市的循环。

上证指数牛熊循环

我们把主要上升行情运行在年线（250日均线）之上的市场计为牛市，主要下降行情运行在年线以下的市场计为熊市。从1990年A股成立到2013年的23年中，可以分为四轮主要的牛熊循环，如下表1-1至表1-4所示：

表1-1　　　　　　　　　　第一轮主要牛熊循环

牛市		熊市	
起始时间	1990年12月	起始时间	1993年2月
起始点位	95.79	起始点位	1558.95
终止时间	1993年2月	终止时间	1994年7月
终止点位	1558.95	终止点位	325.89

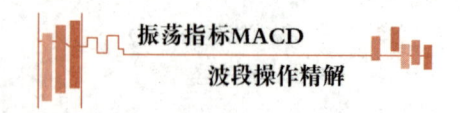

续表

牛市		熊市	
上涨点数	1463.16	下跌点数	1233.06
上涨幅度	1527.47%	下跌幅度	79.10%
历时	2年2个月	历时	1年5个月

表1-2　　　　　　　　第二轮主要牛熊循环

牛市		熊市	
起始时间	1994年7月	起始时间	2001年6月
起始点位	325.89	起始点位	2245.43
终止时间	2001年6月	终止时间	2005年6月
终止点位	2245.43	终止点位	998.23
上涨点数	1919.54	下跌点数	1247.2
上涨幅度	589.01%	下跌幅度	55.54%
历时	7年	历时	4年

表1-3　　　　　　　　第三轮主要牛熊循环

牛市		熊市	
起始时间	2005年6月	起始时间	2007年10月
起始点位	998.23	起始点位	6124.04
终止时间	2007年10月	终止时间	2008年10月
终止点位	6124.04	终止点位	1664.93
上涨点数	5125.81	下跌点数	4459.11
上涨幅度	513.49%	下跌幅度	72.81%
历时	2年4个月	历时	1年

表 1-4　　　　　　　　　第四轮主要牛熊循环

牛市		熊市	
起始时间	2008 年 10 月	起始时间	2009 年 8 月
起始点位	1664.93	起始点位	3478.01
终止时间	2009 年 8 月	终止时间	2013 年 6 月
终止点位	3478.01	终止点位	1849.65
上涨点数	1813.08	下跌点数	1628.36
上涨幅度	108.90%	下跌幅度	46.82%
历时	10 个月	历时	3 年 10 个月

在第四轮的一波牛市与熊市当中，见表 1-4，牛市持续了 10 个月，熊市持续了 3 年零 10 个月，这是以低点 1849 点计算的。在这波熊市中发生过几次重要的折返，但整体处于主要的下降趋势中，形成了向下推动浪（次级别波动的波谷与波峰均在逐波降低）。

为了更清楚地表示这四轮最大级别的牛熊循环发生交替的时间与点位，我们将它们标注在了周 K 线图上，如图 1-3 所示。（第五轮牛熊市图表见附录一。）

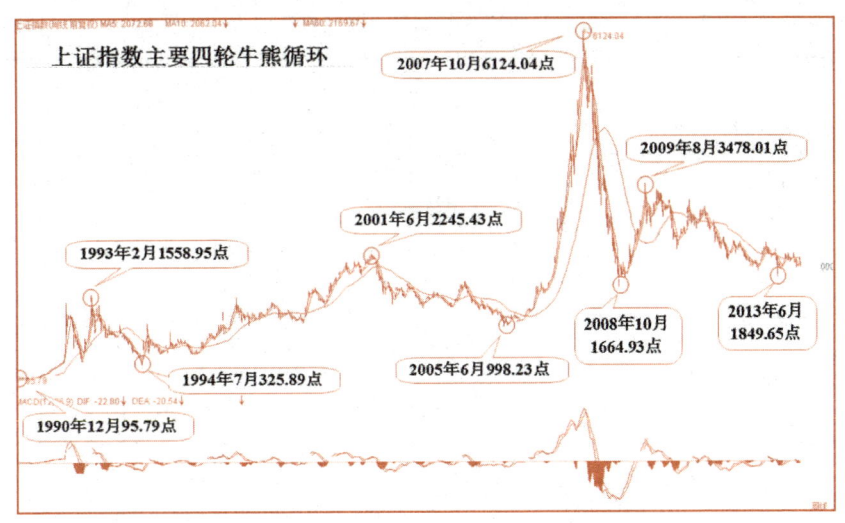

图 1-3　上证指数主要四轮牛熊循环标示图

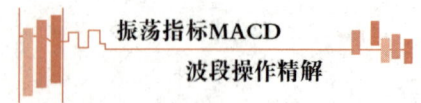

根据道氏理论,第二轮主要牛熊循环又可以分为次级别的四轮牛熊循环。从前面上图可以看出,这轮持续 11 年的大循环,包括从 1994 年 7 月 325 点开始到 2001 年 6 月 2245 点结束的大牛市,和从 2001 年 6 月 2245 点开始到 2005 年 6 月 998 点结束的大熊市。我们结合波浪理论的时间、形态来划分,如下表 1-5 至表 1-8 所示。

表 1-5　　　　　　　第二轮主要牛熊循环之次级循环一

牛市一		熊市一	
起始时间	1994 年 7 月	起始时间	1994 年 9 月
起始点位	325.89	起始点位	1052.94
终止时间	1994 年 9 月	终止时间	1996 年 1 月
终止点位	1052.94	终止点位	512.83
上涨点数	727.05	下跌点数	540.11
上涨幅度	223.10%	下跌幅度	51.30%
历时	2 个月	历时	1 年 4 个月

表 1-6　　　　　　　第二轮主要牛熊循环之次级循环二

牛市二		熊市二	
起始时间	1996 年 1 月	起始时间	1997 年 5 月
起始点位	512.83	起始点位	1510.17
终止时间	1997 年 5 月	终止时间	1999 年 5 月
终止点位	1510.17	终止点位	1060.5
上涨点数	997.34	下跌点数	449.67
上涨幅度	194.48%	下跌幅度	29.78%
历时	1 年 4 个月	历时	2 年

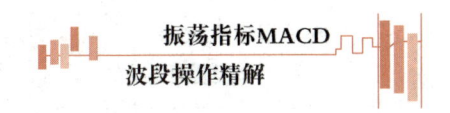

表1-7 第二轮主要牛熊循环之次级循环三

牛市三		熊市三	
起始时间	1999年5月	起始时间	2001年6月
起始点位	1060.5	起始点位	2245.43
终止时间	2001年6月	终止时间	2003年1月
终止点位	2245.43	终止点位	1311.68
上涨点数	1184.93	下跌点数	933.75
上涨幅度	111.73%	下跌幅度	41.58%
历时	1年1个月	历时	1年5个月

表1-8 第二轮主要牛熊循环之次级循环四

牛市四		熊市四	
起始时间	2003年1月	起始时间	2004年4月
起始点位	1311.68	起始点位	1783.01
终止时间	2004年4月	终止时间	2005年6月
终止点位	1783.01	终止点位	998.23
上涨点数	471.33	下跌点数	784.78
上涨幅度	35.93%	下跌幅度	44.01%
历时	1年3个月	历时	1年2个月

上证指数的周线图如下图1-4所示,我们能很清楚地看出第二轮主要牛熊循环中的四个次级别的牛熊循环。周线图中一根K线表示一周的价格情况,用周线图是为了便于观察。这张图在后面的波浪理论中还会用到。

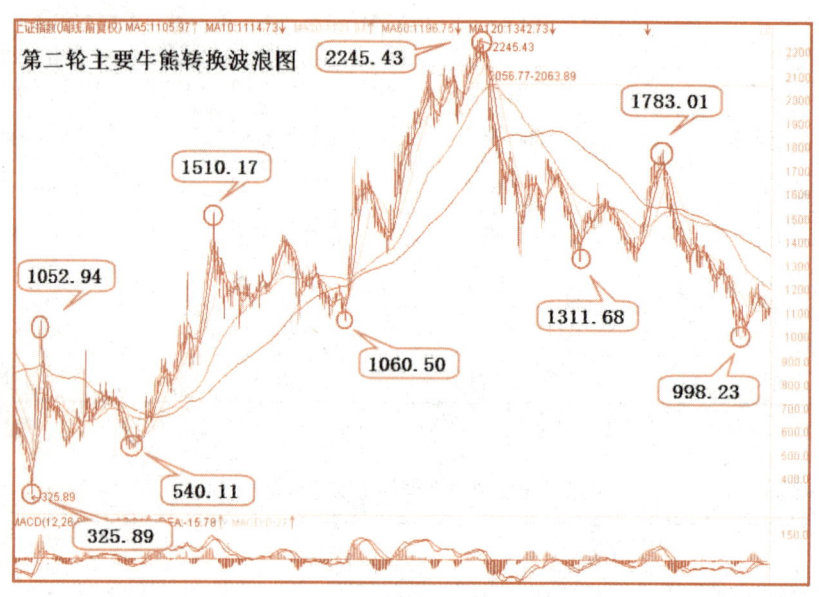

图1-4 第二轮主要牛熊转换周线图上标注的次级牛熊转换

"我们的社会——经济进程全部发展的结果遵循一条规律,这规律就是使他们在相似和不断再现的波浪系列或确定的数字及图形下重复自己。"

——波浪理论创始人 拉尔夫·纳尔逊·艾略特(Ralph Nelson Elliott)

第四节 波浪理论与牛熊循环

波浪理论——自然法则

波浪理论由艾略特(R·N·Elliott)在1934年63岁时创立,所以波浪理论又名艾略特波浪理论。它是最常用的趋势分析工具之一。群体心理是该理论的重要依据,在参与人数不足,流动性不强的市场难以发挥它的作用。波浪理论发现股价的波动与自然界中的潮汐现象极其相似,反映了自然的和谐之美。在多头市

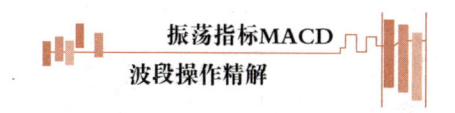

场中，每一波价格拉升的波峰都会高于前一波上涨的波峰；在空头市场中，每一波价格下跌的波谷都会低于前一波下跌的波谷。

投资者如果能够把握股价波动的行进模式，就能避免受到那些小波和杂波的干扰，审时度势抓住主升浪，就能获取最大的盈利。根据波浪运行的规律，提前判断可能的行情拐点，及时减仓操作以保护利润。而在下跌推动浪中，能耐得住寂寞，市场不给我们机会，我们坚决不轻易入市。艾略特的波浪理论为投资者提供了一个判断股价波动趋势的有效工具。

波浪理论特点：

（1）该理论由波浪的形态、比例、时间等三方面组成，三者的重要程度依次降低。

（2）该理论在股市中更适用于价格指数，流动性不足的个股市场并不同样有效。

（3）该理论应用在广泛参与的股票市场和期货市场上。

（4）该理论建立在道氏理论和传统的图表分析基础之上。

基本要点：

（1）股票指数或期货价格的升跌会交替进行。趋势的规模大至数年的长周期，小至数小时的微小周期。

（2）从波峰到波谷或从波谷到波峰为一浪，所有的浪可分为推动（进）浪和调整浪两种。他们是价格波动的两个最基本形态：

推动浪：与大趋势方向一致的波浪，可再分割为五个小浪，用1、2、3、4、5表示，如图1-5所示。其中第1、3、5浪与推进方向相同，是低一级别的推动浪；第2、4浪与推进方向相反，是低一级别的调整浪。

调整浪：该阶段的子浪用A、B、C字母表示。

（3）八个波浪（五上三下）完毕后，一个循环即告完成，将进入另一个八波浪循环。

（4）时间的长短不会改变波浪的形态，波浪可拉长、可缩短，但基本形态永恒不变。

（5）波浪理论的数学基础是神奇数字（斐波纳契数列）。神奇数字是指数列

1，1，2，3，5，8，13，21……（见图1-6），它的通项公式为：An = An-1 + An-2。需要注意的是，0.236、0.382、0.5、0.618、1.0、1.236、1.382、1.5、1.618、2.618都是黄金比率，其中最常用的有0.236、0.382、0.5、0.618以及1.618，在测算股价上涨和下跌空间时会经常用到。最有名的是"黄金分割点"0.618。

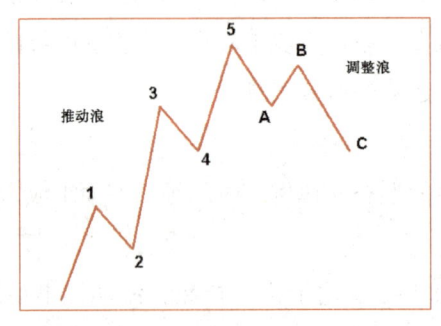

图1-5 推动浪和调整浪

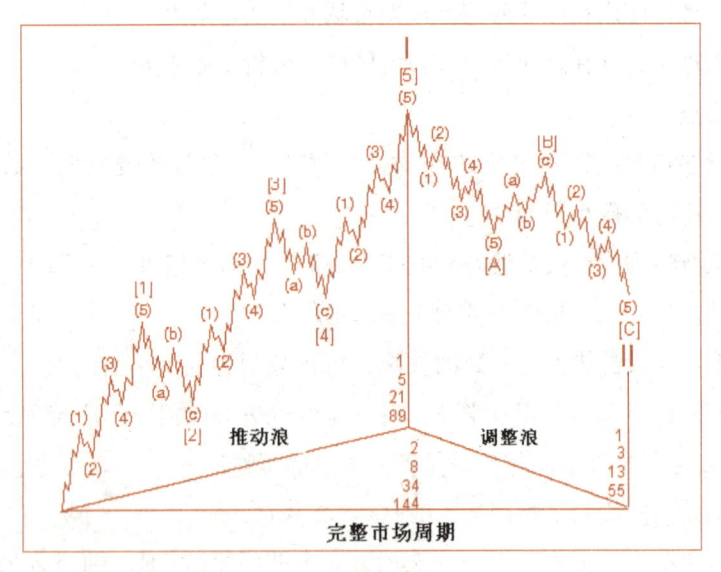

图1-6 完整市场周期波浪图

（6）在一个推动浪之后紧跟着一个调整浪，调整比例经常是0.382、0.618，如图1-7所示。一个推动浪推进的初级目标为从第1浪起点算起的第1浪长度的3.236倍，终极目标为第1浪终点算起的第1浪长度的3.236倍；一个调整浪的初级目标为 A 浪起点起算的 A 浪长度的 1.618 倍，终极目标为 A 浪终点起算的 A 浪长度的 1.618 倍。

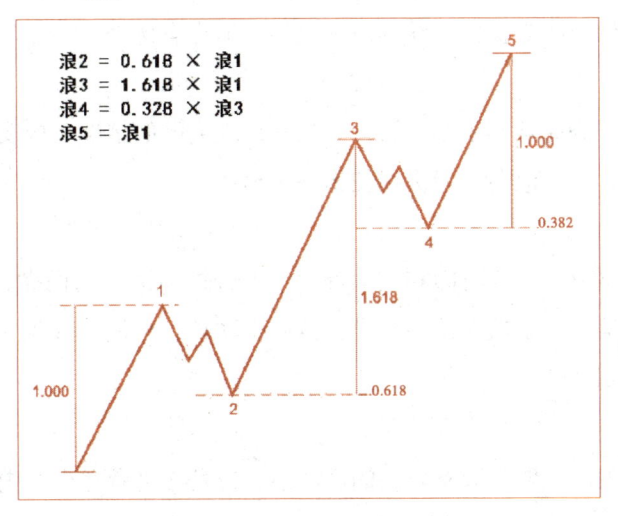

图 1-7　波浪比例

波浪理论八波浪详述

第 1 浪：

循环的开始，属于营造底部形态的一部分，涨幅通常为五浪中最短的行情。此时，买方力量并不强大，市场继续存在卖压。

第 2 浪：

回撤幅度往往很深，几乎吃掉第 1 浪升幅，人们误以为熊市尚未结束。此浪接近底部时，市场惜售，抛售压力减轻，成交量降低。2 浪的收盘价不会创新低，其在 1 浪底部上方停止下跌，往往可构成头肩底、双重底、三重底等图表形态。浪 2 的回撤总是小于浪 1 幅度的 100%。

第 3 浪：

此浪涨势往往最大，持续时间最长，在 5 浪结构中决不会最短。此时，投资者信心恢复，成交量大幅上升，时常出现突破信号。浪 3 总会超过浪 1 的终点。

第 4 浪：

形态较复杂，构造与 2 浪不同，时常出现倾斜三角形走势，但其底部不会低

于第 1 浪顶点。这是艾略特波浪理论的中心法则之一。4 浪在以后的熊市中起到显著的支撑作用。通常这一轮熊市不会跌过比它低一级别的、前面牛市中形成的第 4 浪。它可用来测算价格下跌的最远目标，但也有例外。

第 5 浪：

在股市中涨势通常小于第 3 浪，并且常出现失败的情况。成交量较第 3 浪减少，量能萎缩。第 5 浪中，指标往往出现背离。

A 浪：

第一波调整浪，下跌时间和空间都大于上升推动浪中的回撤，实际上在第 5 浪中已有预警信号。多数人认为上升行情尚未逆转，只是当 A 浪出现 5 浪结构时才认识到它的到来。

B 浪：

成交量不大，一般为旧有多头的逃命浪，也是在可做空市场中建立新空头仓位的第二次机会。由于是一段上升行情，易使人误以为另一涨势，成为多头陷阱，许多人在此被套牢。此浪有可能触到前期高点构成双重顶，甚至先短暂越过前高才向下。

C 浪：

破坏力极强的下跌浪，跌势强劲、跌幅大、持续时间长，出现全面性下跌。C 浪的出现，宣告上升趋势的真正结束。C 浪跌过 A 浪的底，形成卖出信号。将 4 浪和 A 浪的底部连一条直线（颈线），有时会构成头肩顶形态。

上证指数波浪牛熊循环

我们用前面讲到的图 1-4 来画出上证指数第二轮主要牛熊循环的波浪图，如图 1-8 所示。

细心的投资者可以用前面的表 1-5 至表 1-8 对照上图来看，可以看出上图中波浪的时间、比例、形态等都很好地符合了波浪理论。为了便于说明，图上标注点位用的是 K 线的最高价和最低价。

从 2005 年 6 月的 998 点到 2007 年 10 月的 6124 点，这波大牛市的上升推动浪及第五浪延长浪如图 1-9 所示。

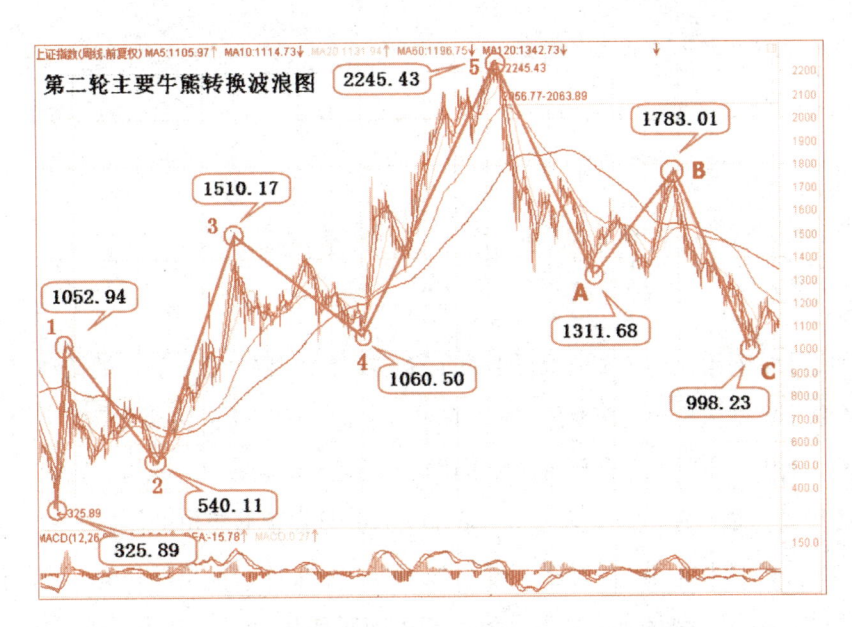

图 1-8 上证指数第二轮主要牛熊循环的波浪图

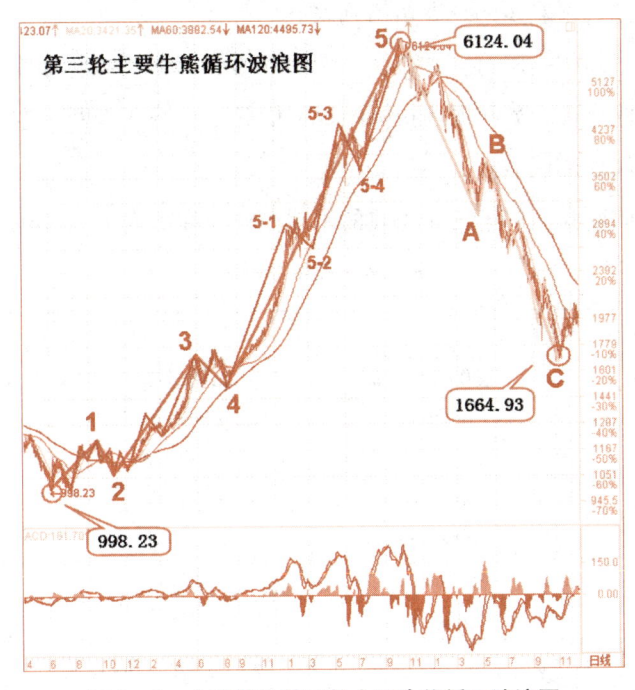

图 1-9 上证指数第三轮主要牛熊循环波浪图

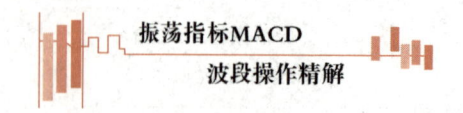

> "其实股市的下跌如一月的暴风雪是正常现象,每次下跌都是大好机会的孕育,你可以挑选被风暴吓走的惊魂未定的投资者放弃的廉价股票,然后赚大钱。"
>
> ——最具传奇色彩的基金经理 彼得·林奇(Peter Lynch)

第五节　波段是金

通过上面对道氏理论和波浪理论的介绍,投资者已经知道,市场的波动一般分为三个级别,即主要的、次要的和日内的波动,这三个级别的波动又呈现牛熊交替的现象。其中,主要的上升行情是性价比最高的操作机会,这一点毋庸置疑。

波段操作是指在一波上升行情的底部买入并且在顶部卖出的操作方式。注意我们说的是底部和顶部,它们是一个区域不是一个极值,不是唯一的。波段操作主张抓住行情的主要部分,而避开风险较大的底部和顶部。也就是通常所说的,吃鱼吃鱼身,把头尾刺多的地方留给别人。

对顶部和底部的判断有多种方法,本书介绍的 MACD 指标便是判断顶底的利器。MACD 指标具有趋势和振荡指标的双重优势,能有效判断多空市况,同时能准确判断底部和顶部区域。

我们引用前面介绍的第三轮主要的牛熊循环,如下表 1-9 所示:

表 1-9　　　　　　　第三轮主要牛熊循环

牛市		熊市	
起始时间	2005 年 6 月	起始时间	2007 年 10 月
起始点位	998.23	起始点位	6124.04
终止时间	2007 年 10 月	终止时间	2008 年 10 月
终止点位	6124.04	终止点位	1664.93
上涨点数	5125.81	下跌点数	4459.11
上涨幅度	513.49%	下跌幅度	72.81%
历时	2 年 4 个月	历时	1 年

从 2005 年 6 月到 2007 年 10 月,2 年 4 个月的时间里,上证指数上涨了 513.49%,即上涨五倍还要多。很多投资者在这期间,由于频繁换股、短线操

作,导致赚了指数不赚钱。如果利用波段操作方法,这波上涨去掉难以把握的底部和顶部,只做明显的趋势,至少能赚到60%的行情,也就是本金翻三倍。这还是仅对于平均指数来说,如果是投资老手,在选股上和细节上加入一些技巧,应该可以抓住行情的70%~80%。所以说,频繁的短线只能增加操作的刺激,而在收益上并不能取得好的效果。

再来看从2007年10月到2008年10月的下跌行情,在一年的时间里,指数跌去了72%,对于波段操作者完全能躲过这次惨烈下跌的大部分跌幅。而那些短线操作者,在熊市里坚持所谓的快进快出,只能是因小失大,稍有不慎就会被套而前功尽弃。我们在股市中需要把风险放在第一位,投资大师巴菲特有句名言:"成功的秘诀有三条:第一,尽量避免风险,保住本金;第二,尽量避免风险,保住本金;第三,坚决牢记第一、第二条。"投资者只有牢记风险,才有能力避免风险,然后才是收益。

无论我们在牛市中赚了多少(通常一波持续一到两年的牛市有100%~200%的涨幅),但在下跌的时候我们只有一个100%,如果行情跌去50%,就需要再上涨100%才能达到高位的水平。下表1-10,是本金亏损比例对应的翻本所需的获利比例。

表1-10　　　　　　　亏损与翻本比例对照表

亏损比例	翻本需要获利比例
5%	5.26%
10%	11.11%
20%	25.00%
30%	42.86%
40%	66.67%
50%	100.00%
60%	150.00%
70%	233.33%
80%	400.00%
90%	900.00%

投资者通过上面的这个表格可以看到，在亏损后，翻本需要获利的比例随着亏损的增加而越来越大，当你亏损到90%的时候，就需要获利900%，这对一个投资高手都是一件很困难的事情，几乎是不可能的，这里还没有包括交易的手续费成本。所以投资者一定要控制好风险，尤其是新手，对市场的规律还不是很熟悉，在操作水平一般的阶段，需要的是经验，控制亏损在30%以内，当你的水平逐步提高，就能很轻易地翻本，加入到赢家的行列中。

"宁可错过，也不做错"是股票操作的至理名言，耐心和冷静是成熟投资者必不可少的素质。短线操作往往是急功近利的表现，越是心浮气躁越是事与愿违。要知道市场的波动是客观存在的，单个投资者的力量微乎其微，甚至主力资金都不能影响市场的中期趋势，这在道氏理论中已经讲到了。市场上涨和下跌，牛熊交替就像四季更迭一样。投资者只需要在"春天"播种买入股票；在"夏天"任由股价发展成长，持股不动；在"秋天"收获果实，止盈离场；在"冬天"休养生息，总结经验，耐心地等待下一个"春天"的到来。

"Cut loss short, let profit run! 截断亏损，让利润奔跑！"

——华尔街名言

第六节　波段操作的误区

投资者在股票操作中，由于对波段操作的认识有偏差或实战经验不足，经常会进入一些误区，我们总结如下：

误区之一：频繁换股

有些投资者在一波上涨行情中，买入一只在底部启动的股票，可是买入之后该股并没有跟随大盘继续上涨，这时他的持股信心会开始动摇，如果看到其他股票飚升更会坐立不安。最后，往往是禁不住其他股票上涨的诱惑而换股，一旦换股后又会出现相同的情况，换的股票又开始横盘震荡，而先前卖出的股票却开始拉升，这种情况在牛市中会经常遇到。投资者往往是因为缺少耐心而在换股中错失拉升的主波段。

在一轮牛市上涨中，不同板块呈现轮动态势，所以投资者在买入一只质地不错的股票后，一定要耐心持股，尤其是出现黑马雏形的股票更要捂好。比如在多数的牛市行情中，有色金属板块、能源煤炭板块、金融板块、医药板块等都是轮涨的。大盘与医药股和农业股经常表现出跷跷板现象。"普涨"现象一般只出现在发布重大利好消息后的短暂数日之内，更多的时间，板块呈现轮涨格局。

误区之二：不看大势

股市中有句话说的好，要"看大盘做个股"。可是在实际操作中，一些投资者却把这条重要原则抛在了脑后。在熊市中还在不断抄底，想找黑马，这是很难的事。当你发现选股困难的时候，就说明市况不好，不要以为下跌的股更容易上涨。在下降通道中，股价是逐波降低的，每个波谷都低于前一个波谷，在这样的市场中很难找到好的机会。

而在牛市中，上涨的股票占大多数，投资者只需要挑选熟悉的质地优良的股票耐心持有，利润自然会增长，这也是"选时比选股重要"的道理。

从经验来看，当大盘处于主要多头市场（牛市）的时候，八成的股票会上涨，而当大盘处于主要空头市场（熊市）的时候，八成的股票会下跌。结合大势做股会极大提高成功率。

误区之三：满仓或重仓进出

有些投资者在操作股票中习惯于满仓进出，这是很不好的交易习惯。要知道，没有人能100%的正确，如果满仓做，那么一旦亏损就会难以挽回。比如，原有10万本金，如果亏去20%，那么就需要用现有8万本金去赚25%才能回本，如果亏去50%，那么需要用5万本金去赚100%才能回本，这样无疑非常困难。

在股市中，风险是第一位，然后才是盈利。股市不会关门，赚钱不是短期内的事，有本金才有机会，所谓"留得青山在，不怕没柴烧"。控制仓位是成功交

易的重要环节之一。投资者在入市初期的牛市中容易被胜利冲昏头脑，几次盈利就会放松对仓位控制的重视，一旦熊市来临，在高位满仓抄几次底就会损失大部分在牛市中获得的盈利。"小赢大亏"是投资者亏损的主要原因之一，而根本问题就在于对仓位的控制。

误区之四：波段不明确

通过道氏理论和波浪理论的介绍，我们知道市场行情呈现出牛熊交替的规律，而波段操作就是要尽可能地使买卖点和牛熊的交替位置相吻合，也就是常说的踏准节奏，这样就能把握住波段的大部分。而有些投资者，在一波行情中的买点与卖点是混乱的，波段操作变得有名无实。具体表现为，在波段尚未开始的时候盲目抄底；在波段结束后，又"捂"过了头，最后由盈利变成了亏损；在波段中，节奏混乱，买卖没有固定的章法，原本想把行情做全，想把次级行情也做到，结果却把一个大波段做得七零八碎，利润少得可怜。

一组明确的波段买点与卖点，对于一位波段操作者来说是首要解决的问题。在哪里买，在哪里卖，都要明确。一旦确定下来就不要轻易改变，既然有了一个经过反复考虑得出的投资计划就要坚持。有了计划而不执行，那和没有计划没有两样。

误区之五：持股过于分散

一些投资者遵守了"不把鸡蛋放在同一个篮子里"的原则，这种分散风险的投资理念是好的，但在波段操作中，对于多数股票来说，在一轮上涨中他们的涨幅相差无几，没必要把战场铺得过大。持股过多，会浪费很多精力，最重要的是不利于操作节奏的把握，看的多了，容易乱。

对于持股过多的问题，一些投资者可能自身能够意识到，但在操作中，却不自觉地违反了原则。其原因，或是因为禁不住他人的推荐，或是因为禁不住某些个股大涨的诱惑，好像总是别人的股票涨的好。这是感觉上的一种偏差，因为在两市2500多只股票当中，每天都有大涨的股票，在牛市上涨行情中，更是平均每天都有二三十只涨停的股票，但这是2500多只股票中仅有的二三十只涨停股票，他们每天都在变化，你手里的股票也有涨停的可能。只要是优质股，在牛市中总会轮到它上涨。投资者可以持续跟踪你在一个月内看好的股票，多数情况下最后你会发现，其实他们也是很普通的股票，只是恰巧在被你发现的那一两天涨的好。投资者对自己持有的股票要有信心，不必骑着黑马找黑马。

我们建议投资者只做熟悉的五只左右的股票，并且在一波行情中，只挑选其中的三只以内进行操作。投资者可以把熟悉的股票建立一个股票池，作为做股的备选，而在实战中控制在三只以内。这样"把鸡蛋放在可控制的两三个篮子里，并看好篮子"效果会更好。另外，随着投资品种的完善，我们建议投资者关注ETF基金，比如创业板ETF（159915）、中小板ETF（159902）、180ETF以及50ETF等，他们一样是可以进入股票池的不错的品种。

误区之六：主观猜测顶底

主观猜测顶（底），这是很多人经常会犯的错误，尤其是一些新手，在一波牛市中训练出的牛市思维还没改变，在之后的熊市中容易不断地抄底。结果底是越抄越低，而账户资金是越抄越少。

在一次波段操作中，顶（底）只有一个，只能等行情走出来才知道。投资大师巴菲特和成功的基金经理彼得·林奇都认为：永远无法预测股市，永远不要预测股市。巴菲特说："我从来没有见过能够预测市场走势的人。"他在自己公司的股东大会上说："对于未来一年后的股市走势、利率以及经济动态，我们不做任何预测。我们过去不会、现在不会、将来也不会预测。"可见，靠预测稳定盈利是很困难的事，是几乎不可能的事。

技术分析者主张"顺势而为"，那些主观猜测顶（底）的人是在逆市操作。在很多猜测顶（底）的人中，一定会有某些人在某个时间预测准确，但不会是固定的一些人在所有时间都预测准确！

误区之七：知行不一

这是一些投资老手会遇到的问题，一些投资者已经有了基本固定的投资计划，但就是不能完全按照计划执行。他们总是在行情结束的时候报怨自己为什么不按原定计划执行，否则的话会有很不错的收益。

古语讲："非闻道难也，悟道难矣；非悟道难也，行之难矣；非行之难也，

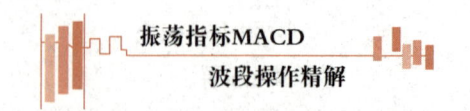

终之难矣。"能掌握股市波动的规律已经很不容易，能知行合一更是难上加难。想解决知行不一的问题，还是要在认知和修行上下功夫，从内心改变自己，才能真正认同计划并严格执行。投资者可以制定一个监督执行的方案，逐步改变操作习惯，一定要多看成交明细，做好总结，只有勇敢地面对执行中的不足，才能解决问题。

"交易并不是低买高卖；实际上，它是高买、更高卖，是强者更强、弱者更弱。"

——日本股神 是川银藏

第七节　如何利用波段操作获利

1. 顺势而为

波段操作讲的是买在底部，卖在顶部，力求把握上涨行情的主升浪。通过前面总结的牛熊交替图表，我们能清晰地看到市场是有趋势的，波段操作者只需顺势而为。

在牛市持股，在熊市空仓。一波主要的上涨行情，不会轻易结束，同样一波主要的下跌行情也不会轻易终止。在市场走出下降通道并拐头向上的时候买进股票；在市场跌破上升通道并拐头向下的时候卖出股票。底部与顶部均指的是一个区域，波段操作者只要把买点集中在低位，把卖点集中在高位即可，放长线才能钓大鱼。适当地放手可以获得更多的利润，越是靠近市场越想买在最低点卖在最高点，越是迷失在短线无序的波动里，最终以亏损收场。

只做上升通道中的股票，一旦进入下降通道，则无条件离场。A股是只能做多的市场，只有上涨投资者才能获利，所以当其处于明显的下降通道时不值得我们参与。市场如潮水一样，涨潮和退潮是我们无法控制的，我们需要做一位随波逐流者。

2. 明确的买卖点

波段操作者需要有一套相对固定的投资计划或交易系统。这个计划包括技术分析依据，明确的买卖策略，简单来说就是凭什么买（卖），在哪买（卖），买（卖）多少。

俗话说"会买的是徒弟，会卖的是师傅"，很多投资者只有买点却没有明确的卖点，在他们心里只有一个信念，就是不赚钱不出。在这种信念下，会有两种倾向，一种是赚钱了还想赚更多的钱，最后使得卖点越来越模糊，一旦进入下跌行情，总想回到原来的高位再卖出，这样一等再等，利润不断缩水；另一种倾向是，在亏损的时候总想等回本再卖，可是市场并不知道你的买入价是多少，市场一旦形成下跌趋势就不会轻易结束。因此，波段操作者一定要有一套明确的买卖计划。

研究卖点是投资者进步的一个阶段，因为这个阶段的投资者已经有了操作周期的概念，这是一大进步。我们经常听说牛市和熊市，可很多时候并没有真正理解其中的含义。在熊市有句话经常被提起，那就是"覆巢之下安有完卵"，波段操作者在熊市中应尽量减少操作，甚至是不操作，进入空头市场是无条件的卖出信号。

3. 控制仓位

控制仓位是控制风险最直接有效的手段，伟大的海龟交易法则中说"有老交易员，也有无所畏惧的交易员，但却没有无所畏惧的老交易员"。可是有些新手因为对风险的认知不足，往往导致在第一轮牛熊转换中交出昂贵的学费。

仓位控制就是要解决在什么条件下，买（卖）多少的问题。比如说用MACD指标进入多方作为买入信号，出现信号后买多少，如果再次出现信号再买多少，如果买入后亏损了卖多少。这些问题是需要操作者在盘后经过冷静思考后制定的操作计划，而不是在盘中头脑一热，拍脑袋临时决定的问题。

没有控制仓位的观念是不成熟的表现，因为在他们的观念里没有想到自己会失误，会犯错。重仓与满仓操作是亏损的最主要原因之一，根据"凯利公式"，我们建议投资者每次开仓所用资金占总资金比例在30~40%比较合适。

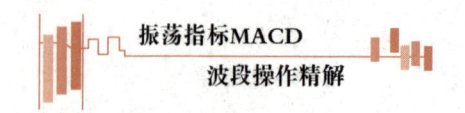

4. 及时止损

"截断亏损，让利润奔跑"是华尔街流传了上百年的金科玉律。很多著名的投资大师都提倡使用止损，比如最具传奇色彩的投资大师江恩说："当所有的分析都失效的时候，我就使用最古老的保护措施——止损单。"江恩被国内的大多数投资者认为是以预测见长，可他还是强调止损的重要性，可见，就算是大师也要为自己可能的错误买个保险。

止损是指在投资者买入股票后，股价并没有朝预期的方向行进，当投资者产生亏损时的保护措施。止损位的设置方法可以分为固定金额止损、固定比例止损、时间止损、心理止损等。止损如汽车的刹车一样，虽然不能提高速度但能保证安全，请记住，安全比速度更重要。没有止损的交易如同没有刹车的汽车一样危险。

波段操作者应接受"止损并不总是正确，但不止损一定是错误的"这样一个观念，有时止损后，价格可能还会涨回来，但在10次止损中如果有5次正确就能减少很大的损失。接受正确的亏损，接受系统内的亏损，这样才能享受到奔跑的利润。

"永远使用止损"，"永不让盈利变成亏损"，这些都是投资大师对我们的忠告，请投资者牢记下面这幅对联"上联，止损永远是对的，错了也对。下联，死扛永远是错的，对了也错。横批，止损无条件。"

5. 耐心与客观

对于波段操作来说，耐心与客观是必不可少的素质。其表现，在熊市中，能耐心等待底部的形成；底部形成后，能客观地判断底部并执行；在买入后耐心持股，不被震荡出局；在顶部客观判断出场点并执行。市场的波段行情是客观的，而操作者如果凭主观臆断进行操作，猜顶测底往往会损失惨重。一位好的波段操作者是没有观点的操作者，没有预测只有对策。"明天会涨还是会跌？"这类的问题，不是波段操作者应该担心的，波段操作者关心的应该是"涨了怎么办，跌了怎么办"。

世界著名的股票大作手杰西·利弗莫尔曾经说过："从来不是我的思考替我

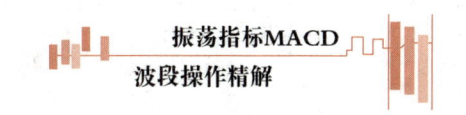

赚大钱，而是我的坐功。"可见，耐心在操作中的重要性。"耐心是一种美德"，这句话用在投资中恰如其分。利弗莫尔还说"记住这一点：在你什么都不做的时候，那些觉得自己每天都必须买进卖出的投机者们正在为你的下一次投机打基础，你会从他们的错误中找到盈利的机会。"

6. 只做优质股

波段操作要选择优质股来做。首先，股票的基本面要好，比如公司的盈利情况、财务状况、公司前景、行业前景、大小非限售股情况、板块龙头等等。其次，还有技术面的标准，比如流动性好，波动流畅，量价配合好，盘子大小适中，换手率适中等等。

选股在波段操作中的重要性不算太大，投资者只需选择熟悉的股票，选择在前几轮行情中表现较活跃的优质股。建立一个由五只左右个股组成的股票池，选择其中三只操作较为合适。建议投资者选择成长性好并且有上涨预期的板块，以基本面作为背景再加上技术选股，一般不会有太大偏差。

在实战中，投资者应减少挖掘黑马，挑冷门股的做法，因为在一波行情中，好股票是自己表现出来的，而不是被挖掘出来的。波段操作提倡顺势而为，在股票表现出强劲势头的初期果断介入即可。前面我们已经介绍过了，每年都会有至少一轮不小的行情，只要能把握好这种主要的上涨行情，长期下来就会有可观的利润。

我们一再强调"选时比选股重要"，在"选时"好的情况下，再加上优质股或概念股，基本可以保证取得好的收益，比如从 2010 年 7 月到 2012 年 7 月的包钢稀土（600111），从 2012 年 12 月到 2014 年 2 月的创业板股票，他们作为市场热点表现优异，行情流畅，走出了几波明显的波段行情。很多经验丰富的投资老手，只是反复做几只熟悉的股票，因为他们已经摸透了这些股票的股性，这比做不熟悉的妖股，或称"野马股"，要牢靠得多！

7. 知行合一

股市中常讲"买入靠信心，持有靠耐心，卖出靠决心"，对于投资者来说，执行比判断还重要。在股市中搏杀过一段时间有经验的投资者都会知道这样一句

话,"四流高手靠技术,三流高手靠资金管理,二流高手靠理念,一流高手靠心理,超级高手靠素质"。一流高手靠心理,也就是常说的心态,当买卖技术、资金管理和投资理念都相对成熟的时候,心理因素就成了决定成败的关键。超级高手是大师级别的,我们的目标先是一流高手。把技术、资金管理、心理这三大问题解决好,做到知行合一,就是巨大的成功。到那时,盈利也是水到渠成的事。

执行问题看似简单,有些投资者会说,不就是轻点一下鼠标嘛,多么简单的事情。可是在实际操作当中,当你重仓在高位被套的时候,下决心止损是有很大压力的,在重压之下的执行才是关键。还有在熊市结束到牛市之初的时候,往往伴随着重大利好消息的公布,市场会有一波强势的上升,市场在这时走出底部,而这时也是投资者在经过熊市洗礼之后最惧怕追涨的时候。这时的操作实际是在和人性的贪婪和恐惧作斗争。投资大师巴菲特说过"在别人贪婪时恐惧,在别人恐惧时贪婪",我们说贵在执行!如人饮水,冷暖自知。如果真能做到,那离成功也就不远了!

投资大师们的成功秘诀就在于一贯的执行,正确而简单的事情重复做,投资就是这么简单。我们说巴菲特之所以伟大,并不在于他75岁时拥有450亿财富,而在于他年轻时候想明白了很多事,并用一生的岁月来坚守!

▶▶盘后阅读之一　南隐禅师的"空杯"

多年前看过一个关于南隐禅师"一杯茶"的故事,南隐是日本明治时代的一位禅师,一天一位学者向南隐禅师请教禅的智慧,南隐以茶相待。南隐把茶水倒进茶杯,茶满了。但是他依然继续的倒,茶水溢出了杯子。学者说:"师傅啊,茶已经满了,新倒进来的都溢出了!"南隐师傅说:"你就好像这杯茶一样,里面装满了你自己的看法和想法,如果你不把自己那杯茶倒空了,那叫我怎么跟你讲禅呢?"

在投资过程中，我们都会从书本上和媒体上，积累并形成自己的对操作的看法和想法。这些看法和想法就某时的某种势态而言，或有其正确性。然而一旦我们把这些看法和想法一般化、绝对化和固定化，这些看法和想法也就成了执着与成见。禅师通过倒茶这样的行为艺术，建议那位学者要放下自己的执着与成见。放下了成见，也就获得了心灵的自由。

"把自己的杯子倒空"其实就是在指那位学者的心太满，任何东西都装不下。"空杯"就是"空心"，"空心"能使人的心态更开放，包容更多的观点，减少固执己见，心不满，才能装下更多的东西。

投资者投资水平的不断提高，得益于投资知识和经验的不断积累，甚至要想做得更出色还要有丰富的人生阅历。固步自封，闭门造车做不好投资。投资的过程就是修炼的过程，对投资的探索可以说没有终点，投资者如果没有一颗开放的心，就不可能接受更多的观点，也不可能真正的用心思考不同的观点，而恰恰是那些不同的观点更容易启发我们对投资的认识产生质的飞跃。

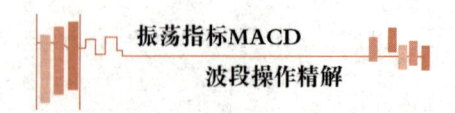

附录一

表1　　　　　　　　　　第五轮主要牛熊循环

牛市		熊市	
起始时间	2013年6月	起始时间	2015年6月
起始点位	1849.65	起始点位	5178.19
终止时间	2015年6月	终止时间	2016年1月
终止点位	5178.19	终止点位	2638.30
上涨点数	3328.54	下跌点数	2539.89
上涨幅度	179.96%	下跌幅度	49.05%
历时	2年	历时	7个月

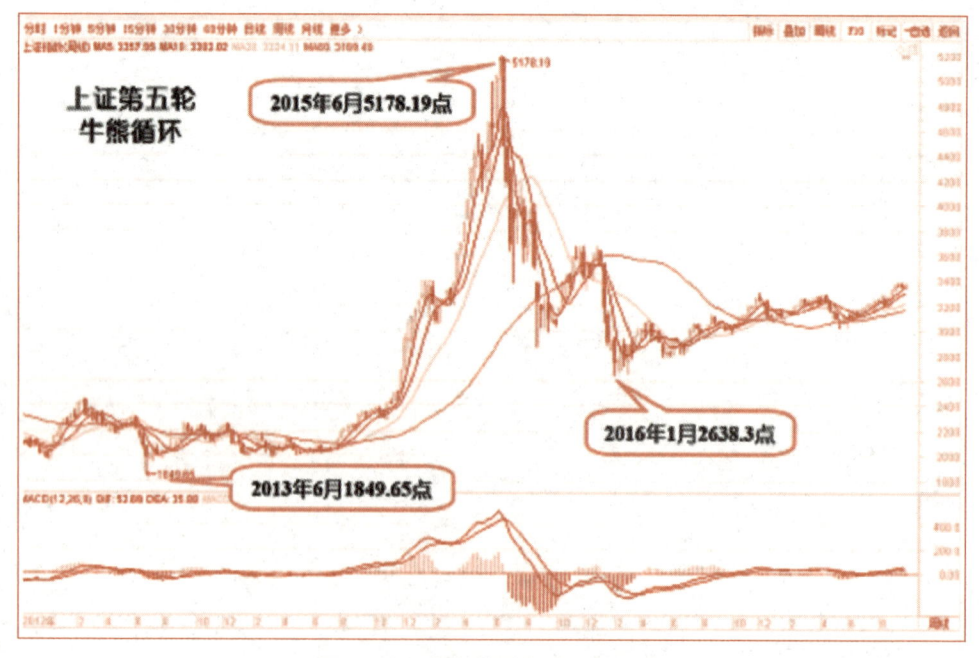

图1　上证指数第五轮牛熊循环图

第二章

ZHEN DANG ZHI BIAO MACD: BO DUAN CAO ZUO JING JIE

振荡指标应用基础

> "人生如滚雪球,重要的是找到很湿的雪和很长的坡。"
> ——"股神"沃伦·巴菲特(Warren Buffett)

本章主要内容

第一节　振荡指标

第二节　指标的高位与低位

第三节　指标的趋势

第四节　指标的形态

第五节　指标的交叉

第六节　指标的背离

盘后阅读之二　宫本武藏

"永远采用止损单来保护你的交易,在建立头寸后立即设定止损单。不要在亏损的头寸上摊低损失,永远不要!这是交易者犯下的最严重错误之一。"

——投资大师 威廉·江恩(William Deibert Gann)

第一节　振荡指标

指标概述

技术分析指标分为两大类,一类是趋势指标,另一类是振荡指标。

趋势指标是以描述趋势行情见长的指标。趋势行情是指比较流畅的、明显的单边上涨或下跌行情,具有明显的趋向性,其走势特点是股价沿着趋势指标线前进,比如在一波中短线的上涨趋势行情中,股价会沿10日移动平均线(MA10)上升。常见的趋势指标有移动平均线(MA)、布林通道(BOLL)、薛斯通道(XS)等等,可以看出,趋势指标一般是股票软件中主图指标,如常用的移动平均线MA10,见下图2-1所示。

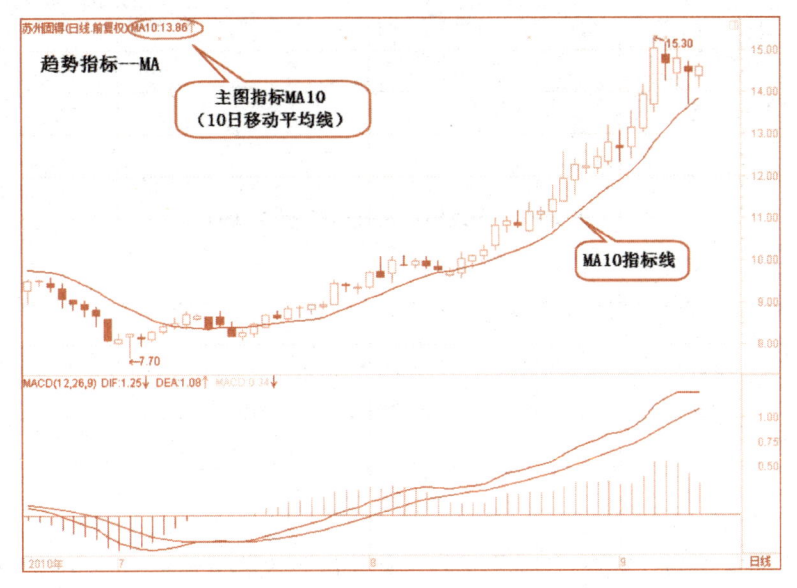

图2-1　趋势指标之移动平均线(MA)

振荡指标是以判断行情拐点见长的指标，也就是常用于判断顶底的指标。振荡行情是指明显的单边行情之外的市场运行区间，其往往是行情的调整区间或顶（底）部区间，如箱体震荡、"之"字调整等。常见的振荡指标（Oscillators）有，指数平滑异同移动平均线（MACD）、相对强弱指标（RSI）、随机指标（KDJ）等，可以看出，振荡指标一般是股票软件中的副图指标，如常见的KDJ指标，见下图2-2所示。

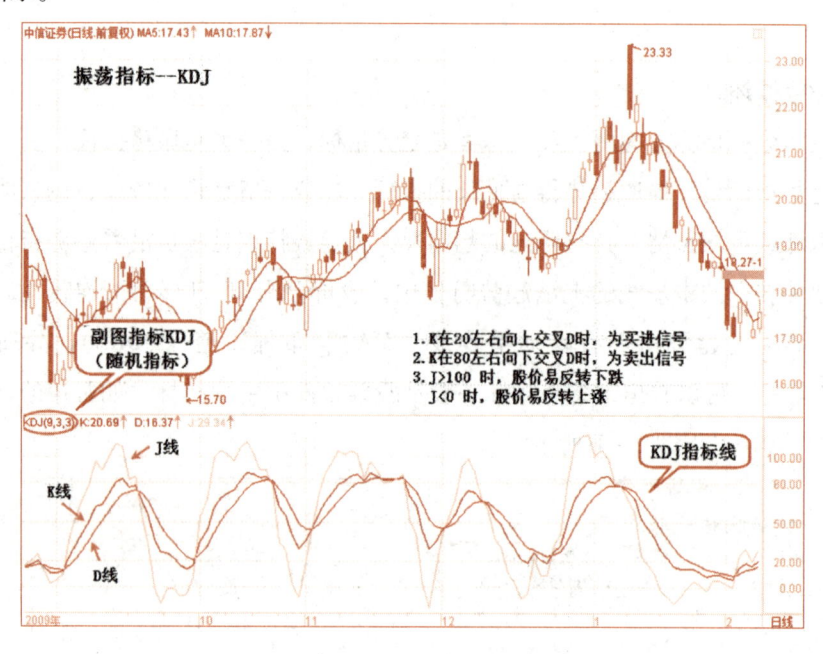

图2-2 振荡指标之随机指标（KDJ）

技术指标有助于投资者判断行情，寻找转折点，比直接看行情图表更直观，更容易形成明确的方法。趋势指标较为平滑，对以趋势行进的行情能较好判断，但在行情转向的时候反应较慢，这也是趋势指标的弱点。振荡指标较为灵敏，对区间震荡和转向的判断较为准确，但在趋势行情中容易因为次级别的调整而出现干扰。

目前股票软件中常见的指标不下三十种，而特色指标更多，可达上百种之多。经典的常用指标数量在十种之内，其他指标都是这些经典指标的变形，投资者经过一段时间对指标的学习研究，完全可以在这些经典指标基础上，发展出适合自己操作的新指标。绝大多数指标是以价格（通常为收盘价 Close）为基础，通过一定的算法计算出来的。还有一些指标是根据成交量（Volume）计算得来的。所以说，大多数指标是同根同源的，都是在量、价基础上演绎出来的，不必搞得太复杂，应该尽量以简单、实用为原则。

振荡指标（Oscillators）

振荡指标的表现形式是指标值在设定的水平区间或围绕某个中心数值上下波动。根据振荡指标的振荡形式，可分为两类，即中心振荡和区间振荡指标。

一般来说，中心振荡指标更适用于分析多空转换，而区间振荡指标更适用于确认超买或超卖水平。

中心振荡指标是指标值围绕某个数值为中心上下波动的指标，指数平滑异同移动平均线（MACD）指标就是一个以 0 轴为波动中心的振荡指标，如图 2-3 所示。从图中可以看出指标值围绕 0 轴上下波动。MACD 指标用在不同指数和个股中，MACD 的取值范围不同，这是因为 MACD 指标是根据收盘价计算出来的长期与短期指数平均线的差值，指标数值受收盘价高低的影响。用在高价股上指标最大值可能大于 3，用在低价股上指标最大值可能小于 1，不同个股的数值的比较没有意义，只需要和个股自身的历史数值进行对比，以此来判断上涨或下跌的强弱。但 0 轴对所有个股和指数都有相同的意义，它是多空的分界线。指标线在 0 轴之上表明市场处于多头市场，在 0 轴之下表明市场处于空头市场。

区间振荡指标是指指标数值在一个区间范围内（0~100）上下波动的指标，这个区间对所有个股和指数都是一样的。这类指标是由价格比值计算出来的，所以不同个股之间可以相互比较。指标值接近上面极限为超买，指标值接近下面极限为超卖。通常在指标数值大于 80 时为超买，指标数值小于 20 时为超卖。

相对强弱指标（RSI）就是一个典型的区间振荡指标，如图 2-4 所示。从图中可以看出，RSI 指标数值是在 0~100 间波动，不会超过这个范围，而其中大部分时间数值是在 20~80 间波动。

股价波动是以趋势形式行进的，趋势中伴随着震荡，合理运用指标就能够有

振荡指标MACD
波段操作精解

振荡指标MACD

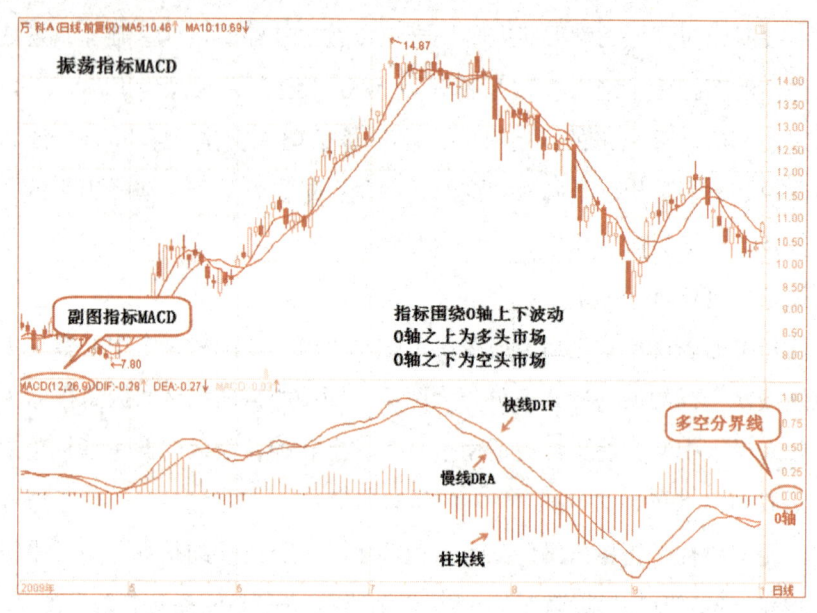

副图指标MACD

指标围绕0轴上下波动
0轴之上为多头市场
0轴之下为空头市场

快线DIF
慢线DEA
柱状线

多空分界线
0轴

图2-3　振荡指标MACD——中心振荡指标

振荡指标RSI

副图指标RSI

RSI指标在0-100区间波动
RSI>80　为超买
RSI<20　为超卖

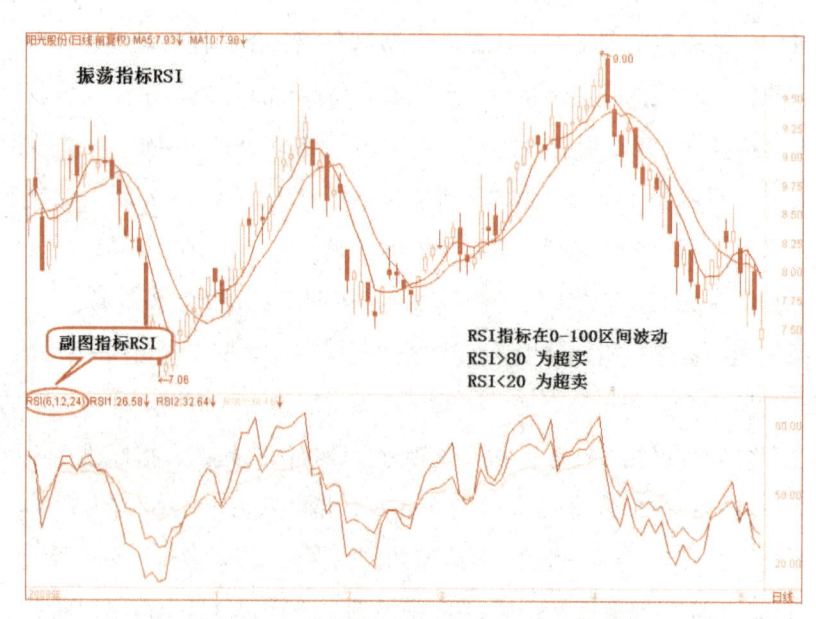

图2-4　振荡指标RSI——区间振荡指标

效地提高对趋势和震荡行情判断的准确率。在一波主要的上涨行情中，发生的与主要上升方向相反的行情称为回调；在一波主要的下跌行情中，发生的与主要下降方向相反的行情称为反弹。这些震荡行情的转向最有可能发生在振荡指标指示的超买和超卖区间。①

综上所述，中心振荡与区间振荡是振荡指标常见的两种表现形式。而我们本书介绍的 MACD 指标同时具有两种波动特性。前面已经介绍过了，MACD 指标是围绕 0 轴波动的中心振荡指标，同时，它的指标值在波动范围内又有区间振荡的特性。虽然它的区间不是固定不变的，但它在高位或低位接近极限时，同样可以用区间振荡的原理来观察超买或超卖。

不仅如此，MACD 指标还具有趋势指标的特性，因为 MACD 指标是由指数移动平均线（EMA）的长短期差值计算得来的，这决定了它又具有趋势指标的内涵。

振荡指标的应用

振荡指标在判断顶部和底部反转时具有较高的准确率，技术分析者一般结合价格、成交量和振荡指标三者来判断行情。振荡指标的运用主要从以下几个方面来说：

（1）指标的高位与低位：是指指标进入超买区或超卖区。

（2）指标的趋势：指标是由价格计算出来的，由于价格具有趋势性，所以指标在很多时间也表现出趋势性。比如在上涨行情中，指标的波峰和波谷都是逐波提高的。在下跌行情中，指标的波峰和波谷都是逐波降低的。

（3）指标的形态：由于市场情绪会影响价格，因此在相似的情绪影响下，就会形成相似的指标形态，这些相对固定的形态是特定市场情绪的反映，有助于我们对市场行情进行判断。

（4）指标的交叉：是常见的指标运用方法，指两条指标线的穿越现象，向上

---

① 关于"振荡"与"震荡"的使用，通常对指标用"振荡"，对行情用"震荡"。Oscillators 原意为振荡器，振荡指标意在描述指标线围绕 0 轴呈非对称周期性的振荡运动；震荡行情意指横盘中的无序波动，它与趋势行情相对应。

的交叉称为"黄金交叉"，向下的交叉称为"死亡交叉"，也就是俗称的"金叉"与"死叉"。

（5）指标的背离：被认为是振荡指标最好用的一种应用，指标背离是指指标运行方向与价格运行方向相背离。比如，一波上涨中，当价格创新高而指标不创新高时，被认为是"顶背离"；一波下跌中，当价格创新低而指标不创新低时，被认为是"底背离"。

多空分界线

多空分界线是振荡指标应用之中需要重点介绍的一项，它是波段操作的重要依据之一。多空分界线通常是指穿过指标值为 0 或 50 的水平线。MACD 指标的多空分界线是 0 轴，即指标值为 0 的水平线。

在中心振荡指标中，当指标值进入 0 轴以上，被认为是进入多方主导的市场，是上涨行情的开始，向上穿越 0 轴是买入信号。当指标值进入 0 轴之下，被认为是进入空方主导的市场，是下跌行情的开始，向下穿越 0 轴是卖出信号。

在区间振荡指标中，当指标值向上进入 50 一线之上，被认为是进入多方主导的市场，是上涨行情的开始，向上穿越 50 是买入信号。当指标值向下进入 50 一线之下，被认为是进入空方主导的市场，是下跌行情的开始，向下穿越 50 是卖出信号。

多空分界线虽然简单，却有十分重要的实战意义。很多投资者忽略了这一重要的判断市场状况的简便方法。在主要多头市场，投资者可以大胆操作，以持股为主，做足上涨行情；在主要的空头市场，投资应该谨慎操作，以空仓观望或轻仓试探为主，避免下降趋势，不与趋势作对。

在实际运用中，经验丰富的投资者会看大势做股，顺大势逆小势。比如在主要的多头市场中，振荡指标会游走于中心振荡指标的 0 轴之上或区间振荡指标的 50~80 之间。在强劲的升势中，当指标接近多空分界线时，往往是介入良机，而不是退出时机。因为，我们已经通过道氏理论和波浪理论知道了，一波主要的上涨行情会有次级折返，即调整浪，这些是回调的介入机会。

同理，在主要的空头市场中，振荡指标会游走于中心振荡指标的 0 轴之下或

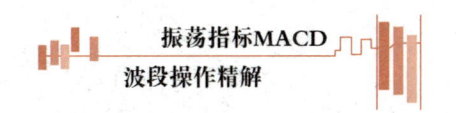

区间振荡指标的 50~20 之间。在强烈的跌势中，当指标接近多空分界线时，往往是出逃良机，而不是介入时机。因为，一波主要的下跌行情中的次级折返，即调整浪，是下跌中的反弹卖出机会。

"让趋势成为你的朋友。"

——最具传奇色彩的基金经理 彼得·林奇（Peter Lynch）

第二节 指标的高位与低位

指标的高位与低位是相对于临界位即多空分界线而言的，越往上偏离多空分界线越是高位，越往下偏离多空分界线越是低位。通常把区间振荡指标的高位定义为指标值在 80~100 的区间，被称为超买区；把低位定义为指标值在 0~20 的区间，被称为超卖区，如下图 2-5 所示。

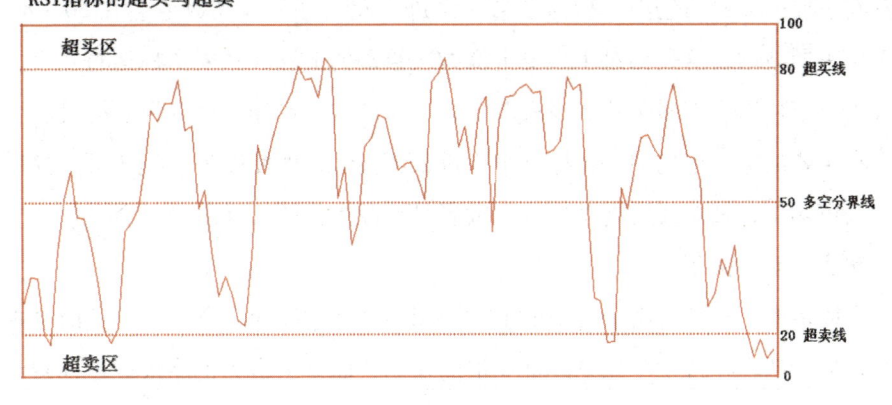

图 2-5 RSI 指标的超买与超卖

超买与超卖是投资者判断市场强弱的信号，超买反映了高涨的市场情绪，在超买区要随时注意有回调的风险；超卖反映了市场卖压强烈，在超卖区要注意随

时有反弹的可能。

在一轮多空循环中,指标经过长期在空方徘徊,这是释放空头能量的过程,这时指标的重心是在空方,表示是空方主导的市场。这时,如果指标向上突破多空分界线,进入多方并形成一次超买,这往往是底部反转的信号,这个位置之后往往有最后一跌,然后指标再次进入多方标志着空头市场的终结。

同样道理,如果指标经过长期在多方徘徊,这是消耗多方能量的过程,这时指标的重心是在多方,表示是多方主导的市场。这时,如果指标向下突破多空分界线,进入空方并形成一次超卖,这往往是顶部反转的信号,这个位置之后往往有一次强烈的反弹,然后指标再次进入空方标志着多头市场的终结。

超买:买过头了

在股市中,经常会由于强烈的上涨预期,产生过度的买方力量,这时会形成超买现象。超买经常发生在上涨推动浪的初期,而振荡指标具有很好的灵敏性,它能很好地捕捉到行情的启动点。

指标进入超买区,表明多数市场参与者看好后市,形成了追涨的局面。超买是短期的看多信号。

在主要的多头市场中,指标在第一次进入超买区后,其数值会在 50~80 区间多次来回波动,这是相对于主要上涨的次级别的上涨。只要指标运行在多空分界线上方都可以看作多头趋势没有改变,这时的波段操作者可以耐心持股。

在主要的空头市场中,指标会很少进入超买区,即使能进入超买区,这时也是空头市场中,做短线的高抛机会,或者是波段操作的反弹出局机会。

超卖:卖过头了

在股市中,经常会由于强烈的下跌预期,产生过度的卖方力量,这时会形成超卖现象。超卖经常发生在下跌推动浪的初期,而振荡指标也能很好地捕捉到行情在超卖区的转向。

指标进入超卖区,表明多数市场参与者看淡后市,形成了杀跌的局面。超卖是短期的看空信号。

在主要的空头市场中,指标在第一次进入超卖区后,其数值会在 20~50 区间多次来回波动，这是相对于主要调整的次级别的调整。只要指标运行在多空分界线下方都可以看作空头趋势没有改变，这时的波段操作者可以耐心空仓等待多头信号。

在主要的多头市场中，指标会很少进入超卖区，即使能进入超卖区，这时也是多头市场中，做短线的低吸机会，或者是波段操作的回调加仓机会。

"图表能反映出一切股市或公司股民的总体心理状况。"

——投资大师 威廉·江恩（William Deibert Gann）

第三节　指标的趋势

指标是对价格的历史数据的统计，它同价格一样也是以趋势形式行进。指标的趋势比价格的趋势更明确、直观和具有意义。

指标线以波浪的形式向上或向下推进，在波的底部形成波谷，在波的顶部形成波峰。

指标趋势可以通过趋势线来表示，上升趋势线是连接最近的两个或两个以上波谷的直线，下降趋势线是连接最近的两个或两个以上波峰的直线。

市场一旦形成趋势就不会轻易改变，直到一个平衡点，趋势被打破为止。上升趋势线反应了市场向上波动的趋势，如图2-6所示，趋势线对行情有支撑作用，一旦指标线向下突破趋势线，表示短线的上升行情发生转变，有时指标会再次回抽而没能重新站上趋势线，反而再次跌破前低，这时可以确认上升趋势发生改变。

指标线由上向下穿越趋势线，可以作为卖出信号。与此同时，当价格也同样向下突破趋势线时可与指标的卖出信号相互验证，增加操作成功率。

下降趋势线反应了市场向下波动的趋势，如图2-7所示，趋势线对行情有

压力作用，一旦指标线向上突破趋势线，表示短线的下降行情发生转变，有时指标会再次回抽而没能重新回到趋势线之下，反而再次突破前高，这时可以确认下降趋势发生改变。

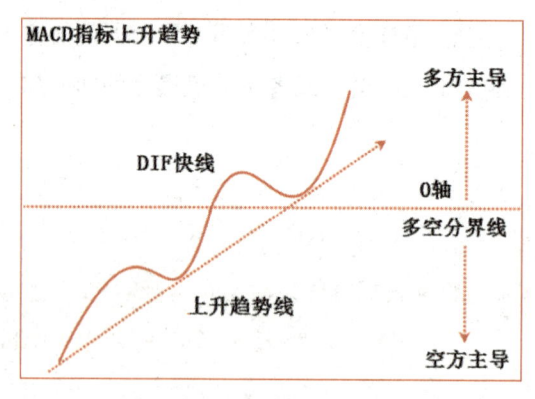

图 2-6　MACD 指标上升趋势

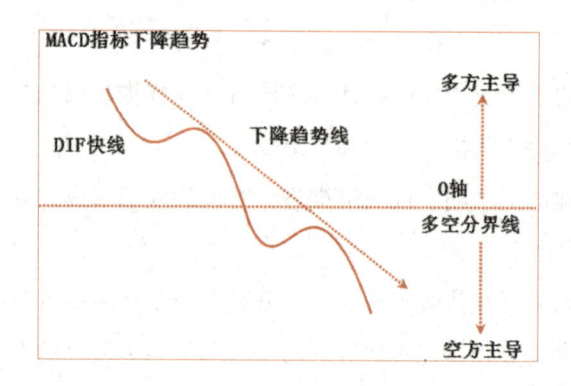

图 2-7　MACD 指标下降趋势

指标线由下向上穿越趋势线，可以作为买入信号。与此同时，当价格也同样向上突破趋势线时可与指标的买入信号相互验证，增加操作成功率。

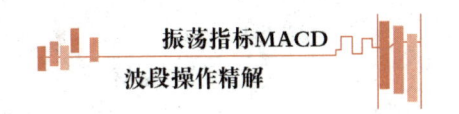

"投资本身没有风险，失控的投资才有风险。"

——金融大鳄 乔治·索罗斯（George Soros）

第四节　指标的形态

股票市场受某些固定市场情绪影响会形成某些固定的波动模式，这些模式我们可以总结成为特定的价格形态。这些价格形态在 K 线图表中比较常见。指标形态往往不如价格形态常见，但如果指标形态与价格形态能相互验证，那么指标形态则更有意义，而且指标形态更容易识别。

指标的形态用在大周期上的效果比短周期更可靠，比如周线形态会比日线形态更可靠。

常用的指标形态可以分为顶部形态和底部形态两大类。常见的有头肩顶（底）形态、双重顶（底）形态、三重顶（底）形态等。

如果顶部形态发生在超买区，则有极大的可能发生顶部反转；如果底部形态发生在超卖区，则有极大的可能发生底部反转。投资者需要对这些反转形态多加注意。

头肩顶

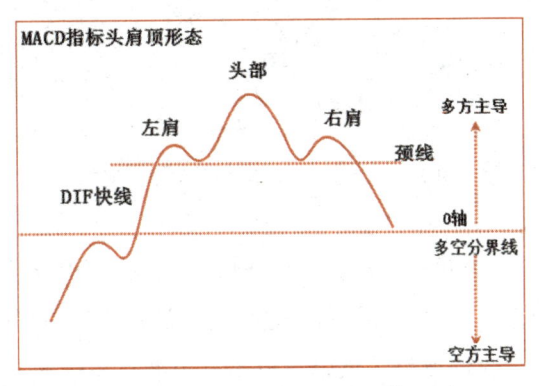

图 2-8　MACD 指标"头肩顶"形态

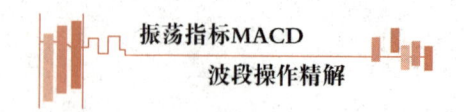

上图 2-8 所示是头肩顶形态，MACD 快线指标线 DIF 在多空分界线之上逐步爬升，之后回落，形成第一个波峰，这便是左肩，左肩通常是波浪理论中的 1 浪；左肩之后，指标以更陡的角度向上运行，这是价格快速拉升的表现，指标超过前一个波峰，在形成高点后，回落形成第二个波峰，这便是通常所说的头部，头部往往是最强烈的上涨浪，多为波浪理论中的大 3 浪，这时的成交量应该比左肩要放大；当头部回落到与左肩相似的高度，DIF 指标获得支撑再次上行，但不会超过前一个波峰又回落，形成第三个波峰，也就是右肩，右肩的成交量会有所萎缩，是上涨量不足的表现，右肩多是第 5 浪，股价可能创新高，也可能不创新高，这里是多头最强劲的拉升，也是多头力量衰竭的开始。

穿过左肩和头部回落低点的直线被称为颈线，对指标线具有支撑作用，指标线向下跌破颈线是头部反转的标志。当指标线完全进入 0 轴以下，正式宣布多头市场的结束，空头市场的开始。

头肩底

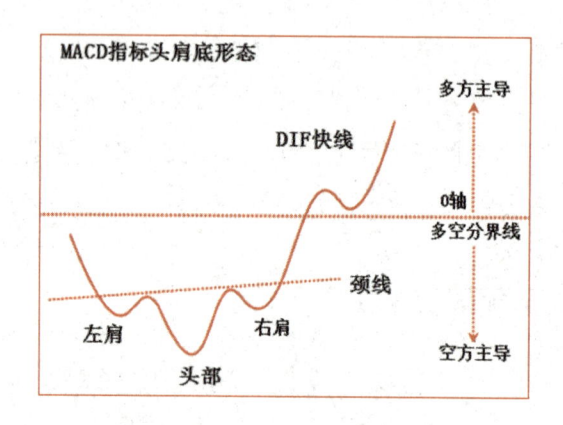

图 2-9　MACD 指标"头肩底"形态

上图 2-9 所示是头肩底形态，MACD 快线指标线 DIF 在多空分界线之下向下运行，之后回抽，形成第一个波谷，这便是左肩；之后指标继续下行，并且低过前一个波谷，在形成低点后，反弹形成第二个波谷，这便是通常所说的头部，头部往往是最强烈的下跌浪，多为波浪理论中的 C 浪；从头部反弹到与左肩相似的高度，DIF 指标受到阻力再次下行，但不会超过前一个波谷再次反弹，形成第三个波谷，也就是右肩，右肩会明显地缩量，多是下跌延长浪或是上升浪的2浪调整，股价可能创新低，也可能不创新低，这里是空头力量衰竭的开始。

穿过左肩和头部回抽高点的直线为颈线，对指标线具有压力作用，指标线向上突破颈线是底部反转的标志，这时要伴随成交量的放大，否则可能为假突破。当指标线完全进入0轴之上，正式宣布空头市场的结束，多头市场的开始。

双重顶

还有一种常见的顶部形态是双重顶，在指标形态中，双重顶比头肩顶更为常见。顾名思义，双重顶指有两个波峰的指标模式，如下图2-10所示。

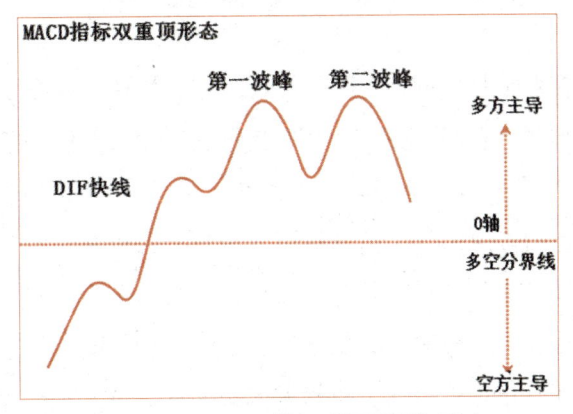

图2-10 MACD指标"双重顶"形态

双重顶发生在振荡指标的超买区才有效。对于MACD指标来说，可以把指标值的历史高位看作是其超买区。双重顶是由两波强劲的上涨创出新高形成的。第一个波峰通常为强劲的第3上涨推动浪，需要有放大成交量的配合。第二个波峰与第一个波峰指标值相差无几，形成双重顶形态，但形成第二个指标波峰时，价格会创新高，这是强烈的第5上涨推动浪，也是一波上涨行情的最后一浪。当形成第二个峰值，指标拐头向下，有形成双重顶的趋势时，稳健的投资者可以先获利了结部分筹码，事实证明，在这位置"逃顶"有极大成功率。

双重底

另一种常见的底部形态是双重底，双重底比头肩底更为常见。双重底是指有两个波谷的指标模式，如图2-11所示。

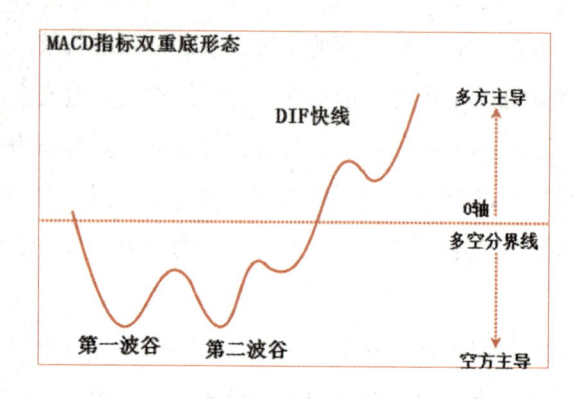

图 2-11　MACD 指标"双重底"形态

　　双重底发生在振荡指标的超卖区才有效，对于 MACD 指标可以把指标值的历史低位看作是其超卖区。双重底是由下跌趋势中最后两波强烈的杀跌造成的。第一个波谷通常为 A 浪或 C 浪下跌。第二个波谷与第一个波谷指标值相差无几，形成双重底形态，但形成第二个指标波谷时，价格会创新低或几乎与前低持平，这里通常是 C 浪下跌或下跌的延长浪，是空头力量衰竭的表现。当形成第二个波谷之后，指标拐头向上，有形成双重底的趋势时，积极的投资者可以先试探性介入，事实证明，在这位置"抄底"有极大成功率。

"除非你真的了解自己在干什么，否则什么也别做。"

——投资家 吉姆·罗杰斯（Jim. Rogers）

第五节　指标的交叉

　　"金叉买，死叉卖"是指标运用中最常用到的方法，指标的交叉是指指标的短期指标线与长期指标线相交的现象，换句话说是快线与慢线的相交现象。

　　大部分的指标都会用到交叉作为操作的一个判断依据。交叉点表示转折点、临界点、超越平衡点,在股票操作中具有重要参考价值。

振荡指标中,经常用到交叉的指标,如 MACD 指数平滑异同平均线、RSI 相对强弱指标、KD 随机指标、VOL 成交量指标、MTM 动量线等,都可以运用指标的交叉作为买卖点。

黄金交叉

黄金交叉,俗称为"金叉",是指短期指标线由下向上穿过长期指标线形成的交叉,换句话说是指标中的快线由下向上穿过慢线形成的交叉。

黄金交叉可以作为买入的依据,但其用在不同指标中时,会由于指标的不同、发生交叉的位置不同,而使其作为买入依据的可靠程度有所不同。这需要投资者在了解指标的计算原理的基础上,通过实践应用来找到更高胜率的买入点。

在中心振荡指标中,如 MACD 指标,发生在空方的背离之后的黄金交叉是高成功率的买点;在多方的黄金交叉也是比较好的买点或者加仓点;在空方的普通黄金交叉较前面两个买点的成功率会低些。总的来说,黄金交叉在 MACD 指标中作为买点的可靠程度比较高。

在区间振荡指标中,如 KD 随机指标,发生在超卖区的黄金交叉更为可靠;发生在超卖区之外的空方的黄金交叉,最好结合波浪理论和当时的市场氛围来综合判断是否需要介入。

黄金交叉的具体表现一般为:

(1) MACD 指标的快线 DIF 由下向上穿过慢线 DEA,如图 2-12 所示。

(2) KD 随机指标的快线 K 线由下向上穿过慢线 D 线。

(3) RSI 相对强弱指标的短周期 6 日 RSI 线由下向上穿过长周期 12 日 RSI 线。

综上所述,对于波段操作来说,"抄底"的买点,选择超卖区的黄金交叉更为可靠,这个位置的黄金交叉通常是中、短期内的"反转点"。对于较为灵敏的振荡指标,可以结合 MACD 来互相验证,以此提高黄金交叉的买入成功率。

死亡交叉

死亡交叉,俗称为"死叉",是指短期指标线自上而下穿过长期指标线形成

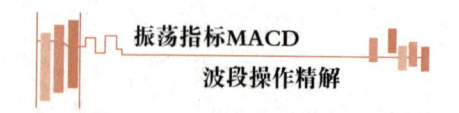

的交叉，换句话说是指标中的快线自上而下穿过慢线形成的交叉。

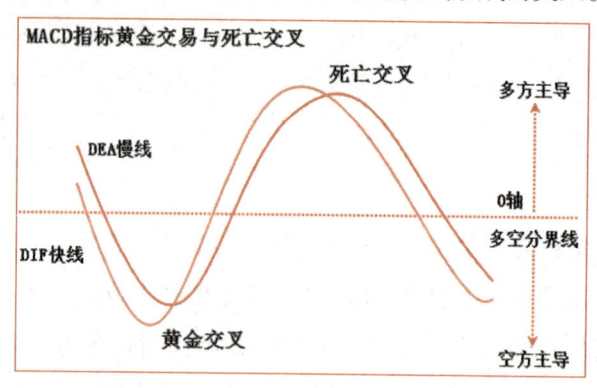

图 2-12　MACD 指标黄金交叉与死亡交叉

死亡交叉可以作为卖出的依据，但其用在不同指标中时，会由于指标的不同，发生交叉的位置不同，而使其作为卖出依据的可靠程度有所不同。

在中心振荡指标中，如 MACD 指标，发生在多方的背离之后的死亡交叉是高成功率的卖点；在空方的死亡交叉也是反弹逃命卖出机会；在多方的普通死亡交叉较前面两个卖点的成功率会低些。总的来说，死亡交叉在 MACD 指标中作为卖点的可靠程度比较高。

在区间振荡指标中，如 KD 随机指标，发生在超买区的死亡交叉更为可靠；发生在超买区之外的多方死亡交叉，最好结合波浪理论和当时的市场氛围，来综合判断是否需要离场。

死亡交叉的具体表现一般为：

（1）MACD 指标的快线 DIF 自上而下穿过慢线 DEA，如图 2-12 所示。

（2）KD 随机指标的快线 K 线自上而下穿过慢线 D 线。

（3）RSI 相对强弱指标的短周期 6 日 RSI 线自上而下穿过长周期 12 日 RSI 线。

综上所述，对于波段操作来说，"逃顶"的卖点，选择超买区的死亡交叉更为可靠，这个位置的死亡交叉通常是中、短期内的"反转点"。对于较为灵敏的振荡指标，可以结合 MACD 来互相验证，以此提高死亡交叉的卖出胜率。

"只有退潮时,你才知道谁是在裸体游泳。"

——"股神"沃伦·巴菲特(Warren Buffett)

第六节　指标的背离

指标的背离是指指标的运行方向与价格的方向相反,即指标与价格发生了背离。指标的背离分为底背离和顶背离两种情况。

背离发生在振荡指标的超买或超卖区,对应价格的顶部和底部区域。振荡指标能较灵敏地反应市场多头和空头力量的强弱变换,当价格经过一波强势的运行之后,振荡指标值会快速到达高位或低位,即超买或超卖区,如果市场价格不能以更强劲的势头继续发展,那么指标值会反映出市场力量的减弱,这时便产生指标值与市场价格相背离的现象。

价格和指标都以波浪的形式运行,在上升中,每个波峰(谷)都较前一个波峰(谷)提高;在下降中,每个波峰(谷)都较前一个波峰(谷)降低。连接最近的两个波峰(谷)的直线就是趋势线。当价格与指标的趋势线方向一致时,表示市场的能量与价格运行正常;当价格与指标的趋势线方向不一致时,便是用图形描述的背离,表示市场朝先前方向发展的能量有所减弱。

背离常作为可靠的"反转"操作信号,底背离是买入信号,顶背离是卖出信号。

底背离

底背离发生在指标值空方的超卖区,当股价继续创新低而指标值不再创新低时,即产生底背离。如图 2-13 所示。

底背离表示空头力量的减弱,市场有发生底部反转的可能。

顶背离

顶背离发生在指标值多方的超买区,当股价继续创新高而指标值不再创新高时,即产生顶背离。如图 2-14 所示。

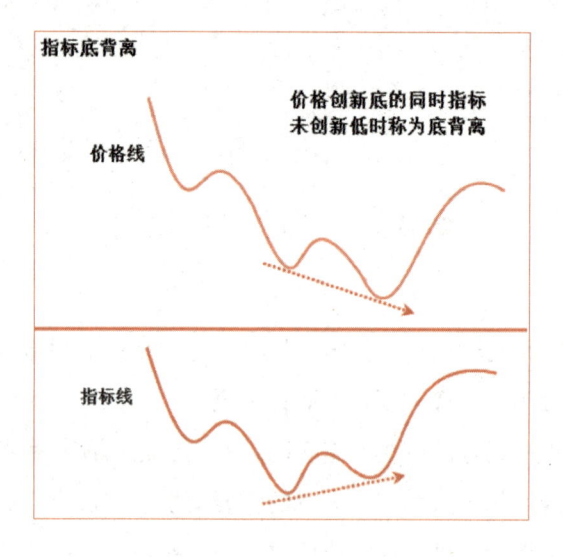

图 2–13　指标的底背离

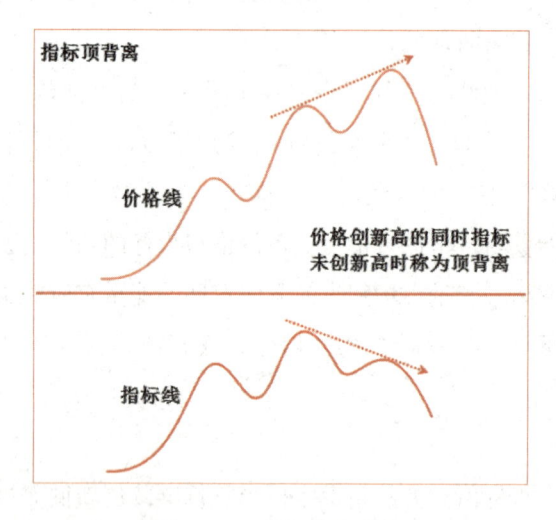

图 2–14　指标的顶背离

顶背离表示多头力量的减弱，市场有发生顶部反转的可能。

在实际运用中，长周期的顶（底）背离比短周期的顶（底）背离更可靠，比如周线顶（底）背离的可靠性要高于日线的顶（底）背离。

背离的配套措施

背离是很好用的"抄底逃顶"方法，指标的初学者会乐于找背离。可是，投资老手会知道，背离虽然是一个很好的指标应用方法，但有时会产生所谓的"顶中有顶，底中有底，背离后还有背离"的情况。这句话的意思是说，在强劲的趋势中，行情往往不会轻易结束。用背离的方法找顶（底）时，会遇到在背离后又产生背离的情况，价格保持先前的方向运行。

产生"背离后有背离"的主要原因是，趋势的级别大于指标周期，这时如果放大指标周期就可以避免失误。用波浪理论来解释就是延长浪的作用，比如，在一波主要的牛市行情中，第3或第5上涨推动浪常会出现延长浪，这时指标会因为一次次上涨浪的冲击而出现"背离后的背离"，这表明多方力量的强势。

投资老手遇到这种情况时，会运用背离的配套措施，综合来应对背离，最大程度地做足行情。背离是找顶（底）的方法，属于在趋势反转可能性较大的地方进行的逆市场操作，是"顺小势逆大市"的操作，虽然成功率较高，但这与波段操作"顺势而为"的思想（顺大势）多少有些不符，还是有放过上涨行情或失误的可能。因此我们还是要强调顺势操作的原则，并总结一些运用背离的配套措施。

顺势操作原则：

（1）在上升通道中，应以持股为主，在明显的上升趋势中可逐步加仓，在可能的反转点采取逐步减仓的策略。

（2）在下降通道中，应以空仓为主，在明显的下降趋势中耐心等待，在可能的反转点试探性介入，买入前先想好止损位，切不可急于重仓。

（3）在盘整行情中，应以观望为主，宁做错过，不可做错。

背离配套措施：

（1）趋势线和通道线

趋势线和通道线是上涨中的支撑线，下跌中的阻力线，当股价反向突破趋势线和通道线时，则视为增大转势的可能性。在下降趋势中，当股价向上突破趋势线或通道线上轨时，是买入信号；在上升趋势中，当股价向下跌破趋势线或通道

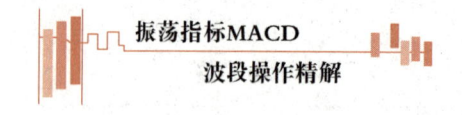

线下轨时，是卖出信号。

（2）均线

10日均线是股票的生命线，当股价向上突破10日均线时，是买入信号；当股价向下跌破10日均线时，是卖出的信号。5日均线与10日均线的交叉可用来判断市场短期的多空情况，10日均线与20日均线的交叉可以判断市场中期的多空情况。黄金交叉作为买入信号，死亡交叉作为卖出信号。

（3）蜡烛图反转形态

日本蜡烛图是古老而实用的分析技术，常见的底部反转形态有，早晨之星、锤头线、刺透形态、红三兵等，是买入信号；常见的顶部反转形态有，黄昏之星、上吊线、墓碑线、吞没形态、三只乌鸦等，是卖出信号。

（4）价格反转形态

价格反转形态，是固定市场情绪的反应，常见的底部反转形态有，头肩底、双重底、三重底、圆形底、底部三角形等，是买入信号；常见的顶部反转形态有，头肩顶、双重顶、三重顶、圆形顶等，是卖出信号；

（5）成交量

成交量是股票行情软件的第二个默认副图指标，量价配合是有效的研判行情的依据，在筑底过程中需要明显地缩量，表示空头下跌能量的衰竭，在突破关键压力位时，需要伴随成交量的明显放大。在顶部，成交量与价格也经常出现背离，表示上涨动能的不足，在波峰出现"天量见天价"的K线是常见的见顶标志。

（6）指标相互验证

不同指标间可以将多空判断与指标交叉相互验证，作为提高操作把握性的方法。例如MACD指标和KD指标都出现黄金交叉时可以提高买入的胜率。

盘后阅读之二 宫本武藏

最后以一则著名剑客宫本武藏的故事作为本章的结尾。

日本近代有两位一流的剑客，一位是宫本武藏，另一位是柳生又寿郎。

当年，柳生拜师宫本。学艺时，向宫本说："师傅，根据我的资质，要练多久才能成为一流的剑客？"宫本答道："最少也要十年吧！"柳生说："哇，十年太久了，假如我加倍苦练，多久可以成为一流的剑客呢？"宫本答道："那就要二十年了。"柳生一脸狐疑，又问："假如我晚上不睡觉，日以继夜地苦练呢？"宫本答道："那你必死无疑，根本不可能成为一流的剑客。"

柳生非常吃惊："为什么？"宫本答道："要当一流剑客的先决条件，就是必须永远保留一只眼睛注视自己，不断反省自己。现在，你两只眼睛都只盯着剑客的招牌，哪里还有眼睛注视自己呢？"柳生听了，满头大汗，当场开悟，终成一代名剑客。

股道如剑道，投资者从初学者到最后有所成就，如果执着于成为一流的剑客，将所有的精力关注盈利目标时，极易受到市场的刺激和诱惑，情绪常常会随着市场跌宕起伏，最终迷失在市场里，反倒事与愿违。

投资者应一只眼睛看市场，一只眼睛审视自己，"每日三省吾身"，只需要一步一步地扎实前进，自然会水到渠成！这也有些"但行好事，莫问前程"的意味！

第三章

ZHEN DANG ZHI BIAO MACD: BO DUAN CAO ZUO JING JIE

MACD 指标

> "判断对错并不重要,重要的在于正确时获取了多大利润,错误时亏损了多少。"
> ——金融大鳄 乔治·索罗斯(George Soros)

本章主要内容

第一节　MACD——指数平滑异同移动平均线

第二节　MACD 指标之父：杰拉德·阿佩尔

第三节　EMA 指数平滑移动平均线

第四节　DIF 快线

第五节　DEA 慢线

第六节　MACD 柱状线

第七节　DIF 快线与 DEA 慢线的运用

第八节　DIF 快线与 MACD 柱状线的运用

盘后阅读之三　羊群效应

"通向灭亡的门是宽敞的，路是宽阔的，所以走上这条路的人最多。但你们要从窄门进去。因为通往永生的门是窄小的，路是狭隘的，找到他的人很少。"

——《圣经》

第一节　MACD——指数平滑异同移动平均线

MACD 指标英文全称是 Moving Average Convergence Divergence，中文被称为指数平滑异同移动平均线，是由杰拉德·阿佩尔（Gerald Apple）所创造的。

在指标研究中，MACD 指标常作为入门指标，同时也是要深入研究的经典指标。它常作为股票软件中的首选副图指标，如下图 3-1 所示，被广大投资者广泛应用。

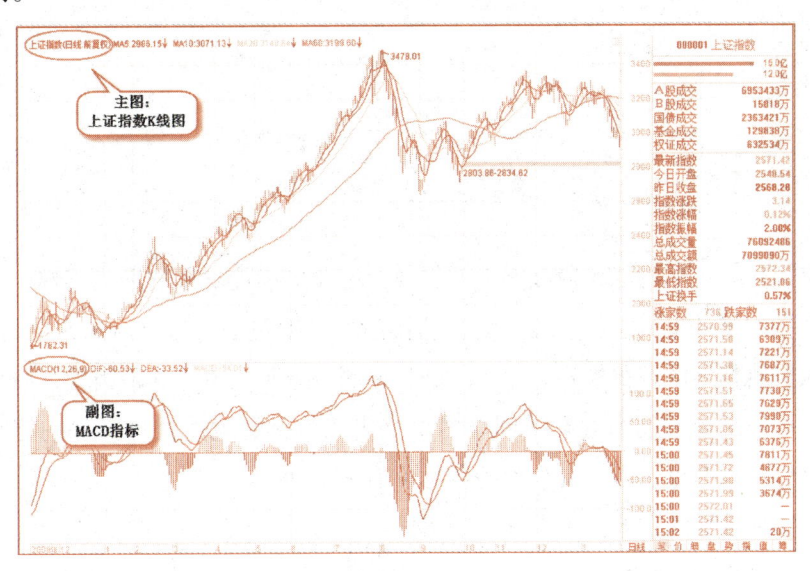

图 3-1　股票软件首选指标 MACD

从上图可以看出，MACD 指标由三部分组成，他们分别是：DIF（差离值）、DEA（差离值平均数）和 BAR（柱状线），如图 3-2 所示。DIF 在图中用白线表

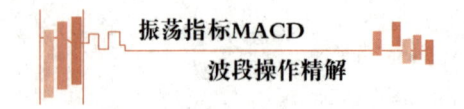

示,也被称为"快线",DEA 在图中用黄线表示,也被称为"慢线",最早的 MACD 只有这两条快慢线,通过两条曲线的聚合和分离来判断市场状况。后来随着 MACD 的广泛运用,又引入了柱状线(BAR),俗称"红绿柱"。红绿柱表示的是快线与慢线之间的距离,对指标实质没有影响,只是为了更便于观察和使用指标。

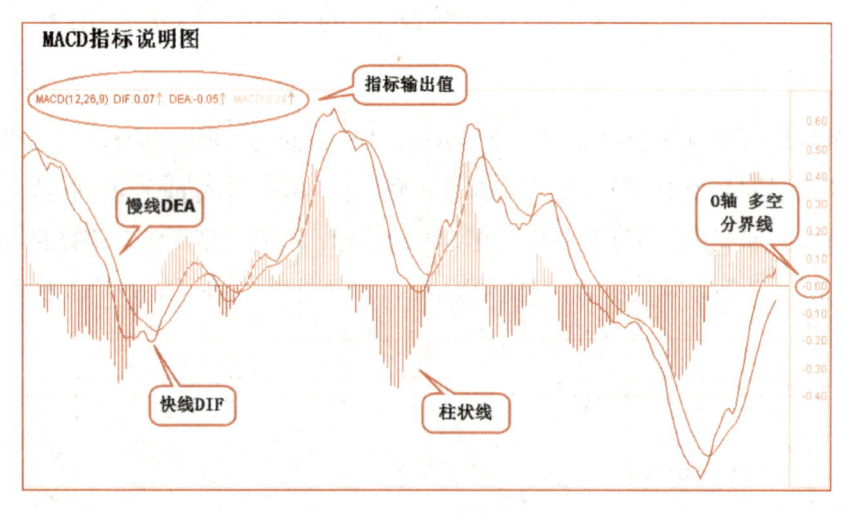

图 3-2 MACD 指标说明

市场具有记忆功能,曾经发生的行情会以非周期性对称的形式再现。指标是历史数据的统计工具,它是经过历史验证过的,对过去有效,对未来同样有效。指标对某些特定的行情模式有非常准确的预测及研判能力,这是因为,历史不断重演,同样的市场情绪会导致同样的价格走势,指标就能捕捉到这些特定的模式,这些定式对投资者具有重大的参考价值。

MACD 指标同其他振荡指标,如 KD 随机指标、RSI 相对强弱指标,一样是由价格演算出来的。他们都是利用短周期的快线与长周期的慢线的位置、交叉、形态、背离等来判断和预测行情。MACD 指标除了具有振荡指标的特性之外,还具有趋势指标的内涵,它是众多指标中意义最丰富、最实用、适用性最强的指标。具有稳定性、趋势性、振荡性的特点,熟练运用这一指标有助于对趋势和震荡行情进行良好的判断和把握。同样的方法技巧,适用于长、中、短各个周期,具有广泛的指导意义。所以，MACD指标又被称为"指标之王"。

指数平滑异同移动平均线，用中文读起来有些拗口，很多投资者可能会疑惑，为什么MACD指标用了个冗长且不好记的中文名？这要从指标的来源说起，其实很容易理解。

MACD指标中的"MA"是指Moving Average（移动平均），MACD指标是通过指数平滑移动平均线（EMA）计算得来的，EMA（Exponential Moving Average）是Exponential（指数平滑），Moving（移动），Average（平均）的缩写，"平滑"是指计算EMA中用到了平滑系数，所以名字中就有了"指数平滑移动平均线"。

MACD指标中的"CD"是指Convergence（收敛）和Divergence（发散），也就是MACD命名中的"异同"两个字了，"异同"是指快线和慢线的异步和同步程度。当两条线靠拢时即是收敛，当两条线分离时即是发散。

因此我们看，"Moving Average Convergence Divergence"直译成"移动平均聚散线"更容易理解和记忆，但我们还是沿用经典的名称"指数平滑异同移动平均线"，为了便于说明，简称为"MACD指标"。

MACD指标由DIF、DEA、BAR三部分指标构成，其计算过程大体如下：

（1）用市场价格计算出短期与长期的两组EMA数值，再计算两组数值之差得到差离值DIF。

（2）将上面DIF数值再用EMA的算法，计算中期内DIF的指数平均数，得到差离值平均数DEA。

（3）由前面得出的快线DIF与慢线DEA计算差值，得到柱状线BAR。

指数平滑移动指标EMA是均线指标的一种，比如常用的MA是简单算术平均。EMA指标的计算中用到了平滑系数，这样，不仅保持了均线指标的特性，而且增加了近期价格变动的权重。EMA也可以说是一种算法，对价格进行一次EMA计算就是对价格的一次平滑，目的是减少价格来回波动的交差"噪音"产生的干扰，而使价格看上去更平滑、平稳、更能反映一般趋势。

深入了解指标的构造原理，有助于我们更好地使用指标。对于涉及的计算过

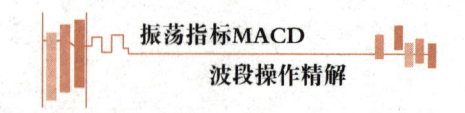

程，投资者并不需要亲手计算，因为股票软件中都有现成的指标和公式。投资者如果想调整参数，直接在软件中变动一两个数字即可，使用起来相当方便。

在股票行情软件副图指标中看到的 MACD（12，26，9），如图 3-2 所示，括号中的数字表示的是计算 MACD 的周期数值。通常是用（12，26，9）作为计算周期，也就是短周期值取 12，长周期值取 26，中周期值取 9。周期可以是分钟、日、周、月等，如在日线中，MACD（12，26，9）表示以 12 日、26 日、9 日为周期计算相应指标值的 MACD 指标。软件中的指标公式如下图 3-3 所示。

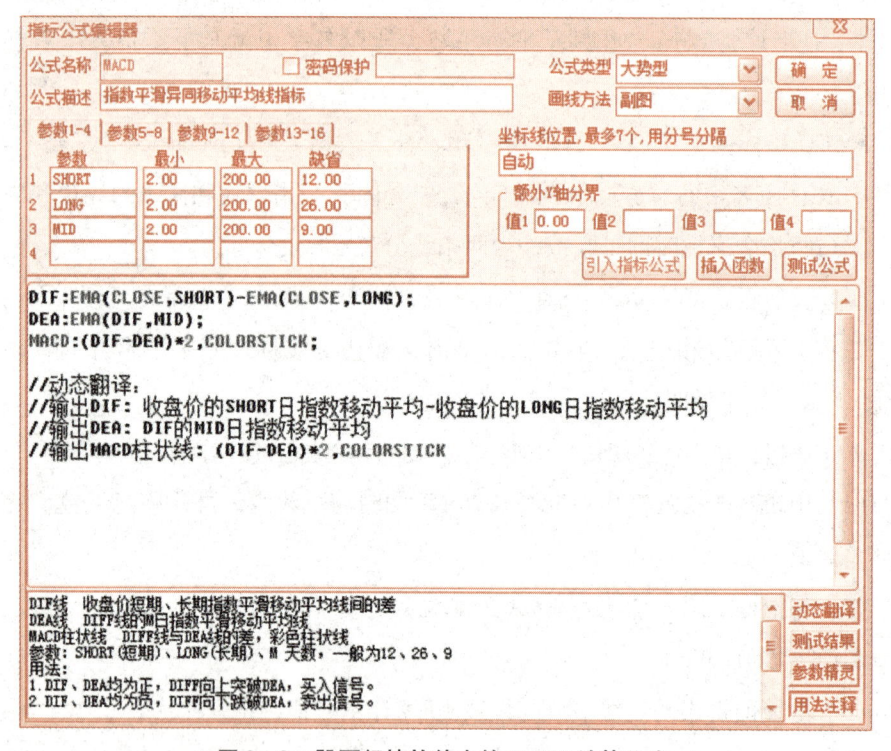

图 3-3　股票行情软件中的 MACD 计算公式

图中的参数为：SHORT（短期）、LONG（长期）、MID（中期）。参数缺省值为 12、26、9，分别对应三个参数的取值。

DIF：EMA（CLOSE，SHORT）- EMA（CLOSE，LONG），表示以短周期 12、长周期 26 计算收盘价的指数平滑移动平均，分别用 EMA_{12} 和 EMA_{26} 表示，

那么 EMA_{12} 与 EMA_{26} 的差值就等于 DIF。

DEA：EMA（DIF，MID），表示对 DIF 以 9 为周期计算指数平滑移动平均数，得到 DEA。

MACD：(DIF – DEA) * 2，COLORSTICK，表示 DIF 与 DEA 的差值的 2 倍为 MACD 柱状线的值，0 轴上用红柱表示，0 轴下用绿柱表示，乘以 2 是为了放大倍数，易于观察。

之所以选择 12 和 26 作为短周期和长周期数值，是因为我国股市在早期一周是 6 个交易日，两周是 12 个交易日，一个月平均是 26 个交易日，从而沿袭下来，投资者可改为 10 和 22，但基本差别不大。所以，之后也没引起重视而一直沿用至今。还有常用的一组周期是（5，34，5），5 和 34 都取自"斐波那契数列"，是"神奇数字"。如果想改变周期，投资者只需在指标公式编辑器里更改三个参数值即可。

DIF 是 MACD 指标构成最早得出的一条线，也是最有意义的一条指标线，当 DIF 向上穿越 0 轴的时候，表示市场有转好的预期。0 轴是多空分界线，若 DIF 一直游走于 0 轴之上，表示市场多头力量强于空头力量，投资者应以做多为主。当 DIF 向下穿越 0 轴，表示多数参与者看淡后市。若 DIF 一直被压制在 0 轴之下，说明市场中的空头力量强于多头力量，投资者应以空仓观望为主。

DEA 是对 DIF 平滑后得出的，DEA 较 DIF 更为平缓，落后于 DIF，所以把 DIF 称为快线，把 DEA 称为慢线。当 DIF 在低档向上突破 DEA 时，是买入信号。当 DIF 在高位向下跌破 DEA 时，是卖出信号。

MACD 柱状线由 DIF 与 DEA 的差值得出，更直观地反映了两条指标线的位置变化，也表达出了市场多空强弱的变化。

当 MACD 柱状线由红柱变为绿柱时，表示市场由多转空，可以考虑卖出；当 MACD 柱状线由绿柱变为红柱时，表示多头力量强于空头力量，可以考虑买入。

红柱的发散预示市场多头力量在发展，出现超出平均长度的红柱，表明多头势头强劲；绿柱的发散预示市场空头力量在漫延，出现超出平均长度的绿柱，表明空头出现强烈卖压。

红柱的收敛预示着多头力量有减弱的趋势，当红柱收敛到 0 轴附近时，预示空头可能取代多头成为主导力量，市场有转势的可能；绿柱的收敛预示空头力量有减弱的趋势，当绿柱收敛到 0 轴附近时，预示多头可能取代空头成为主导力量，市场有转势的可能。

指标能帮助投资者研判行情，提供操作依据，提高操作胜率，但指标还只是辅助工具。好的工具能起到锦上添花，事半功倍的作用，投资者也要重视市场趋势。在本书开头部分我们介绍了揭示市场波动性的两大基础理论，即道氏理论和波浪理论，投资者需要树立市场以趋势波动的观念，把 MACD 指标置于趋势的大势背景之下运用。结合趋势线、通道线、压力线、支撑线等简单的趋势技术综合运用 MACD 指标，做一位顺势而为的波段操作者。

"交易的核心就是尽量回避不确定走势，只在明显的涨势中下注。并且在有相当把握的行动之前，再给自己买一份保险（止损位摆脱出局），以防自己的主观错误。"

——股市名言

第二节　MACD 指标之父：杰拉德·阿佩尔

MACD 是准确率极高的趋势判断指标，在 1979 年由美国人杰拉德·阿佩尔（Gerald Appel）及福雷德·海期尔（Fred Hitschler）所发明，两人的著作是《股市交易系统》（Stock Market Trading Systems）。1986 年美国人 Thomas Aspray 加入柱状线（Histogram），成为现今常用的 MACD 指标。

阿佩尔是 Signalert 公司的创始人。Signalert 是一家投资咨询公司，管理的客户资产超过 3.5 亿美元。作为投资顾问、作家和演说家，他在世界范围内享有很高的声誉。他的文章经常发表在《巴伦周刊》（The Barron's），《股票与期货》

（Stock & Commodities）以及《个人理财》（Personal Finace）等杂志上。他以自己的自律和创新赢得了业界的尊敬和认可。

阿佩尔从19世纪70年代开始从事投资市场研究，他的著作包括十多本与投资相关的书籍，近年来我国引进的有，《机会投资》（Opportunity Investing）、《懒人赚大钱：每三个月操作一次的简单投资方法》（Beating The Market：3 Months At A Time）、《技术分析：实战工具》（Technical analysis power tools for active investors）等，其中的《技术分析：实战工具》被美国股票交易权威传媒Stock Trader评为当年最佳图书。

阿佩尔是位高度自律的投资家，也是位组织性很强的演说家。由于他使用的投资系统十分明确，并伴有相应的风险管理措施，这使得他的交易方法极富吸引力。另外，阿佩尔对自己的事业很有热情，他执着于完善自己的交易方法。

阿佩尔认为成功的交易者应该具备以下四个要素：

（1）自律观念，要始终遵守自己的交易系统。

（2）限制亏损，以事先计划限制亏损。

（3）交易系统，计划你的交易，交易你的计划。

（4）控制情绪，任何时候都要事先计划以避免错误。

自律是成功的必要品质

自律几乎是所有投资大师都强调过的原则，自律是成功投资者的必备素质。对于自律的交易者来说，建立一个有计划、有逻辑的交易系统（System）很重要，它有助于培养良好的交易习惯。他擅长分析数字和统计数据，并对所有交易系统中的交易时机的选择做了大量研究。我们常说"细节决定一切"，阿佩尔的成功就来自于对细节的把握，经过大量研究把细节组织起来，固定下来，建立起一个交易系统。交易系统使投资者更易于执行自己的交易策略。

人们在投资过程中需要付出一定的代价才能学到大多数的经验教训。蒙受一些亏损，它就会教给你一些东西。但最重要的是要一直向前走，要坚持分析。如果情况开始变糟，就要先检讨自己，看看自己的做法是否不妥。这跟市场的交易毫无关系，关键是你的感受如何。要想做好交易，必须先做好研究，接着做一段

时间的模拟交易，然后再加以运用。要定期地做一下评析以检查自己是否运作良好。但所有这一切都必须遵循你的既定方向。

限制亏损

阿佩尔认为把亏损控制在一个较低的水平是非常重要的，他反对冒大的风险。他认为每一笔交易都要有固定的止损点。止损点也是构成他所运用的技术分析系统的一部分。所有模式都会采用跟踪止损的方法来保护利润。

作为有多年经验的投资家，他认为很重要的一点是，不要轻易地蒙受一些小的亏损。在运用一个工具或系统之前，对其做一番研究，一旦研究工作就绪，就应遵循自己发展起来的工具或系统去做。

"绝不让盈利的交易变成亏损的交易"，"永不摊平亏损"，"永远使用止损单"这是很多投资大师给我们的忠告。

交易系统

当人们提到一个交易系统时，很可能指的是以直觉构建的系统，也可能指的是要严格执行的系统。考虑到人性的弱点，在两种情况下，任何投资者在使用交易系统时，都必须尽可能地避免感情用事，要限制亏损，让利润增长。定期地评价一下自己的操作也非常重要。所以交易中人的因素与交易系统同等重要。

有些人善于使用MACD并且收到了良好的效果。有些人不使用MACD，他们的一个大问题是，他们不使用这方面的任何一种工具。或许有诸多原因使他们放弃交易系统，要知道，任何系统都会有暂时的运行不理想的时期，投资者在一笔交易不成功时就决定放弃一个系统，这显得有些草率了。他们经常对股票市场抱有自己的希望和愿望，也会因此而改变原有的交易系统。然而，当系统显示可以买进时，一些投资者却因为其他的一些理由而断定市场不会发生变化，于是最终依据自己的想法而不是交易系统进行操作。你知道，有些投资者就是不按照系统执行。因此，最大的问题是，投资者在尝试运用某一系统时，有时却不严格执行。交易系统的目的就在于把情绪排除在外。投资者应多在盘后做研究，而避免在盘中进行情绪化交易。

控制情绪

在谈到交易情绪时，阿佩尔认为，总体来讲，情绪是无益的。在交易过程中，最大的情绪问题或许是忧虑。投资者如果太惧怕亏损或者有某种类似的顾虑，就会退出交易或者缺少持仓信心。有关情绪的第二个问题是，总觉得自己是赢家。这种想法经常使投资者过早地放弃他们处于有利位置的持仓，却将最差的持仓抱着不放。投资者总是想兑现浮盈时的利润，而害怕接受亏损或拒绝承认错误。

于是他们会保留手中表现不佳的股票，卖出表现良好的股票，这样做的后果是他们手中的股票将逐渐丧失价值。在盘中，投资者难免会受到市场情绪的影响而做出冲动性的交易。因此，阿佩尔主张建立一个交易系统。

综上所述，是阿佩尔对成功交易的四点建议，他的交易系统和自律为他带来了成功，在许多方面他都称得上是典范，所有的投资者都应该深入地研究他的看法和观点。

"记住这一点：在你什么都不做的时候，那些觉得自己每天都必须买进卖出的投机者们正在为你的下一次投机打基础，你会从他们的错误中找到盈利的机会。"

——华尔街传奇大作手 杰西·利弗莫尔（Jesse Livermore）

第三节　EMA 指数平滑移动平均线

MACD 指标是以 EMA 指标为基础计算得来，所以我们介绍 MACD 的构造原理时，首先要从 EMA 指标讲起。EMA（Exponential Moving Average），指数平滑移动平均线，简称指数平均线，同时它也是一种趋势类指标，EMA 是以指数式递减加权的移动平均。各数值的加权随时间而呈指数式递减，越近期的数据加权

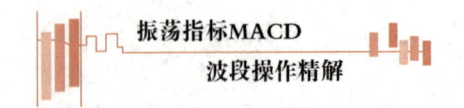

越重，但较早的数据也会给予一定的加权。

EMA 指标由于其计算公式中着重考虑了价格当天（当期）行情的权重，因此指标自身的计算公式决定了，作为一种趋势分析指标，它克服了简单算数平均线指标（MA）所发出的信号对于价格走势的滞后性。

EMA 计算公式是：

$$EMA_n = \frac{2}{n+1} \times C_n + \frac{n-1}{n+1} \times EMA_{[n-1]}$$

其中 $\frac{2}{n+1}$ 是平滑系数，C_n 是第 n 日的收盘价，$EMA_{[n-1]}$ 表示前一日的 EMA 值。可以看出，当日所占的权重是 $\frac{2}{n+1}$，而前一日 $EMA_{[n-1]}$ 所占的权重是 $\frac{n-1}{n+1}$。

EMA 引用函数在计算机上使用递归算法很容易实现，在计算机递推计算时可以变形为：

$$EMA_n = \alpha(C_n - EMA_{[n-1]}) + EMA_{[n-1]}$$

将 $EMA_{[n-1]}$ 按照类似方法递推展开，可以得到：

$$EMA_n = \alpha[C_n + (1-\alpha)C_{n-1} + (1-\alpha)^2 C_{n-2} + \cdots\cdots + (1-\alpha)^{n-2} C_2 + (1-\alpha)^{n-1} C_1]$$

其中，α 表示平滑系数，C_n 表示今天的价格，C_{n-1} 表示前一天的价格，以此类推。

将平滑系数 α 展开，由于

$$1/\alpha = 1 + (1-\alpha) + (1-\alpha)^2 + \cdots\cdots + (1-\alpha)^{n-2} + (1-\alpha)^{n-1}$$，可以得到

$$EMA_n = \frac{C_n + (1-\alpha)C_{n-1} + (1-\alpha)^2 C_{n-2} + \cdots\cdots + (1-\alpha)^{n-2} C_2 + (1-\alpha)^{n-1} C_1}{1 + (1-\alpha) + (1-\alpha)^2 + \cdots\cdots + (1-\alpha)^{n-2} + (1-\alpha)^{n-1}}$$

从该公式中可以看出 EMA 加权平均的特性。在 EMA 指标中，每天价格的权重系数以指数等比形式缩小。时间越靠近当前时刻，它的权重越大，说明 EMA 函数对近期的收盘价加强了权重比，更能及时反映近期价格波动的情况。

在股票行情软件中，EMA 指标可作为主图指标添加到 K 线图中，它由两条

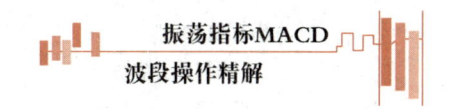

曲线构成，短期 EMA 线（以白线表示）、长期 EMA 线（以黄线表示），如下图3-4所示。

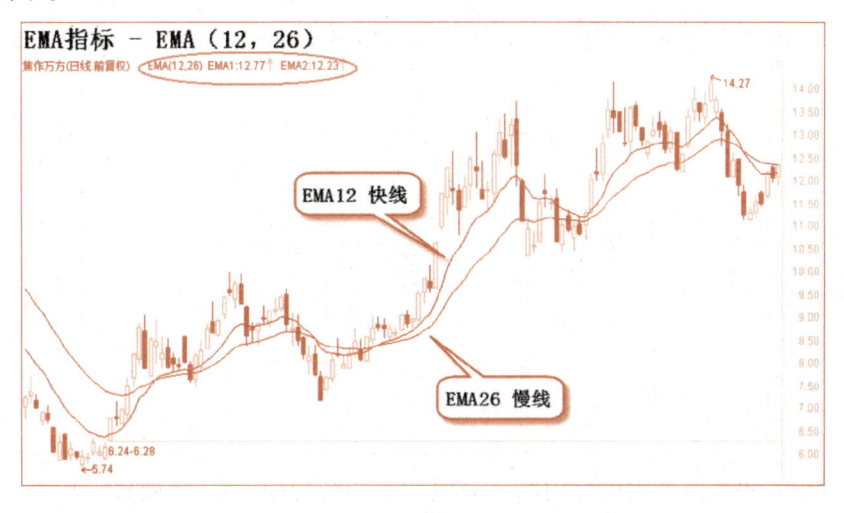

图 3-4　EMA 指标

EMA 指标应用原则：

（1）在多头趋势中，价格 K 线、短周期快线、长周期慢线按以上顺序从高到低依次排列，是为多头特征；在空头趋势中，长周期慢线、短周期快线、价格 K 线按以上顺序从高到低依次排列，是为空头特征。

（2）当短周期快线由下向上穿越长周期慢线时是一个值得注意的买入信号；此时短周期快线对价格走势将起到助涨的作用，当短周期快线由上向下穿越长周期慢线时是一个值得注意的卖出信号，此时长周期慢线对价格走势将起到助跌的作用。

（3）一般来说，价格在多头市场中将处于短周期快线和长周期慢线上方运行，此时这两条线将对价格走势形成支撑。在一个明显的多头趋势中，价格将沿短周期快线移动，价格回抽的低点将位于长周期慢线附近；相反地，价格在空头市场中将处于短周期快线和长周期慢线下方运行，此时这两条线将对价格走势形成压力。在一个明显的空头趋势中，价格也将沿短周期快线移动，价格回抽的高点将位于长周期慢线附近。

以上是对 MACD 指标的构造基础——EMA 指数平滑移动平均线（指标）的介绍，以后的三节将在此基础上分别介绍 MACD 指标的三个组成部分，即差离值（DIF）、差离值平均数（DEA）和柱状线（BAR）。

"阵而后战，兵法之常，运用之妙，存乎一心。"

——岳飞

第四节　DIF 快线

MACD 指标由差离值（DIF）、差离值平均数（DEA）、柱状线（BAR）三部分组成。其中差离值是核心，差离值平均数是辅助，柱状线是发展。下面先介绍 DIF 的计算方法。

DIF 线（Difference）就是差离值，又称为正负差，即收盘价 12 日 EMA 数值减去 26 日 EMA 数值。在持续的涨势中，12 日 EMA 在 26 日 EMA 之上。其间的正差离值（+DIF）会越来越大。反之在跌势中，差离值可能变负（-DIF），负差离值的绝对值也会越来越大。

快速平滑移动平均线是 12 日的，即 EMA_{12}，那么它的计算公式是：

$EMA_{12} = \dfrac{2}{12+1} \times C_{12} + \dfrac{12-1}{12+1} \times EMA_{[n-1]}$，$C_{12}$ 是当日收盘价，$EMA_{[n-1]}$ 是前一日 EMA_{12}

至于慢速的移动平均线是 26 日的，即 EMA_{26}，它的计算公式如下：

$EMA_{26} = \dfrac{2}{26+1} \times C_{26} + \dfrac{26-1}{26+1} \times EMA_{[n-1]}$，$C_{26}$ 是当日收盘价，$EMA_{[n-1]}$ 是前一日 EMA_{26}

有了短周期的 EMA_{12} 和长周期的 EMA_{26} 两条平滑移动线，我们马上就可以求得他们的差值，计算出 DIF。

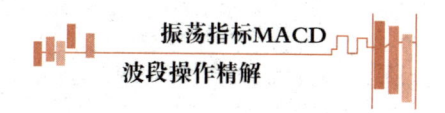

$$DIF = EMA_{12} - EMA_{26}$$

我们把图 3-4 的 EMA_{12} 与 EMA_{26} 的差值对应地用 DIF 表示在副图的 MACD 指标中，如下图 3-5 所示。

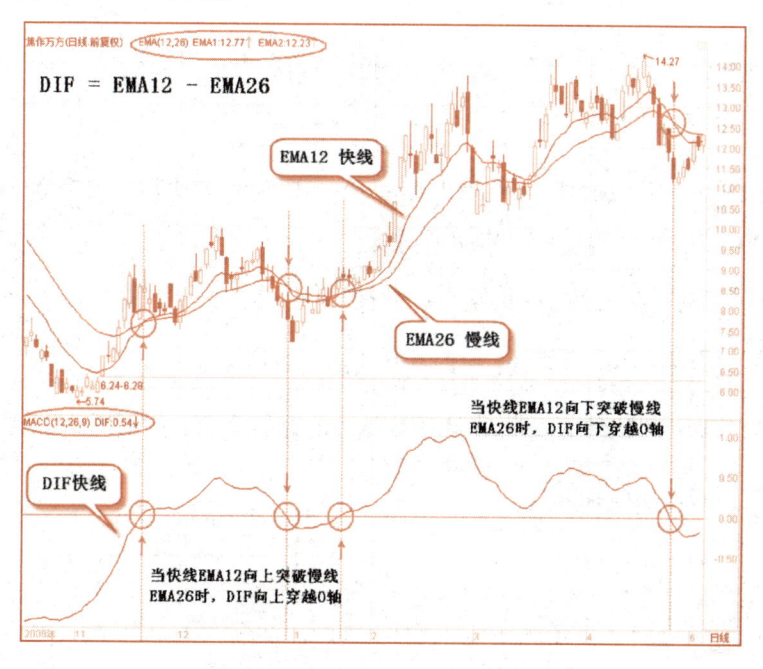

图 3-5 DIF 快线与 EMA 指标对照图

DIF 线是快线 EMA_{12} 与慢线 EMA_{26} 的差值，从上图 3-5 可以看出，当快线 EMA_{12} 向上突破慢线 EMA_{12} 时，DIF 向上穿越 0 轴；当快线 EMA_{12} 向下突破慢线 EMA_{26} 时，DIF 向下穿越 0 轴。相当地，当 DIF 大于 0 时，表示快线 EMA_{12} 在慢线 EMA_{26} 之上运行；当 DIF 小于 0 时，表示快线 EMA_{12} 在慢线 EMA_{26} 之下运行。

"计划你的交易，交易你的计划。"

——股市名言

第五节　DEA 慢线

DEA 线（Difference Exponential Average）差离值平均数，又称为异同平均数，是 DIF 线的 9 日指数平滑移动平均线。

根据之前介绍的 EMA 计算公式，求 DIF 线的 EMA（DIF，9）如下：

$$DEA = EMA（DIF，9）= \frac{2}{9+1} \times DIF + \frac{9-1}{9+1} \times DEA_{[n-1]}$$

DEA 与 DIF 的收敛与发散是 MACD 指标研究的重点，如下图 3-6 所示。

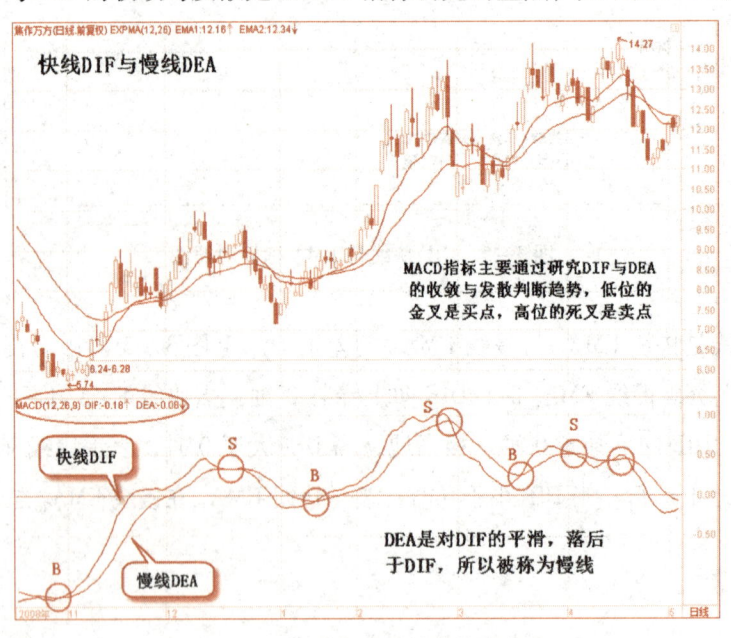

图 3-6　DEA 与 DIF 的收敛与发散

因为 DEA 是对 DIF 的平滑，从图中可以看出，DEA 落后于 DIF，所以 DIF 被称为快线，DEA 被称为慢线。

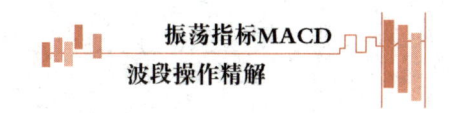

"你如果能在股市熬十年,你应该可以不断赚钱了;你如果熬二十年,你的经验将极有借鉴的价值;如果熬过三十年,那么你定然是个极其富有的人。"

——华尔街名言

第六节　MACD 柱状线

随着电脑在交易中的普遍应用,MACD 指标由最早的 DIF 和 DEA 两个指标又引入了柱状线,柱状线可以更进一步显示多空力量的消长,它不仅说明多空双方谁居于主导地位,还可以反映主导力量的强化或转弱,这是技术分析者可以运用的最佳工具之一。

BAR 柱状线公式为:$BAR = 2 \times (DIF - DEA)$,也可表示为 $MACD = 2 \times (DIF - DEA)$。

柱状线是衡量 DIF 与 DEA 之间的差值,然后将这些差值绘制为柱状线,这些数值看起来很小,但可以通过电脑将他们放大,如图 3-7 所示。如果快速线位于慢速线之上,MACD 柱状线为正值,绘制在零线之上,用红柱线表示。如果快速线位于慢速线之下,MACD 柱状线为负值,绘制在零线之下,用绿柱线表示。当快速线与慢速线交叉,MACD 柱状线值为零。

当 DIF 远离 DEA,MACD 柱状线会伸长(向上为正值,向下为负值)。当 DIF 向 DEA 靠近,MACD 柱状线会缩短。MACD 柱状线的斜率取决于相邻两个柱状线的关系。

MACD 柱状线是代表长期与短期趋势力道之间的差值。快速的 DIF 线反映比较短期间的市场趋势。慢速的 DEA 线反映比较长期间的市场趋势。MACD 柱状线表示长期与短期的市场强弱变化。

MACD 柱状线切线的斜率,可以反映市场主导力量转强或转弱。柱状线位于零轴之上时,多头是市场的主导力量,斜率向上代表多头的主导力量转强,柱状线一根比一根长,呈发散状态,说明快线 DIF 向上拉动慢线 DEA 的力量在增强,最好以做多为主;斜率向下代表多头的主导力量转弱,柱状线一根比一根短,呈

收敛状态，说明快线 DIF 向上拉动慢线 DEA 的力量在减弱。

柱状线位于零轴之下时，空头是市场的主导力量，斜率向下代表空头的主导力量转强，柱状线一根比一根长，呈发散状态，说明快线 DIF 向下拉动慢线 DEA 的力量在增强，最好以做空为主；斜率向上代表空头的主导力量转弱，柱状线一根比一根短，呈收敛状态，说明快线 DIF 向下拉动慢线 DEA 的力量在减弱。

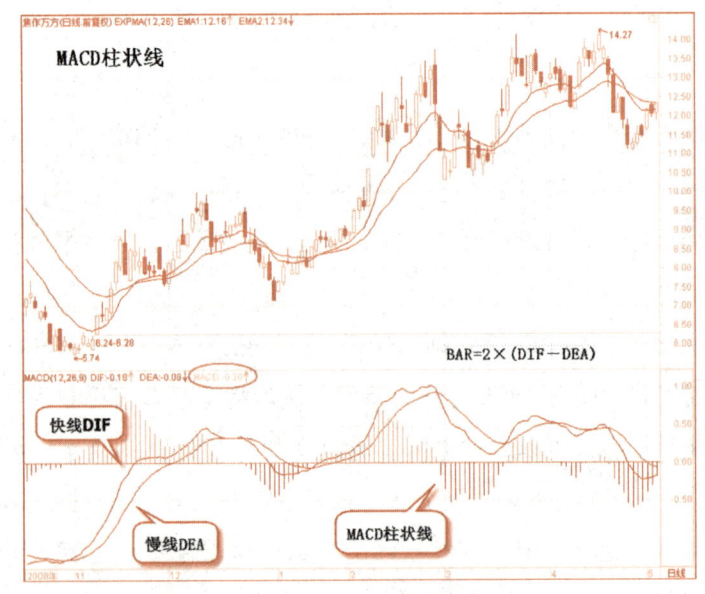

图 3-7 MACD 柱状线

当 MACD 柱状线的斜率与价格趋势保持相同的方向，趋势很安全。当 MACD 柱状线的斜率方向不同于价格趋势，则产生"背离"，趋势转向的可能在加大，最好顺着 MACD 柱状线的斜率方向进行交易，因为它可以反映多空力量的消长。

"为学日益,为道日损。"

——《老子》

第七节 DIF 快线与 DEA 慢线的运用

快线 DIF 与慢线 DEA 的值及线的位置

(1) 当 DIF 和 DEA 均大于 0（处于 0 轴之上）并向上移动时，表示市场处于多头行情中，可以买入或持股。

(2) 当 DIF 和 DEA 均小于 0（处于 0 轴之下）并向下移动时，表示市场处于空头行情中，可以卖出股票或观望。

(3) 当 DIF 和 DEA 均大于 0（处于 0 轴之上）但都向下移动时，表示市场行情处于退潮阶段，股票将下跌，可以卖出股票和观望。

(4) 当 DIF 和 DEA 均小于 0 时（处于 0 轴之下）但向上移动时，表示行情即将启动，股票将上涨，可以买进股票或持股待涨。

快线 DIF 与慢线 DEA 的交叉情况

(1) 当 DIF 与 DEA 都在 0 轴之上，而 DIF 向上突破 DEA 时，表明市场处于一种强势之中，股价将再次上涨，可以加码买进股票或持股待涨，这就是 MACD 指标黄金交叉的一种形式。

(2) 当 DIF 和 DEA 都在 0 轴之下，而 DIF 向上突破 DEA 时，表明市场即将转强，股价将止跌反弹，可以开始买进股票或持股，这是 MACD 指标黄金交叉的另一种形式。

(3) 当 DIF 与 DEA 都在 0 轴之上，而 DIF 却向下突破 DEA 时，表明市场即将由强势转为弱势，股价将下跌，这时应卖出大部分股票而不能买进股票，这就是 MACD 指标死亡交叉的一种形式。

(4) 当 DIF 和 DEA 都在 0 轴之下，而 DIF 向下突破 DEA 时，表明市场将再次进入极度弱市中，股价还将下跌，可以再卖出股票或观望，这是 MACD 指标死亡交叉的另一种形式。

"历史会重现，已发生的，还将发生，已做的，还将做，同一个太阳下，没有新鲜事。"

——投资大师 威廉·江恩（William D. Gann）

第八节　DIF快线与MACD柱状线的运用

（1）当DIF线和MACD柱状线都在0轴之上运行时，说明市场是处于多头行情中，股价将继续上涨。当MACD指标在0轴之上经过短暂的调整后，红柱线再次发散时，中长线投资者可继续持股做多，短线空仓者可开仓买入。

（2）当DIF线在0轴之上而MACD柱状线在0轴之下运行时，说明市场处于中长期多头行情中，但中短期进入空头主导的市场，短线回调的可能在加大，短线投资者应离场观望。

（3）当DIF线和MACD柱状线都在0轴之下运行时，说明市场是处于空头行情中，股价将继续下跌，投资者这时应以持币为主，耐心等待空头行情的结束。

（4）当DIF线在0轴之下而MACD柱状线在0轴之上运行时，说明市场处于中长期空头行情中，但中短期进入多头主导的市场，短线反弹的可能在加大，短线投资者可轻仓介入。

本章对振荡指标MACD的起源、构成、计算过程、应用原则等做了系统的介绍，后面的三章将分别介绍MACD指标的三大组成部分DIF、DEA、MACD柱状线的详细运用原则和技巧、波段操作方法及实战应用等。

>> 盘后阅读之三 羊群效应

"羊群效应"是指人们受到多数人影响,而跟从大众的思想或行为,也被称为"从众效应"。人们会追随大众所同意的行为,自己并不会思考事件的意义。羊群是一种很散乱的组织,平时在一起也是盲目地左冲右撞,但一旦有一只头羊动起来,其他的羊也会不假思索地一哄而上,全然不顾前面可能有狼或者不远处有更好的草。因此,"羊群效应"就是比喻人都有一种从众心理,从众心理很容易导致盲从,而盲从往往会陷入骗局或遭到失败。

在投资领域"羊群效应"表现的尤为明显,比如某位专家说投资某只股票好,很多人就会跟风买入,而某一天,另一位专家又说到一些利空消息,一些人又会卖出股票。为什么会产生这种盲目跟从的投资行为呢?

首先,普通的投资者,特别是初入股市的投资者,还没有分析市场的能力,他们容易受所谓"专家"的鼓动而买入或卖出某只股票。投资者在股市中经历的越多,对信息的分辨能力会越强。

其次,跟从他人操作,会减少因为自己决策失误而产生的后悔感和心理压力。比如,在牛市最疯狂的时期,市场就进入了博傻阶段,就像击鼓传花的游戏一样,当鼓声停止时接到花的人就被套牢,这种投资方法与赌博无异,完全是靠运气,甚至结果更糟,因为大部分初学者,都只会买不会卖,所以在股市中才有"会买的是徒弟,会卖的是师傅"一说。而在股市由牛市进入熊市后,很多人却不肯卖出,他看到别人不卖,他自己也不卖,产生了"要亏一起亏"的心理,因为他不想因为他的"小聪明"卖出后,如果股市万一反弹而后悔。这种在套牢后,明明知道可能继续亏损却采取回避态度的心理正是"羊群效应"的表现。

最后,普通投资者很难得到"真实"的信息。对于偏重基本面的投资者来说,投资的依据是"真实"的基本面信息,可是这些信息往往很难获得。通过媒体得到的信息是经过加工的信息，而且数据的真实性也难以保证。所以，偏重基本面的投资者更容易产生"羊群效应"，因为他们要跟随市场中所谓的"领头羊"，这些"领头羊"或是明星基金，或是著名的股评家。可是要知道市场是利益的博弈，别人怎么会轻易告诉你关键的真实信息，这样的信息称为情报更准确，获得这样的信息是要付出代价的！

因此，产生"羊群效应"的主要原因是，一、投资者对股市的研究能力有限；二、避免后悔心理；三、信息不充分。

那么投资者如何才能避免自己身陷"羊群效应"呢？针对三个产生原因，我们给出如下三个建议。

首先，通过学习加深对股市的认识，只有这样才能提高投资水平，加强分辨能力，避免盲目跟风操作。

其次，建立投资计划，也就是本书中提到的交易系统，把一切针对行情变化的对策列出来，哪怕是确定一些简单的原则，如亏到一定比例出局（定比例、定额止损），和分批进场（资金管理）等，都会对投资成绩的提高大有帮助，在此基础上再不断完善就能进入系统化交易的大门。这样就从跟本上避免了跟风操作。

最后，重视技术分析，因为所有的信息都反映在价格图表上，比如，有所谓的庄家得到了散户没有的利好信息或看好某只股票，那么他拉升股票的时候就无法避免地会出现一些上涨技术形态，投资者只需要在股票显出上涨形态端倪的时候再进场，这样既加大成功率，又减少了收集信息与分析信息的麻烦，何乐而不为！

第四章

ZHEN DANG ZHI BIAO MACD: BO DUAN CAO ZUO JING JIE

DIF 快线波段操作

"行情总在绝望中诞生,在半信半疑中成长,在憧憬中成熟,在希望中毁灭。"
——全球投资之父 约翰·邓普顿(John Templeton)

本章主要内容

第一节　DIF 快线的运用

第二节　趋势线的运用

第三节　底背离（多头背离）

第四节　顶背离（空头背离）

盘后阅读之四　瓦西里：我静得像一块石头

"在我进入之前,我就知道该何时退出了。"

——日本股神 是川银藏

第一节　DIF 快线的运用

DIF 快线概述

在 MACD 指标图中,白色的指标线是 DIF(Difference 的缩写),表示差离值,即 12 日 EMA 数值减去 26 日 EMA 数值。DIF 被称为快线,是因为它比黄线 DEA 反应较快。DEA 是 DIF 的 9 日 EMA,也就是说,DEA 是对 DIF 的平滑,因此 DEA 要落后于 DIF。

DIF 波段操作要点

(1) DIF 在 0 轴上,表示市场处于多头市场(牛市),DIF 在 0 轴上并向上移动是多头的上涨行情,此时应以持股为主。

(2) DIF 在 0 轴下,表示市场处于空头市场(熊市),DIF 在 0 轴下并向下移动是空头的下跌行情,此时应以空仓为主。

(3) DIF 在 0 轴上,但向下移动,需要谨慎持股或适当降低仓位,防止随时进入空头而失去利润,这时最好结合波浪理论和成交量来综合判断,在放量上涨中的第三浪和第五浪可以坚定持股,当量能萎缩,DIF 与价格出现背离时应果断离场。

(4) DIF 在 0 轴下,但向上移动,可以轻仓进行试探性介入,以便在 DIF 向上突破 0 轴,进入多方后处于有利地位,但要设置好止损,因为在 0 轴下还是很危险的。

DIF 波段操作第一买点

经过 DIF 长期在 0 轴下震荡调整后,当 DIF 向上突破 0 轴时为第一买点,如图 4-1 所示。

在实战操作中运用 DIF 买点时需要注意,越是在行情的底部经过充分调整,DIF 的突破越有效,图 4-2 是个股露天煤业(002128)中出现的 DIF 波段操作第一买点。

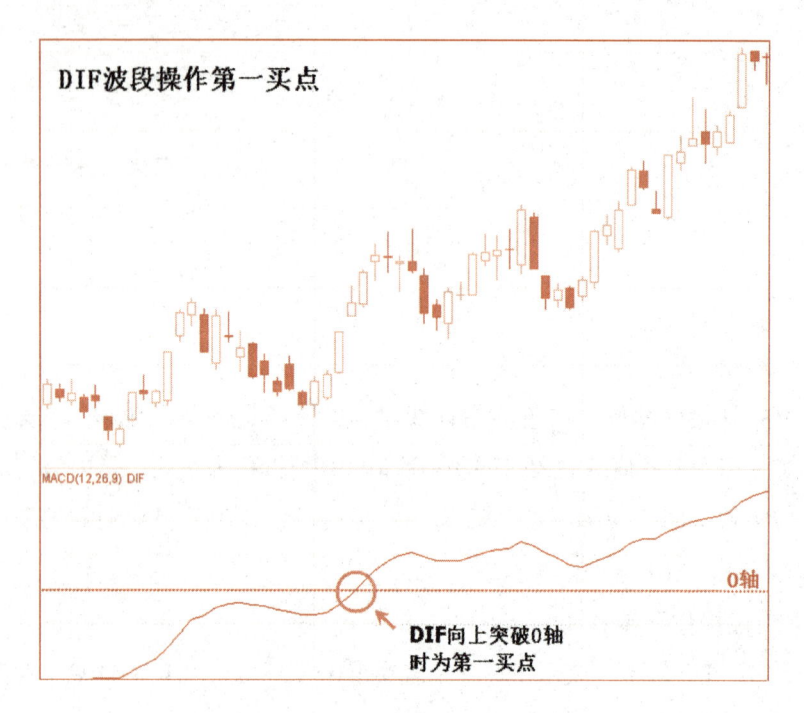

图4-1　DIF波段操作第一买点

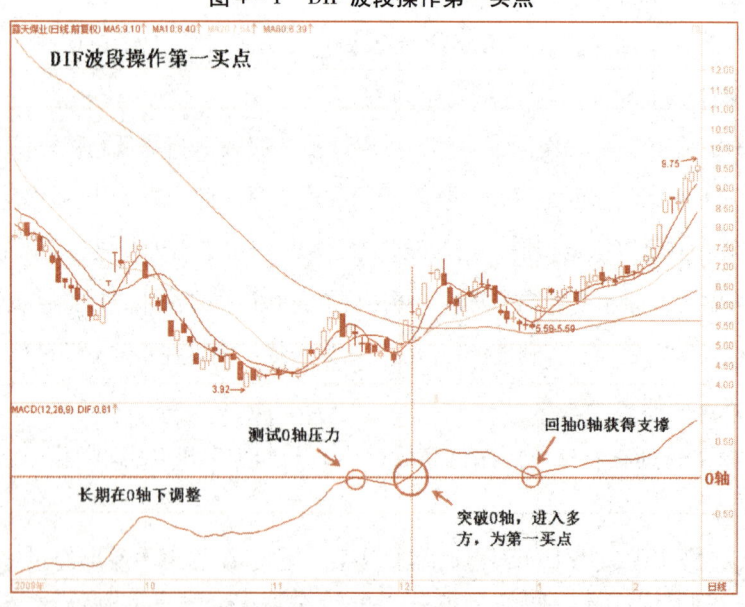

图4-2　露天煤业（002128）DIF波段操作第一买点

从图 4-2 中可以看出，该股的 DIF 线在 0 轴下经过了充分的调整，而且在上攻多方的时候还测试了一次 0 轴的压力，为以后的突破积蓄了多方力量。当 DIF 突破 0 轴时，K 线是以多方炮（两根上涨阳线之间夹一根阴线或十字线为多方炮）的形式向上突破的，这里出现了第一买点。在突破之后，DIF 慢慢回落，这时主力在为以后的突破进行最后一次收集筹码，DIF 在回落到 0 轴上方时停止向下，0 轴起到了支撑作用。这个位置也是前面第一买点的点位，在这里股价拒绝下跌，可见好的买点能有效避免止损。之后，该股以一个向上跳空缺口继续向上拉升，到此已经确立了涨势。

我们看该股买入后的走势如下图 4-3 所示，可以看出 DIF 很好地反应了市场的多空状况，当市场进入多头时第一时间买入，只需一路持有任由股价上涨，便可轻松地获得利润。

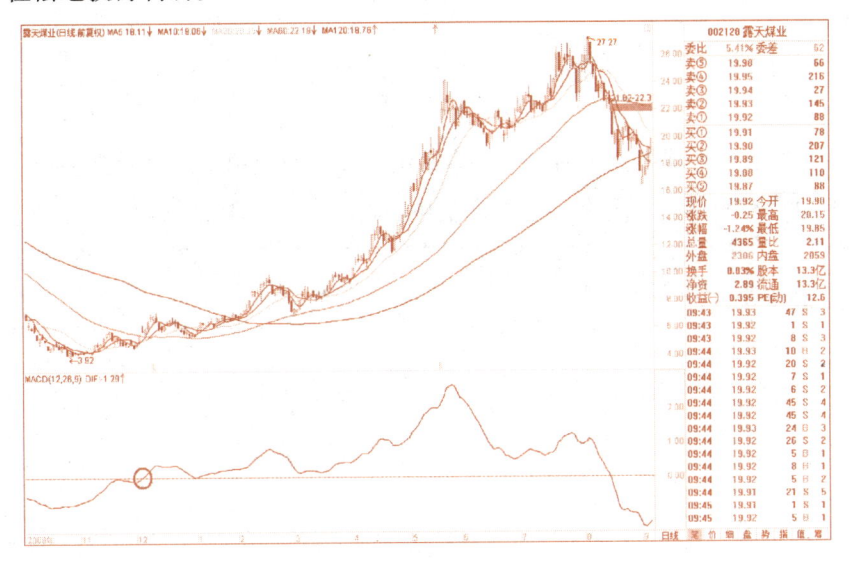

图 4-3 露天煤业（002128）买入后走势图

DIF 波段操作第二买点

在第一买点后，若 DIF 再次回落到 0 轴下又向上突破 0 轴时为第二买点。第二买点比第一买点的成功率更大，其往往是在主升浪的初期，用起爆点来形容也不为过，如图 4-4 所示。

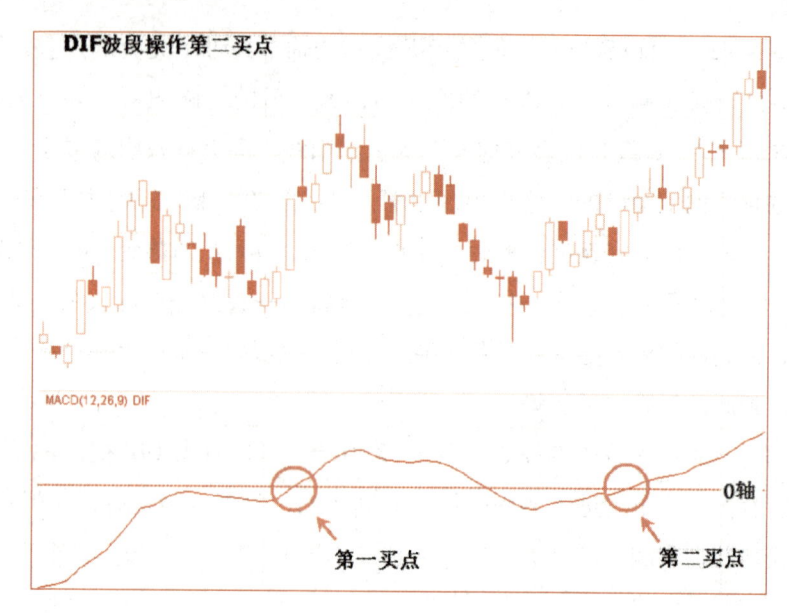

图 4-4 DIF 波段操作第二买点

第二买点的形成是因为对第一上涨浪的调整，所以第二买点经常会买到第三浪，即主升浪的起点。图 4-5，是实战中兰花科创（600123）的波段操作。

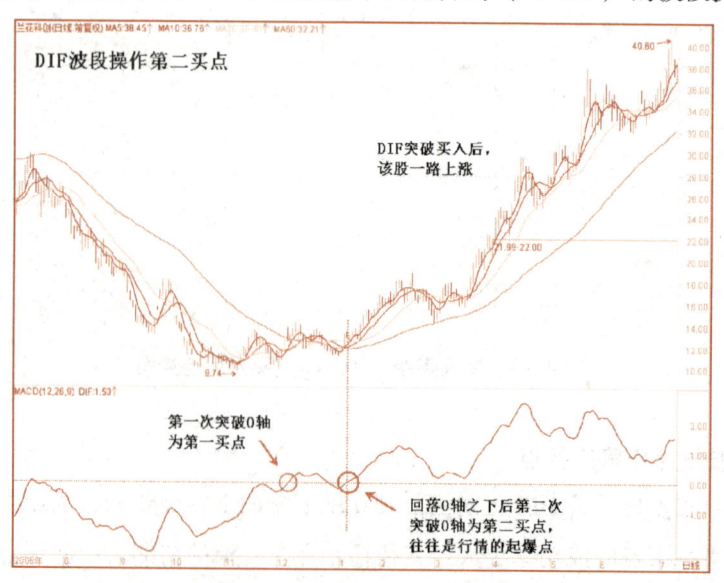

图 4-5 兰花科创（600123）DIF 波段操作第二买点

从图中可以看出，该股前期的 DIF 一直在 0 轴之下运行，经过长时间的筑底过程，在 2008 年 12 月 5 日那天第一次突破 0 轴，这时该股已经突破了下降通道，DIF 进入多方，可以看作转势的信号。一般情况下，主力会利用一次回抽来清洗浮筹，做最后一次吸货。这时一些还没有从熊市思维中走出来的投资者会认为下跌还没有结束，如果轻易交出筹码会失去有利位置，后面还要追高买回来。

该股进行最后一次打压后，在 2009 年 1 月 8 日再次突破 0 轴，这时该股已经筑底成功，市场成本已经被踩在了下方，在第二次突破 0 轴的阳线应该迅速买入，这个位置极大可能是行情的起爆点，通过后面的走势也证明了这种判断。

DIF 波段操作第一卖点

DIF 经过长期在 0 轴上方震荡调整后，当 DIF 向下突破 0 轴时为第一卖点，如下图 4-6 所示。

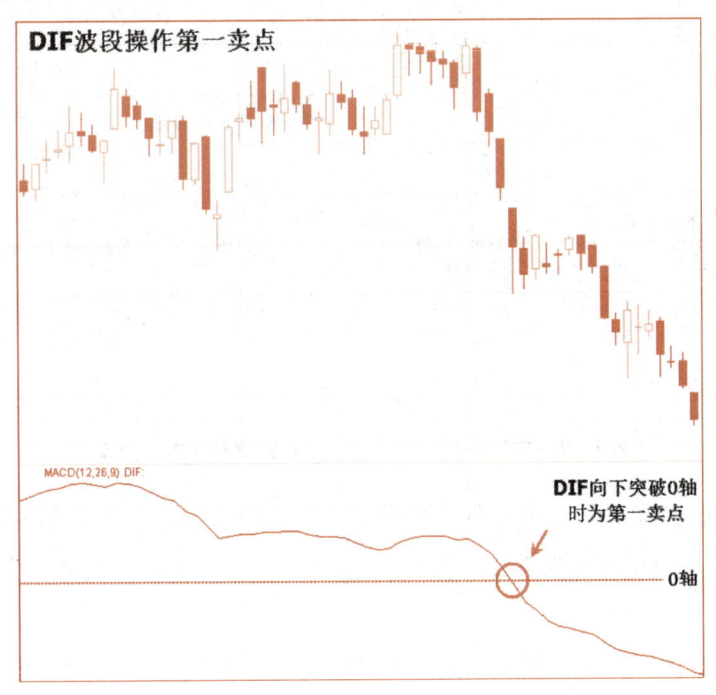

图 4-6 波段操作第一卖点

在实战操作中，DIF 卖点与波浪理论结合运用会效果更好，DIF 在高位向下

运行的时候往往是第五浪结束,下跌 A 浪开始的时候。

图 4-7 是成飞集成(002190)用 DIF 判断的卖点,可以看出 DIF 在 0 轴上时是多头上涨行情,投资者不需要频繁操作或盯盘,只需要看好 DIF 的运行势头,简单明了。当 DIF 经过一波拉升,由上而下靠近 0 轴时,要谨慎持股。因为这时容易形成顶部,一些经验丰富的投资者会在股票跌破 0 轴前的阳线先出掉一部分筹码。但大部分的筹码还是要等 DIF 跌破 0 轴,确认转势时再抛出,虽然这样会损失一些利润,但长期来看效果更好。因为有时在较强的涨势中,0 轴会有支撑作用,为了防止错过上涨行情,一切应以看到的信号为准。

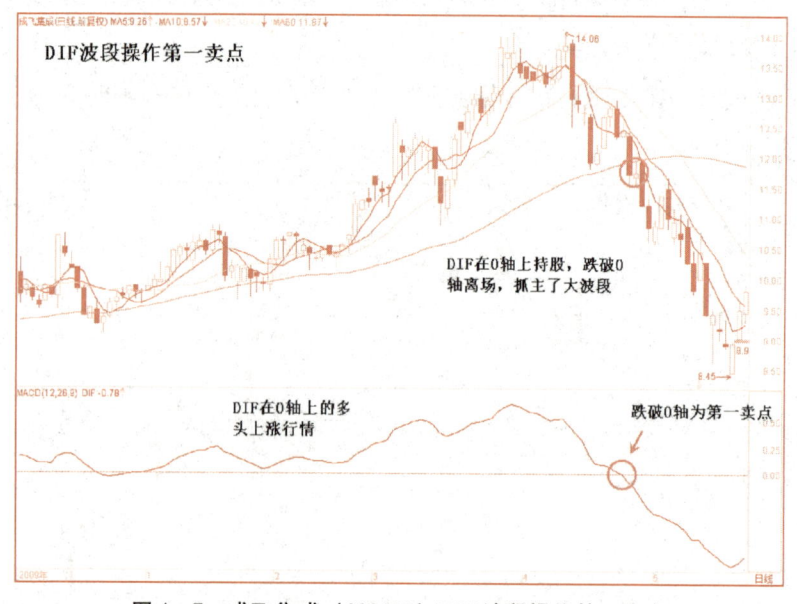

图 4-7 成飞集成(002190)DIF 波段操作第一卖点

运用 DIF 判断卖点,能很好地把握上涨波段的大部分行情。在买入股票后,能安心持股;而在卖出股票后,能耐心等待下次机会的出现,这样极大地减少了不必要的失误。

下图是前面介绍买点时讲到的露天煤业(002128)用 DIF 判断的卖点,如图 4-8 所示。投资者可以与前面的图 4-2 结合来看,该股按 DIF 向上突破 0 轴时买入,买入价格在 6 元附近。之后,该股保持了涨势,投资者只需要在 DIF 靠近 0 轴时多关注股票走势,否则的话,说明股票一直处于多头上涨行情中,不必担

心两三天的短期回调。俗话讲"放长线，钓大鱼"，在股市中也是同样的道理，但一定要看到它在上涨，注意亏损的时候一定不能放任损失进一步扩大，应该做到"截断亏损，放大利润"。

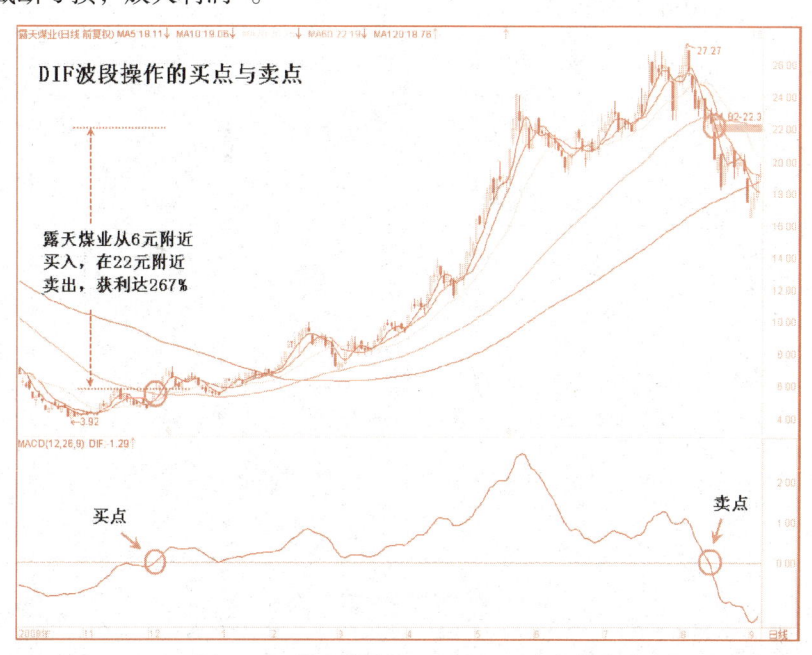

图 4-8　露天煤业（002128）买点与卖点

该股在多方运行中，有三次靠近 0 轴，但并没向下突破 0 轴，而是又恢复了之前的涨势，这便是股价的趋势性，一旦形成涨势就不会轻易结束。但行情总会有结束的时候，从图中我们可以看到，在 22 元附近，DIF 向下突破了 0 轴，同时股价也形成了一个向下的跳空缺口，这也证明了 DIF 判断多空的有效性。在这一波对露天煤业的操作中，用 DIF 波段买卖点获得了高达 267% 的利润。

DIF 波段操作第二卖点

在第一卖点后，若 DIF 再次反弹回 0 轴之上，而后又向下跌破 0 轴时为第二卖点。第二卖点比第一卖点的把握性更大，其往往是主跌浪的开始，也是波浪理论中讲的 C 浪下跌，如图 4-9 所示。

如果投资者由于某些原因错过了第一卖点，或采取逐步减仓的策略，则可以在第二卖点的时候清仓出局。第二卖点往往是逃命的卖点，在此之后极大的可能

是汹涌的 C 浪下跌。图 4-10 是利用 DIF 判断第二卖点在股票一汽夏利（000927）中的运用。

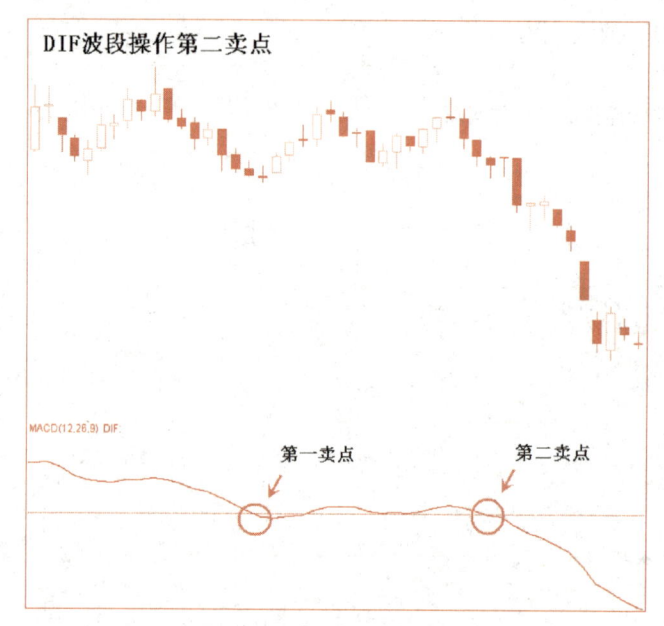

图 4-9 波段操作第二卖点

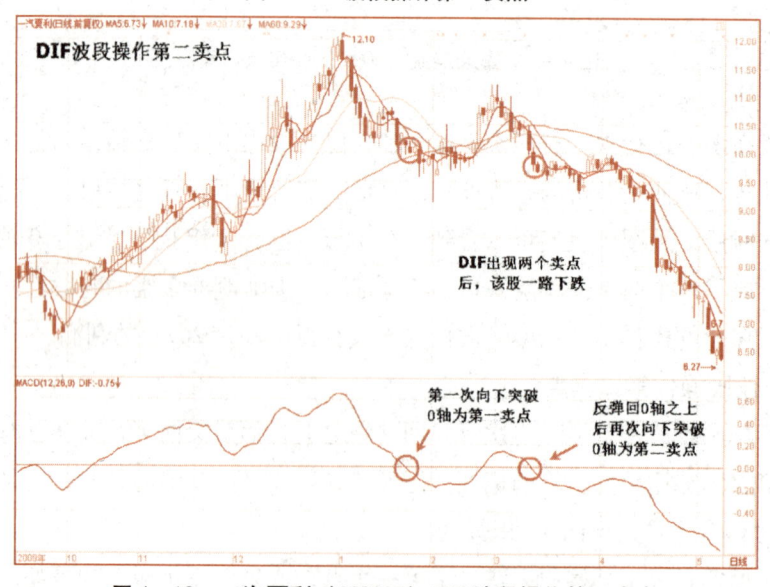

图 4-10 一汽夏利（000927）DIF 波段操作第二卖点

从图中可以看出，该股在出现第一卖点后，又发生了一次反弹，这时往往是头肩顶形态的右肩。投资者一定要多加注意，一些人在这时还没有从牛市思维中走出来。要知道牛市总会有一个顶，当 DIF 跌破过一次 0 轴时就要考虑牛市结束的可能性。该股反弹回 0 轴之上后再次向下突破 0 轴形成了第二卖点，这时投资者应该果断斩仓出局，不应再抱有幻想。两个卖点出现后，是 C 浪出现的高发区，从图中可以看到，该股此后一路下跌。

"知止而后能定，定而后能静，静而后能安，安而后能虑，虑而后能得。"

——《大学》

第二节　趋势线的运用

趋势线是指连接连续两个或两个以上波谷（波峰）最低点（高点）的直线，趋势线可以简单地表明市场的趋势方向。

连接连续两个或两个以上的波谷最低点的直线是上升趋势线，如下图 4－11 所示，趋势线在两个低点间不会穿过任何数值。

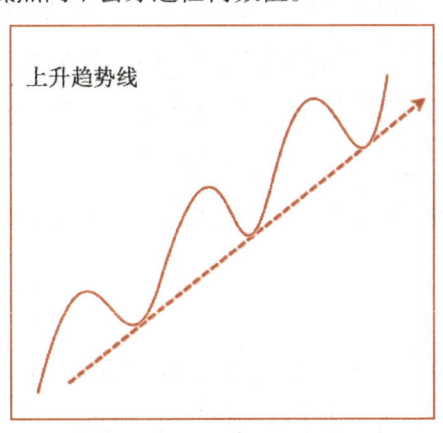

图 4－11　上升趋势线

连接连续两个或两个以上的波峰最高点的直线是下降趋势线，如图 4-12 所示。

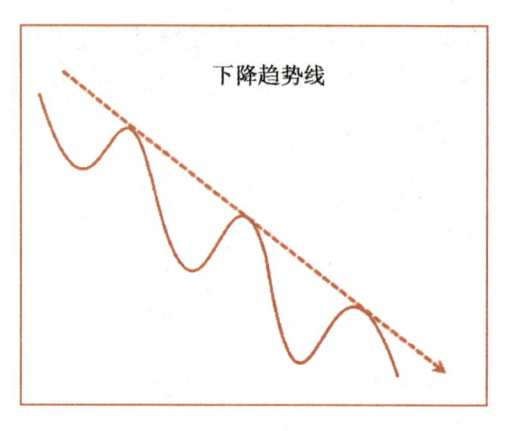

图 4-12　下降趋势线

趋势线也可以用在 K 线图上，但不如用在指标图上来得直观，在 K 线图上，趋势线通常是连接连续两个波谷（峰）最低（高）收盘价的直线。也有人以 K 线的最低（高）价的边线作为价格的趋势线，我们认为，趋势线应该是以最有意义的数值或价格作为基点，而收盘价更能反应市场真实情况，所以还是以收盘价为基点做出的趋势线更有意义。

K 线中使用趋势线判断买卖点，会因为 K 线的杂乱走势而不易判断。而在指标图中，因为没有了 K 线的"高开低收"价格，取而代之的是对价格的平滑指标曲线，这样会更容易观察和识别，也更容易形成明确的操作依据。

在 DIF 指标中使用趋势线判定买卖点位，其买卖信号会比前面讲到的波段方法有所提前。也就是说买在更低位，卖在更高位，这样就扩大了波段长度，能获得更多的利润。

趋势线波段买点

在振荡指标 MACD 中，下降趋势线对 DIF 指标线有压力作用，在下降趋势中，当 DIF 在低位由下向上突破下降趋势线时，为波段买点，如图 4-13 所示。

从图中可以看到，DIF 指标线从 0 轴上跌落到 0 轴下的过程中一直受下降趋势线的压制，直到某日在指标的低档位置由下向上突破下降趋势线，这时预示着短期的下降趋势已经告一段落，市场在中短期内由空转多。图中用圆圈标出来的位置是 DIF 突破下降趋势线时的买点。

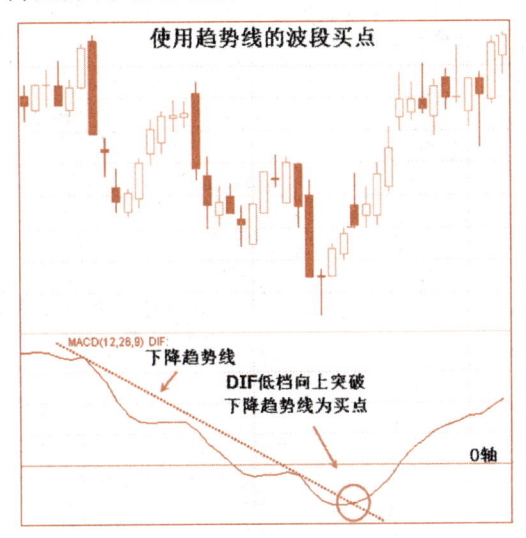

图 4-13 使用趋势线的波段买点

这个方法在指标处于低位时更有效。细心的投资者会发现，用趋势线判断的 DIF 波段操作买点，比前面讲到的 DIF 突破 0 轴时的买点的位置要提前。所以是又一个"抄底"的好方法。

应用在个股华丽家族（600503）中实战操作，如图 4-14 所示。

在图中连接连续的两个波峰，画出下降趋势线。我们看到，图中 K 线图要比 DIF 指标线杂乱得多，K 线图总体上也呈现一种下降趋势，但没有 DIF 指标更直观。DIF 由 0 轴上跌落到 0 轴下的过程中，一直受到下降趋势线的压制，直到在低档区该股下跌力量衰竭为止，在 2009 年 9 月 1 日该股创新低 10.60 元，之后在 9 月 4 日 DIF 指标突破下降趋势线，这时为一个好的买点，在图中标记为 A，对应的价格区域为 A′。

此后，DIF 指标开始向上行进，股价相应地上涨，当 DIF 突破 0 轴时，是前一节讲到的买点，在图中标记为 B，对应的价格区域为 B′。然后又回抽了一次，

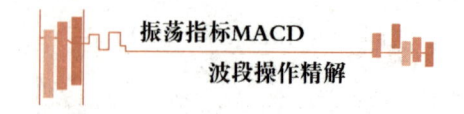

再次突破 0 轴也是前一节讲到的波段买点,在图中标记为 C,对应的价格区域为 C'。此后该股一路上涨,DIF 一直运行在 0 轴之上,表明是多头主导的市场。

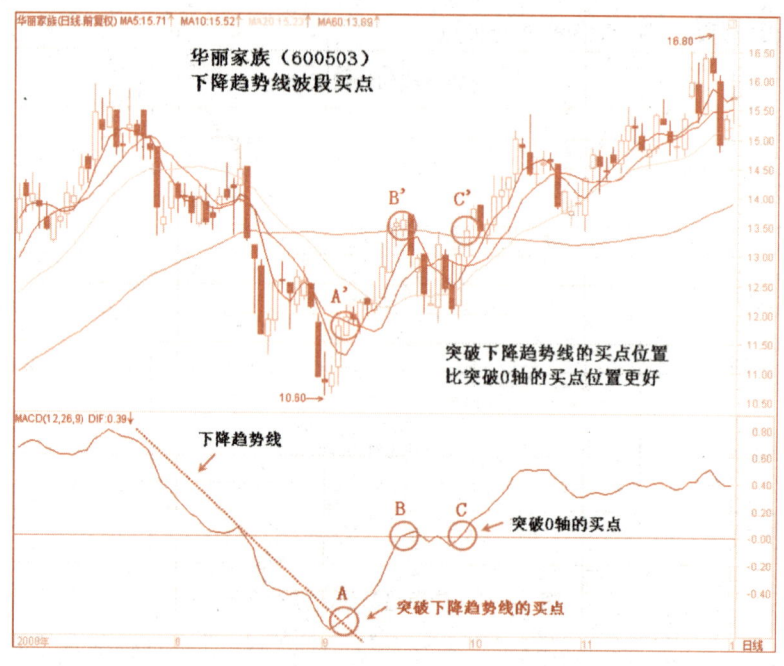

图 4-14 华丽家族 (600503) 下降趋势线波段买点

我们再来比较 A、B、C 三个买点,从图中可以明显地看出来,A 买点比 B、C 买点的位置更好,因为 DIF 从突破下降趋势线到突破 0 轴还有一段距离,A 点比 B 点提前了 8 个交易日,A 点在 12 元附近,B 和 C 点在 13.5 元附近,A 点比 B、C 的价位低了 1.5 元,相当于多赚了 12.5% 左右。

虽然这是一种有效的抄底方法,但也不是万无一失的,还是要设止损位。因为在下跌趋势中的买点可能是一波反弹的起点或者是暂时止跌的位置,它在后面还有下跌的可能,因此需要保护措施,一旦有失误则马上出局。一个成功率 80% 的方法,平均做 10 次也会有 2 次失误,而止损就是为这两次失误准备的。

趋势线波段卖点

在振荡指标 MACD 中,上升趋势线对 DIF 指标线有支撑作用,在上升趋势中,当 DIF 在高位由上向下突破上升趋势线时,为波段卖点,如下图 4-15 所示。

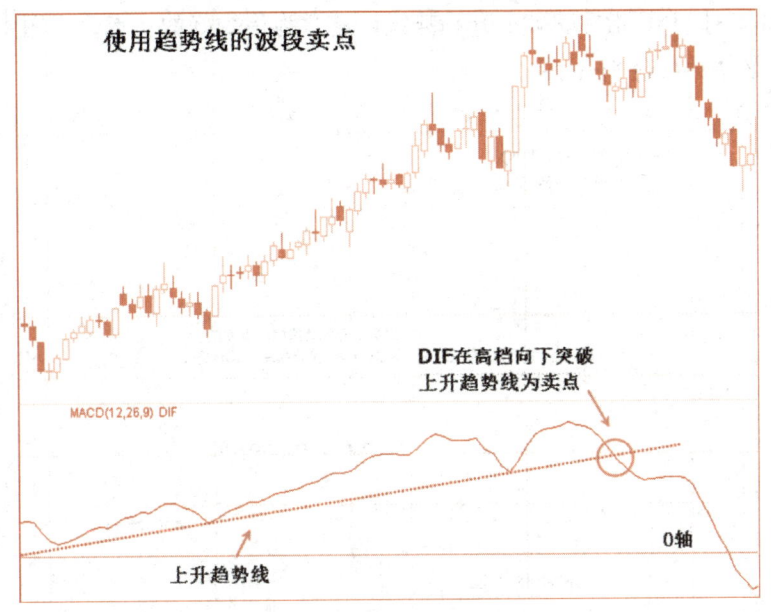

图4-15 使用趋势线的波段卖点

从图中可以看到，DIF 指标线在 0 轴上一直受到上升趋势线的支撑，直到某日在指标的高档位置向下突破上升趋势线，这时预示着短期的上涨趋势已经结束，市场在中短期内有进一步下跌的可能。图中用圆圈标出来的位置，是 DIF 跌破上升趋势线时的卖点。

这个方法，在指标处于高位时更有效。用趋势线判断的 DIF 波段操作卖点，比前面讲到的 DIF 突破 0 轴时的卖点的位置要提前。这是又一个"逃顶"的好方法。

应用在个股第一医药（600833）中进行实战操作，如图 4-16 所示。

在图 4-16 DIF 上升曲线上，连接连续的两个波谷，画出上升趋势线。我们看到，图中 K 线图有很长的实体 K 线或上影线，说明盘中波动剧烈，投资者如果只看 K 线很容易受情绪影响，使操作乱了章法，而用 DIF 指标线则比 K 线更易于观察，DIF 是对 K 线的平滑，更能反应趋势的一般水平。

在上升趋势线上，DIF 指标的波谷逐波垫高，表示该股价格也在一浪一浪地上涨。DIF 在 0 轴之上运行的过程中，一直受上升趋势线的支撑，直到在高档区，该股上涨动能消耗殆尽，在 2010 年 3 月 9 日该股创出最高价 15.39 元，之

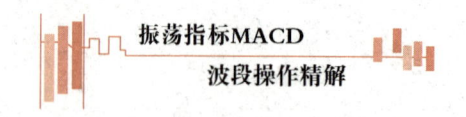

后在 3 月 12 日 DIF 指标跌破上升趋势线，这时为一个好的卖点，在图中标记为 A，对应的价格区域为 A′。

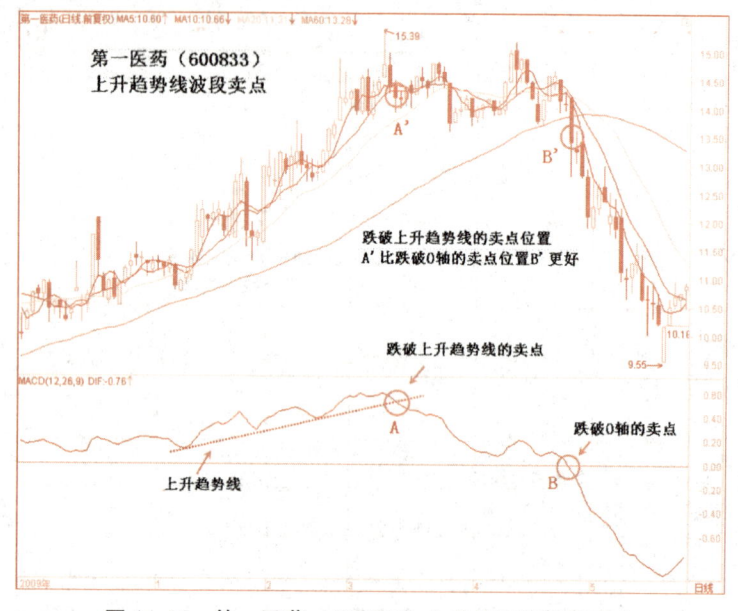

图 4-16　第一医药（600833）上升趋势线波段卖点

此后，DIF 指标开始向下回落，股价在高位震荡，重心慢慢下移，这时已经有了见顶迹象，在 4 月 7 日当天，DIF 向下突破 0 轴，是前一节讲到的卖点，在图中标记为 B，对应的价格区域为 B′。此后市场由空方占据绝对优势，该股一路暴跌，DIF 一直运行在 0 轴之下，空头力量一直主导着市场。

我们再来比较 A、B 两个卖点，从图中可以明显地看出来，A 卖点比 B 卖点的位置更好，因为 DIF 从跌破上升趋势线到跌破 0 轴还有一段的距离，A 点比 B 点提前了 31 个交易日，避免很长时间的无序震荡。A 点在 14.2 元附近，B 点在 13.5 元附近，A 点比 B 点的价位高了 0.7 元，相当于多赚了 5% 左右，更重要的是节省了很多时间和精力。

同样要说的是，虽然这是一种有效的"逃顶"方法，但也并非总是正确的，在很强势的上涨中，DIF 在跌破上涨趋势线之后，还可能再回到上涨趋势线之上，但通常行情不会持续太久就会调头向下。另外，在跌破趋势线之前若出现高换手率和天量则也增加了见顶的可能性。这种方法是判断顶部的有效方法之一。

在实战操作中，DIF 指标的波动可能不很规则，但在总体的趋势上也可以按照趋势线方法来判断买卖点。一般来说，在上涨中，DIF 指标的波峰（谷）会比较明显，这是因为上涨往往比较缓慢，所用时间较长；在下跌中，DIF 指标的波峰（谷）的宽度会比较小，这是因为下跌的速度比较快，所用时间较短。

投资者熟练运用趋势线判断买卖点的方法之后，可以达到不必用手去画线就能看出买卖点的程度。我们在心中应该对当前的行情有一个主要趋势的判断，一旦这个趋势被打破就需要考虑相应的对策。

下面我们来看突破 0 轴买点与趋势线买卖点在个股中综合应用的一个例子，如下图 4-17 所示。

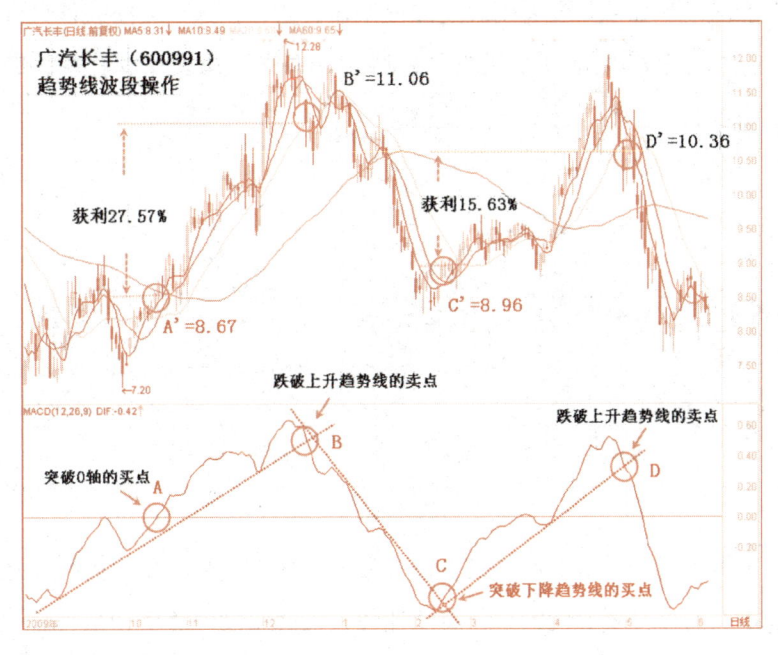

图 4-17　广汽长丰（600991）趋势线波段操作

运用前面介绍的趋势线画法，分别画出上升和下降趋势线，按买卖规则标出买点与卖点。从图中可以看出，A、B、C、D 分别是四个买卖点。其中，A 是突破 0 轴的买点，发生在 2009 年 10 月 21 日，收盘价是 8.67 元；B 是跌破上升趋势线的卖点，发生在 2009 年 12 月 18 日，收盘价是 11.06 元；C 是突破下降趋势线的买点，发生在 2010 年 2 月 10 日，收盘价是 8.96 元；D 是跌破上升趋势线的卖点，发

生在 2010 年 4 月 30 日，收盘价是 10.36 元。统计成波段操作表如下表 4 – 1 所示。

表 4 – 1　　　　　　　　波段操作统计表

买入时间	卖入价位	卖出时间	卖出价位	获利	幅度
20091021	8.67	20091218	11.06	2.39	27.57%
20100210	8.96	20100430	10.36	1.4	15.63%
总利润					43.20%

我们看到，第一次波段操作获利区间是 2.39 元，盈利达 27.57%；第二次波段操作获利区间是 1.4 元，盈利达 15.63%。两次波段操作盈利共达 43.20%，这仅用了半年左右的时间。用波段操作的方法，避免了主要的下跌波段，抓住了主要的上涨波段。如果是没有明确的波段操作方法，在这个大的波段区间中很可能"捂"过头，从哪里来到哪里去，最后又跌回去。甚至在没有章法的操作中最后会发生亏损。

"别希望自己每次都正确，如果犯了错，越快止损越好。"

——投资大师 伯纳德·巴鲁克（Bernard Baruch）

第三节　　底背离（多头背离）

前两节分别讨论了 DIF 线突破 0 轴和 DIF 线突破趋势线的波段操作法，而后者比前者的交易信号要提前，这样就能抓住较大的波段。那么，是否有把交易信号更提前的波段操作方法呢？本节就是要介绍一个比前面两种方法的买点更低、卖点更高的波段操作方法，这就是使用背离的波段操作法。

背离是指价格创新高（低），而指标拒绝创新高（低）的现象。

我们把指标看作是价格这个主体的影子，如果影子一直跟着主体同步运行，则说明市场的运行状况正常。在上涨中，价格向上，指标也跟着向上，价格创新高，指标跟着创新高。在下跌中，价格向下，指标也跟着向下，价格创新低，指标跟着创新低。这样是正常的节奏，价格与指标"形影不离"，指标一直"盯"着价格行动。但有些时候，当指标这个隐藏在价格主体背后的"影子"发现市场的一种力量过强时，"影子"发觉不应该再紧跟着主体走了，这时就会出现背离的情况。市场中好像有一种力量在提醒"影子"要小心行动，这让"影子"嗅到了一种即将转势的危机开始踌躇不前。

我们利用背离判断买点与卖点，正是利用"影子"的这种敏感性，这种敏感是"影子"经过长期市场波动得出的经验。经验是最大可能性的预期，但并非万无一失，有时候"影子"也会出错，但那只有在很强的市场中才会出现，是"影子"经验不及的市况。因此，运用背离操作时，也要结合其他分析方法来防止小概率事件的发生，如趋势线分析、压力支撑分析、波浪理论等等。

底背离是指价格或指数创新低时而 DIF 指标却未同时创新低的现象。

底背离又被称为多头背离，是多头力量积聚的过程，可能已经完成筑底过程，多头随时会发起上涨攻势。底背离是底部反转信号。不过，在实战运用中，背离最好得到其他技术的相互验证，比如在发生背离时，价格或指数同时突破趋势线或 10 日移动平均线。

底背离波段操作第一买点

DIF 指标与价格发生底背离之后的第一买点，如图 4-18 所示。

从图 4-18 中我们看到，在下跌趋势中，价格不断创新低，DIF 起初也跟随价格同步向下运行，DIF 像"影子"一样紧盯价格。指标在 0 轴之下不断创新低，当进入低档区时，DIF 指标对下跌力量的减弱开始变得敏感起来。当价格经过一次反弹后再创新低时，指标并未同时创下新低，这时就发生了背离现象。这预示着这里极可能是空头最后的疯狂，是最后一跌。在图中用两条直线分别连接价格与指标的两个相邻的波谷，我们看到，很明显地，价格的后一个波谷低于前一个波谷，指标的后一个波谷高于前一个波谷，两条直线显然不是同向的而是背离的。

在 DIF 发生底背离后，当指标值大于前一日指标值时是拐头买点。底背离通常发生在下跌推动浪末端的最后一个下跌浪，底背离表示中短期内有极大的转势可能，它是底部反转信号。在操作中，底背离买入后，应该很快会得到趋势线的

确认，会伴随着价格放量突破下降趋势线。

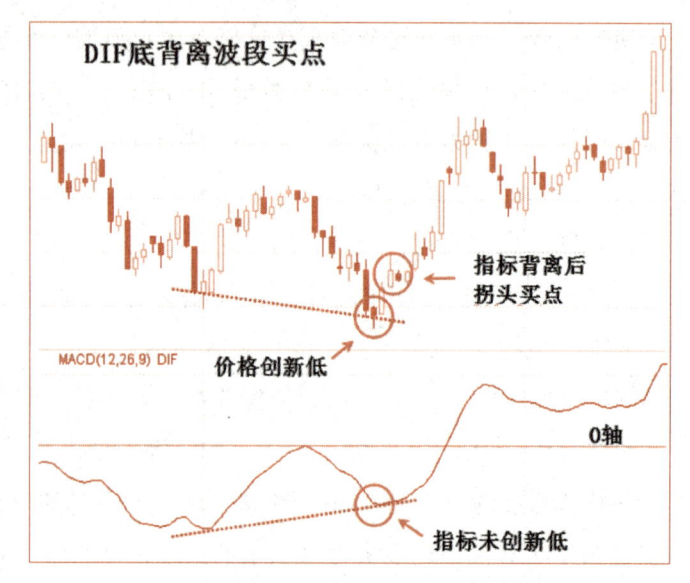

图 4-18　DIF 底背离波段第一买点

底背离波段操作应用在个股丰华股份（600615）中，如图 4-19 所示。

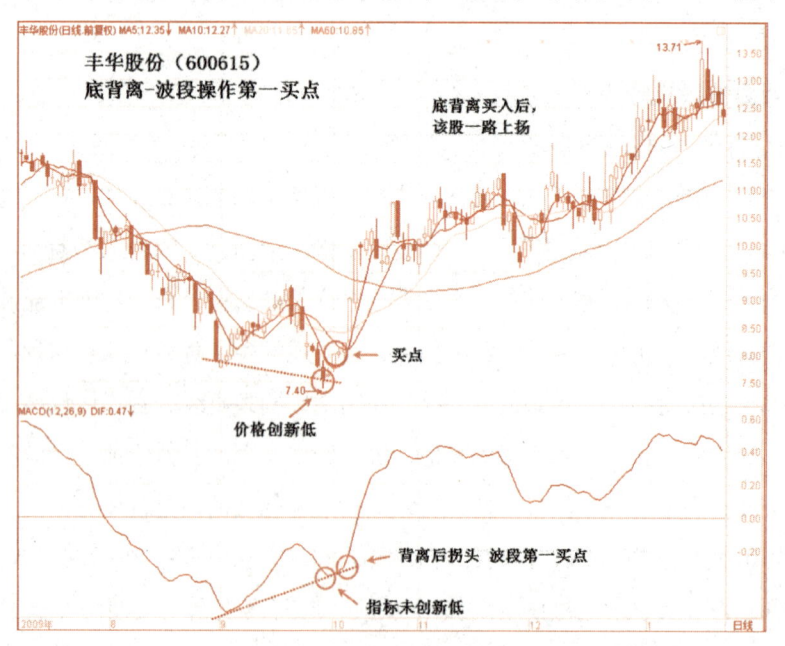

图 4-19　丰华股份（600615）底背离波段操作第一买点

从上图可以看出，在下跌趋势中，该股价从高位一路下跌，DIF 指标也同步从多方跌破 0 轴进入空头市场。指标在 0 轴之下不断创出新低，DIF 像"影子"一样紧盯价格。当指标进入低档区时，DIF 指标对下跌力量的减弱开始变得敏感起来。当价格经过一次反弹后，在 2009 年 9 月 29 日再创新低 7.4 元，但同时指标并未创下新低，这时发生了背离。投资者在这时就应该想到，这里极可能是空头力量最后的释放，卖压力量已经开始减弱，反转的可能性在增大。

从图中也可以看出，价格趋势线与指标趋势线也发生了背离。在 2009 年 10 月 9 日，DIF 指标值为 - 0.35 大于前一日的指标值 - 0.36，表示 DIF 背离后拐头，这是指标上升的开始，此为波段操作第一买点。

在买入后的几天内，买点很快得到了确认，即价格放量突破 10 日均线，连续的两根大阳线突破前波高点宣布空头的结束。事实也证明了这次背离是最后一跌，买入之后，DIF 指标也很快突破了 0 轴，进入了以多头为主导的市场。此后，DIF 一直运行在 0 轴之上，股价一路上扬。

有的投资者会问，不等指标拐头而在背离时马上介入行不行？我们认为，这样做有很大的风险，因为在发生背离时，价格还可能进一步下挫，甚至 DIF 指标也有可能再创新低。在指标没有拐头时都不能算是完成背离。

即使是一个高成功率的买点，也要设置止损。背离发生在空方时，会有两种走势，一种是反弹，另一种是转势。对于反弹，力度可大可小，如果遇到小概率的小反弹发生，这时止损单就会发挥作用。

一定要等背离走出来再进行操作。为了增加介入的可靠性，我们下面将介绍底背离波段操作的另一个买点。

底背离波段操作第二买点

DIF 指标与价格发生底背离后的第二买点，如图 4 - 20 所示。

从图 4 - 20 我们可以看到，DIF 底背离波段操作的第二买点，是在 DIF 指标线突破前期高点时产生的。DIF 指标在创新低时会产生第一个波谷；然后出现一个反弹，这时会形成一个波峰；之后指标再次回落，价格在回落时创新低，而指标不再创新低；之后指标拐头向上，这里形成第二个波谷，指标值回升是前面讲

到的第一买点；当指标向上突破前期波峰时，为第二买点。

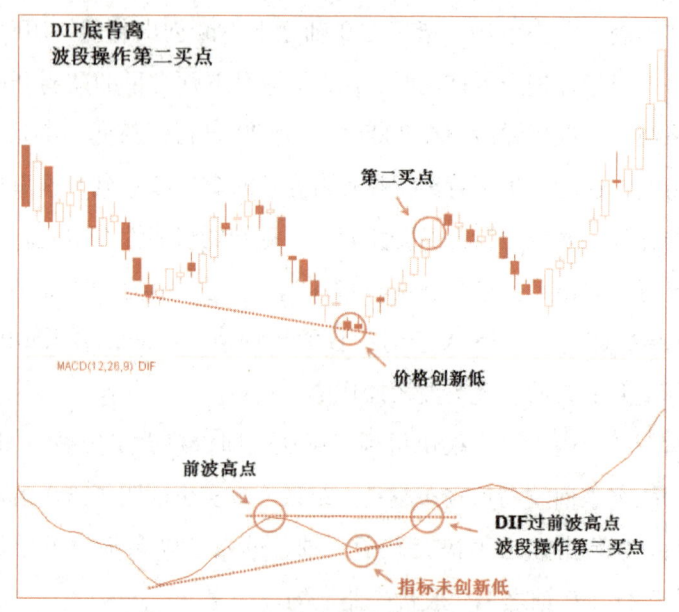

图 4-20　DIF 底背离波段操作第二买点

第二买点较第一买点更靠后，位置更高，但比第一买点更为可靠。因为在空头力量超强的市场中，背离拐头的第一买点有失误的可能，指标可能拐头没有几日便又重回跌势，这种情况也要考虑到。第二买点等于是给第一买点一个回旋的余地，如果第一击命中，那么第二买点可以顺势加仓，乘胜追击；如果第一买点失误，则需要及时止损，也不会有太大的损失。所以说，第二买点是以牺牲低价位来提高入场的可靠性。

第一买点是在反转可能性大的位置试探性介入，抢占先机。第二买点往往是行情的起爆点，是对第一买点的确认。

在个股安信信托（600816）中的应用，如图 4-21 所示。

从图 4-21 中可以看到，DIF 指标图中，最低波谷后面，未能随价格创出新低的次低波谷，是背离发生的区域，该股在 2009 年 9 月 29 日创下新低 13.92 元，而当时指标并未创新低。之后 DIF 上升，这是背离后的拐头，是第一买点。随后指标进一步向上运行，在 10 月 20 日 DIF 突破前期高点，这时产生了第二买点。

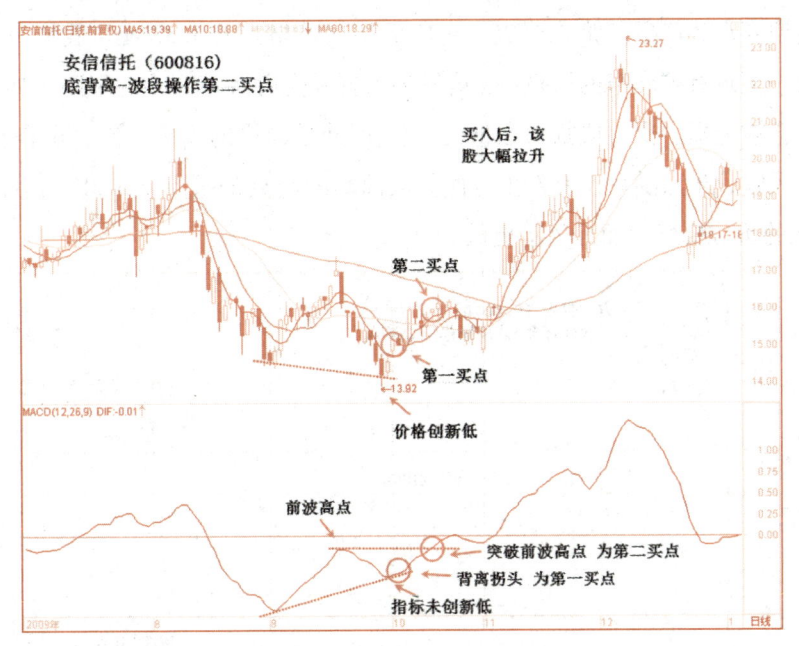

图 4-21　安信信托（600816）底背离第二买点

从图中可以看出，第二买点比第一买点的位置要高，虽然买入价格不如第一买点低，但上涨的可能性更大了。DIF 指标在 0 轴附近调整了一下，然后迅速向上突破，股价相应快速拉升。

在强劲的空头市场中，会出现背离后还有背离的情况，这时就能看出第一买点的激进性和第二买点的稳健性。第二买点对第一买点的保护和可靠性可通过下面这个实例来说明，如图 4-22 所示。

从图 4-22 中可以看到，该股前期的下跌过程是一个较强的熊市，DIF 指标在空方低档运行了很长时间。在图中 A 点处发生了第一次底背离，这时会有拐头的第一买点，对应的价格是 A′3.42 元。但价格并没有上涨，反而继续下跌，如果在这个价位买入，会被暂时套牢。这时介入如果不涨则可以先退出观望，因为毕竟是抄底，要小心为上。

随后，在 11 月 4 日股价继续创新出低 2.61 元，DIF 指标产生了第二次底背离，在图中用 B 表示，这时也有对应的又一个拐头买点是 B′3.06 元。之后指标

突破前期高点，产生了第二买点，对应的买入价格是 C′3.38 元。我们看到，A′处的第一买点有被套牢的风险，在这里买入要承受后面 20% 多的下跌，如果操作不当就会被止损一次，或割肉在低位。而 B′处是同样的拐头买点，也存在和 A′一样的风险，虽然随后没有发生。而突破前高的 C 处的买点 C′3.38 元不仅比 A′3.42 元的价位要好，而且风险更低。

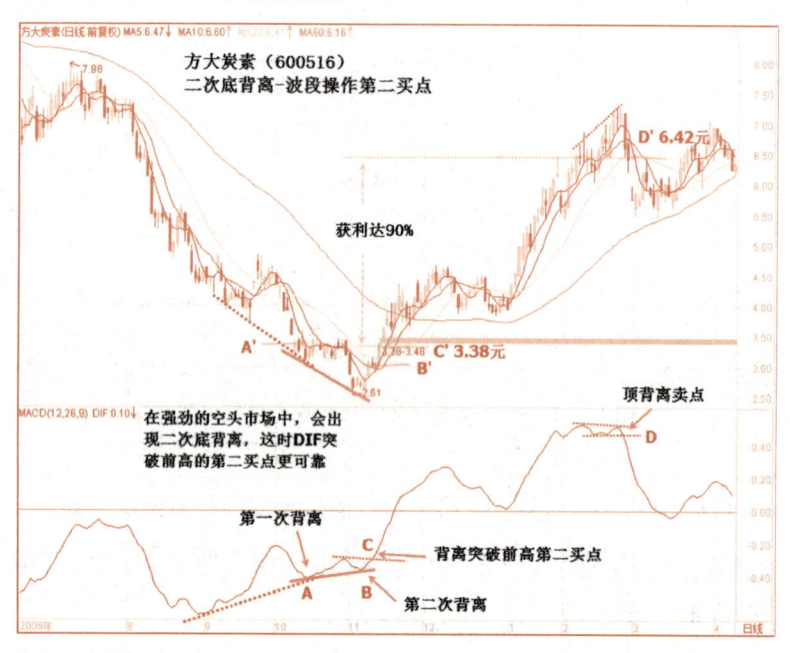

图 4-22　方大炭素（600516）二次底背离买点

因此，在底背离中，波段第二买点要比第一买点更合理。投资者可以控制好仓位，在第一买点发生时进行试探性建仓，在第二买点发生时再追加仓位。该股最后用到了后面将要介绍的顶背离卖点，发生在 D 处，对应的价格是 D′6.42 元。运用第二买点 C′和顶背离卖点 D′，从 2009 年 11 月到 2010 年 2 月，四个月的波段持股，获利达 90%。

"价格总是向阻力最小的方向发展。"

——华尔街传奇大作手 杰西·利弗莫尔（Jesse Livermore）

第四节 顶背离（空头背离）

顶背离是指价格或指数创新高时而 DIF 指标却未同时创新高的现象。

顶背离又被称为空头背离，是空头力量聚集的过程，预示着市场可能已经见顶，空头随时会发动下跌攻势。顶背离是顶部反转信号。不过，在实战运用中，顶背离最好能得到其他技术的相互验证，比如在发生背离时，价格或指数同时向下跌破趋势线或 10 日移动平均线。

顶背离波段操作第一卖点

DIF 指标与价格发生顶背离后的第一卖点，如下图 4-23 所示。

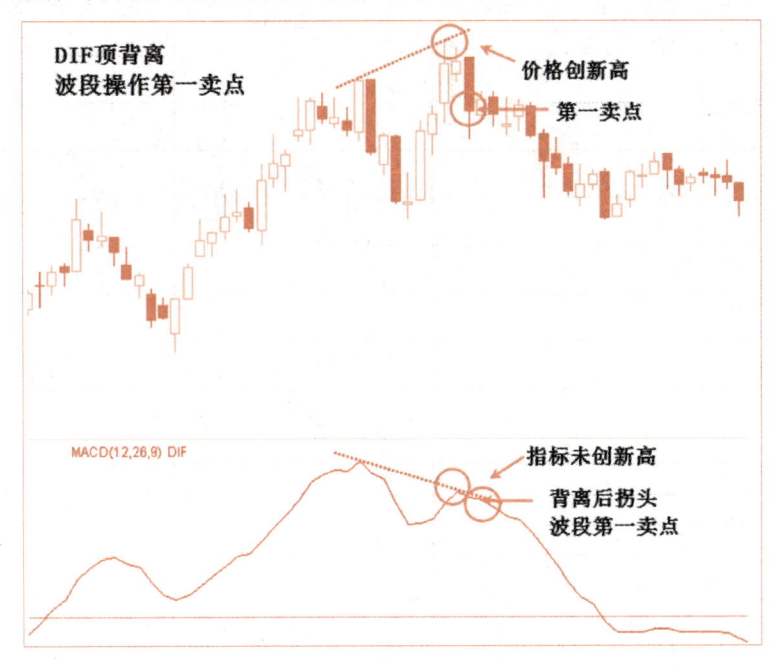

图 4-23 DIF 顶背离波段操作第一卖点

从图 4-23 中我们看到，在上涨趋势中，价格不断创出新高，DIF 起初也跟随价格同步向上运行，DIF 像"影子"一样紧盯价格。指标在 0 轴之上不断创出新高，当进入高档区时，DIF 指标对上涨力量的减弱开始变得敏感起来。当价格经过一次回调后再创新高时，指标并未同时创出新高，这时就发生了顶背离现象。这预示着这里极可能是多头最后一波拉升。在图中用两条直线分别连接价格与指标的两个相邻的波峰，我们看到，价格的后一个波峰高于前一个波峰，指标的后一个波峰低于前一个波峰，两条直线出现了明显的背离。

在 DIF 发生顶背离后，当指标值小于前一日指标值时是拐头卖点。顶背离通常发生在上升推动浪末端的第 5 浪，顶背离表示中短期内极有可能转势，是顶部反转信号。在操作中，顶背离卖出后，价格应该会很快跌破上升趋势线，确认顶背离的形成。

顶背离波段操作应用在个股天地源（600665）中，如下图 4-24 所示。

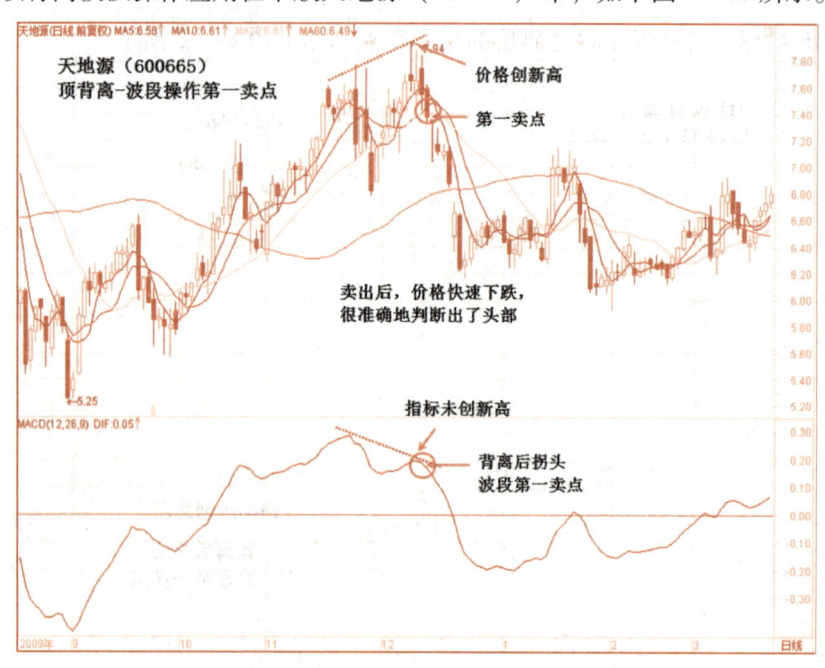

图 4-24　天地源（600665）顶背离波段操作第一卖点

从上图可以看出，在上涨趋势中，该股价格从低位一路上行，DIF 指标也同步从空方突破0轴进入多头市场。指标在0轴之上不断创出新高，DIF像"影子"一样紧盯价格。当指标进入高档区时，DIF指标对上涨力量的衰减开始变得敏感起来。当价格经过一次回调后，在2009年12月8日再次创出新高7.94元，但同时指标并未创出新高，这时发生了顶背离。而且这一天放出了巨量，同时走出了一个"射击之星"的见顶K线形态。投资者在这时就应该想到，这里极可能是多头最后的一次上攻，反转的可能性在增大。

从图中也可以看出，价格趋势线与指标趋势线也发生了背离。在2009年12月11日，DIF指标值为0.17小于前一日的指标值0.19，表明DIF背离后拐头向下，这是指标下跌的开始，此为波段操作第一卖点。

在卖出后的几天内，股价放量跌破10日均线，卖点很快得到了确认，连续的四根阴线并跌破MA10宣布多头的终结。事实证明了，顶背离是最后一波拉升，卖出之后，DIF指标也很快跌破了0轴，进入了以空头为主导的市场。此后，DIF一直运行在0轴之下，股价一路震荡向下。

在实战中，需要控制好仓位，即使是一个高成功率的卖点也可能会有失误。背离发生在多方时，会有两种走势，一种是回调，另一种是转势。对于回调，力度可大可小，如果遇到小概率的回调，回调之后又重回到上升趋势之中，这只有在极强势的市场中才会发生，这时可以适量再回补一些仓位，做足上涨行情。

一定要等顶背离走出来，再进行操作。为了增加离场的可靠性，我们下面将介绍顶背离波段操作的另一个卖点。

顶背离波段操作第二卖点

DIF指标与价格发生顶背离后的第二卖点，如下图4-25所示。

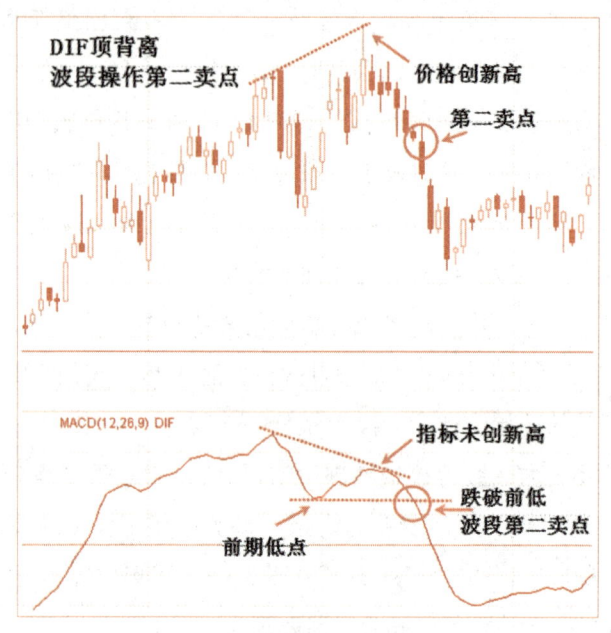

图 4-25　DIF 顶背离波段操作第二卖点

从上图我们可以看到，DIF 顶背离波段操作的第二卖点，是在 DIF 指标线突破前期回调波谷的低点时产生的。DIF 指标在创新高时会产生第一个波峰；随后出现一个回抽，这时会形成一个波谷；之后指标再次上升，价格在上涨时创出新高，而指标不再创新高；之后指标拐头向下，这里形成第二个波峰，指标值向下拐头是前面讲到的第一卖点；当指标向下突破前期波谷时，为第二卖点。

第二卖点较第一卖点更靠后，位置更低，但比第一卖点更为可靠。因为在多头力量强劲的市场中，顶背离后指标拐头的第一卖点有失误的可能，指标可能在拐头之后没有几日便又重回涨势，这种情况也要考虑到。第二卖点是对第一卖点的保护，这样在一定程度上可以防止踏空。如果在第一卖点之后又触发第二卖点，那么第一卖点卖在了高位，这是一次正确的操作，出现第二卖点是对第一卖点的确认，这时可以再出掉余下的部分筹码；如果在第一卖点之后，股价又重新回到涨势，那么手中还有的筹码也不会失去有利位置，在 DIF 指标突破前高时可以再适当回补一些在第一卖点出掉的仓位。可以看出，仓位管理在离场中同样重要，"会买的是徒弟，会卖的是师傅!"

  第一卖点是在顶部反转可能性较大的位置预先获利了结一部分利润。第二卖点通常是行情的快速杀跌点，它是对第一卖点的确认。在 A 股市场中，股票的涨跌普遍表现出一种规律，从涨与跌的相对速度来看，涨的比较慢而跌的比较快！因此，要想保住更多的利润，一定要研究好卖点。

  在个股泰达股价（000625）中的应用，如下图 4－26 所示。

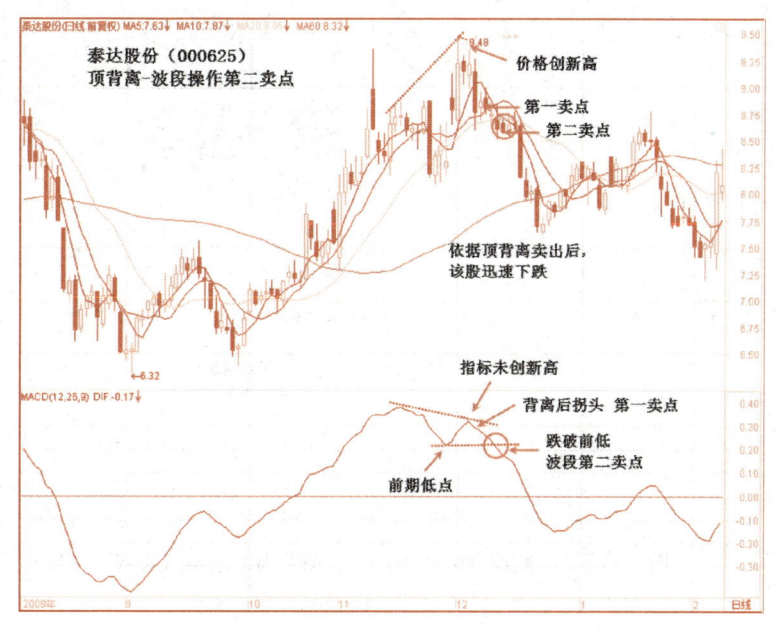

图 4－26　泰达股份（000625）顶背离第二卖点

  从上图可以看到，DIF 指标最高波峰后面的次高波峰，是背离发生的区域。该股在 2009 年 12 月 1 日创下新高 9.48 元，而当时指标并未创出新高。之后 DIF 开始向下运行，这是顶背离后的拐头，是第一卖点。随后指标进一步向下运行，在 12 月 15 日 DIF 跌破前期低点，这时产生第二卖点。

  从图中可以看出，第二卖点比第一卖点的位置要低，虽然卖出价格不如第一卖点高，但该股下跌的可能性更大了。该股在第二卖点后，出现了暴跌，证明了第二卖点对下跌趋势的确认。而且，在后面的反弹中，股价也没能超过第二卖点

的位置，所以说，第二卖点是一个有效的卖点和压力位。

在强劲的多头市场中，会出现顶背离后还有顶背离的情况，这时就能看出第一卖点的激进性和第二卖点的稳健性。第二卖点对第一卖点的保护和可靠性可通过下面苏常柴（000570）中的应用实例来说明，如下图4-27所示。

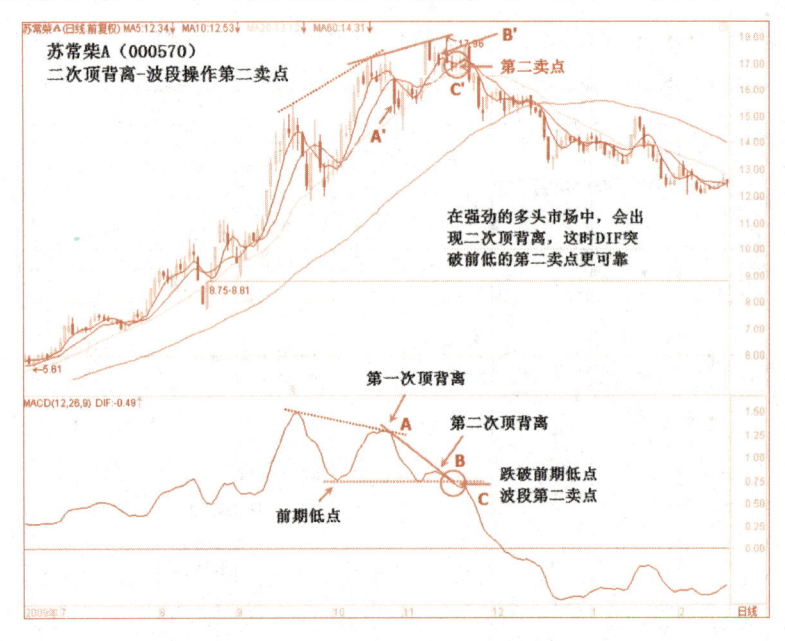

图4-27 苏常柴（000570）二次顶背离波段第二卖点

从上图可以看到，该股前期的上涨是一个极强的大牛市，DIF指标在多方高档运行了很长时间。该股在2009年10月27日创下新高17.41元，在图中A点处发生了第一次顶背离，这时会有拐头的第一卖点，对应的价格是A'15.48元。但价格并没有下跌，反而又上涨了一波，如果在这个价位卖出，会有踏空风险。这时若选择卖出，则应出手少量筹码，在高位先保护一部分利润，用余下的筹码跟踪趋势。

随后，在11月17日该股继续创出新高收盘价17.7元，DIF指标产生了第二次顶背离，在图中用B表示，这时也有对应的又一个拐头卖点是B'16.97元。之后指标突破前期低点，产生了第二卖点，对应的买出价格是C'16.99元。我们看到，A′处的第一卖点有踏空的风险，在这里卖出要踏空后面16%左右的上涨，如果操作不当就有追高回补的可能。而B′处是同样的拐头卖点，也有和A′一样的风险，虽然随后没有发生。突破前低的C处的卖点C′16.99元不仅比A′15.48元的价位要好，而且更可靠，这里再上涨的可能性已经很小。

因此，在顶背离中，波段第二卖点要比第一卖点更合理。投资者可以通过控制仓位，在第一卖点产生时进行保护性离场少部分筹码，在第二卖点发生时再卖出大部分筹码。

到此我们已经介绍了DIF背离运用的波段操作方法和买卖点。

综合运用

DIF多空买卖点与背离第二买卖点，是经常用到的两种稳健的波段操作方法，下面我们来看一个综合运用的实例。还以上面操作的个股苏常柴（000570）为例，如下图4-28所示，我们来看一下，运用DIF多空方法与背离方法判断的买点分别在哪个位置？

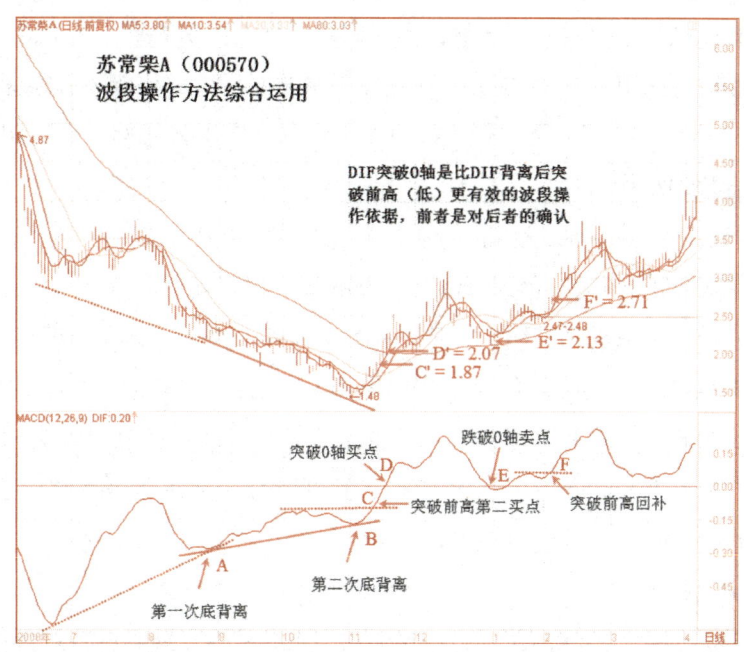

图4-28 苏常柴（000570）DIF波段操作综合运用图一

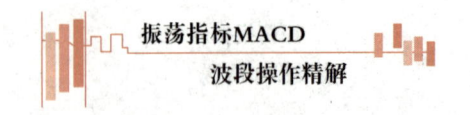

我们把 DIF 突破前高作为买入依据，把 DIF 突破 0 轴作为更有效的买入依据；把 DIF 跌破前低作为卖出依据，把 DIF 跌破 0 轴作为更有效的卖出依据。

从图 4-28 可以看出，该股在 0 轴之下形成了两次底背离，分别标注为位置 A 与 B，两次底背离说明下跌动能强大。该股于 2008 年 11 月 3 日创出新低 1.48 元，在第二次底背离之后，DIF 突破前期波峰，产生了前面讲到的背离第二买点，在图中用 C 表示，对应的价格是 C′1.87 元。随后 DIF 突破 0 轴，是更为可靠的买点，在图中用 D 表示，对应的价格是 D′2.07 元。

该股在 2008 年 12 月 31 日跌破了 0 轴，这是无条件的卖出点，这时两次买入的仓位都应该离场。在图中用 E 表示，对应的价位是 E′2.13 元。在这之后，股价并没有进一步下跌，而是又重新回到 0 轴之上，这时我们不能再贸然买入，因为，这里有形成二次跌破 0 轴的可能。直到 DIF 再次突破前期波峰时，图中 F 位置，可以看作市场中多头再次占据主导地位，这时应该对前期清仓的仓位进行回补，对应的价格是 F′2.71 元。通过这一回合，虽然卖出后股价又重回涨势，看上去好像跌破 0 轴时没必要离场，但我们做的是大概率的事。当 DIF 由高位向下跌破 0 轴时，在 10 次中可能有 8 次是回不来的而且后面可能还有很深的跌幅。我们坚持"小亏大赚"以及"做大概率"的原则，所以从长期来看，DIF 跌破 0 轴离场是合理的操作。

此后该股一直在 0 轴之上正常地上涨，这时应以持股为主，直到 2009 年 5 月，DIF 在高档区出现了一次背离卖点，如图 4-29 所示。

从图 4-29 可以看到，DIF 出现了一次顶背离，这时有见顶的可能，在 5 月 12 日，DIF 跌破前期波谷的低点，在图中用 G 表示，对应的价格是 G′4.71 元，在卖出后，价格没有进一步下跌，DIF 指标却明显回落，这说明该股相当强势，指标经过反复在高位运行有调整的需要，这时的操作应该以价格为主，在 5 月 26 日，该股再次创新高，这时应该回补前期离场的仓位，继续跟踪趋势，对应的价格是 H′5.48 元。

此后 DIF 仍然维持在高位运行，这说明多头非常强，继续以持股为主。直到 2009 年 11 月份，该股再次出现背离，如图 4-30 所示。

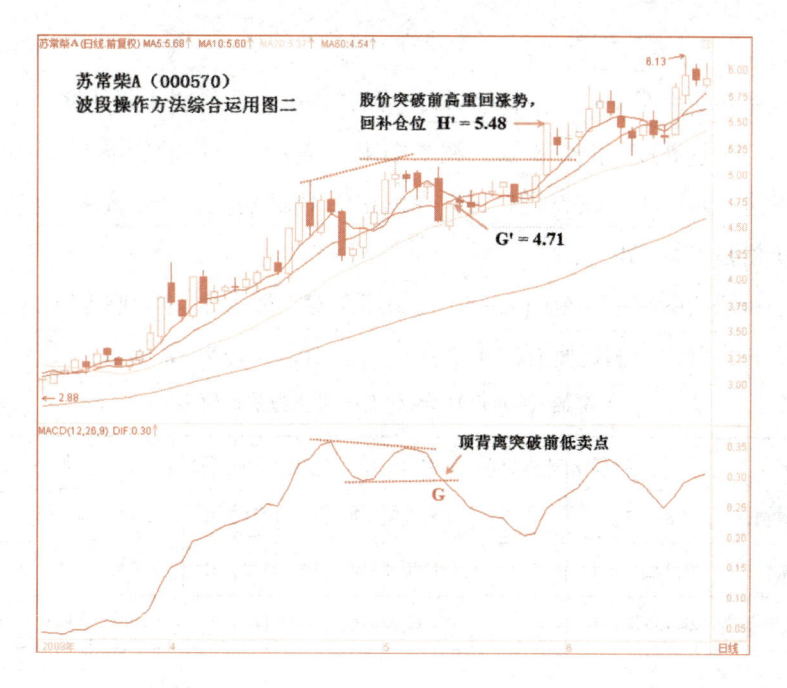

图 4-29　苏常柴（000570）DIF 波段操作综合运用图二

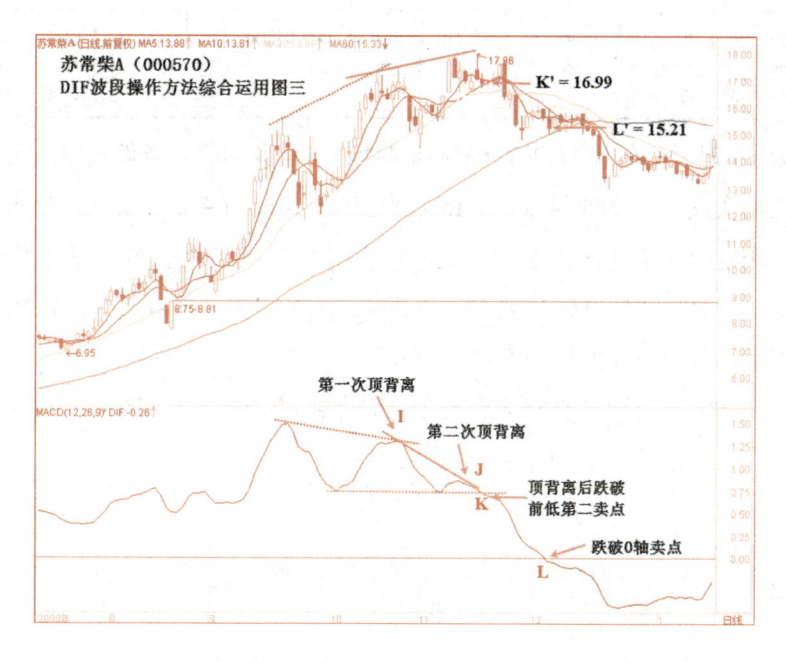

图 4-30　苏常柴（000570）DIF 波段操作综合运用图三

这也是在前面图 4-27 中曾经讲到过的，DIF 在图中 I、J 两处发生了两次顶背离，当 DIF 跌破前低时是卖点，在图中用 K 表示，对应的价格是 K'16.99 元；之后 DIF 进一步向下，跌破了 0 轴，在图中用 L 表示，这时应该清掉全部仓位，对应的价格是 L'15.21 元。

综上所述的图 4-28 至图 4-30 三幅图是对个股苏常柴（000570）运用 DIF 波段操作的详解，我们把所有的买卖点进行总结，如表 4-2 所示：

表 4-2　　　　　　苏常柴（000570）两种波段操作方法对照表

买入依据	买入时间	符号	买入价位	卖出依据	卖出时间	符号	卖出价位	获利	幅度
DIF 突破前高	20081113	C'	1.87	DIF 跌破 0 轴	20081231	E'	2.13	0.26	13.90%
DIF 突破前高	20090203	F'	2.71	DIF 跌破前低	20090512	G'	4.71	2	73.80%
股价继续创新高	20090526	H'	5.48	DIF 跌破前低	20091119	K'	16.99	11.51	210.04%
背离方法总利润								13.77	736.36%
DIF 突破 0 轴	20081118	D'	2.07	DIF 跌破 0 轴	20081231	E'	2.13	0.06	2.90%
DIF 突破前高	20090203	F'	2.71	DIF 跌破 0 轴	20091204	L'	15.21	12.5	461.25%
突破 0 轴方法总利润								12.56	606.76%

从表 4-2 可以看出，DIF 跌破 0 轴是两种方法共同的无条件卖出点，它是最高优先级的卖点。从 2008 年 11 月 13 日到 2009 年 12 月 4 日，总共 1 年多一点的时间里，用背离方法共获得总利润达 736.36%，用突破 0 轴方法获得总利润达 606.76%。背离方法比突破 0 轴方法获利高，这是因为，前者的买卖点较后者要提前，但后者是更可靠的操作方法。

我们把前面三幅图的所有买点与卖点综合到一幅图中如下图 4-31 所示。

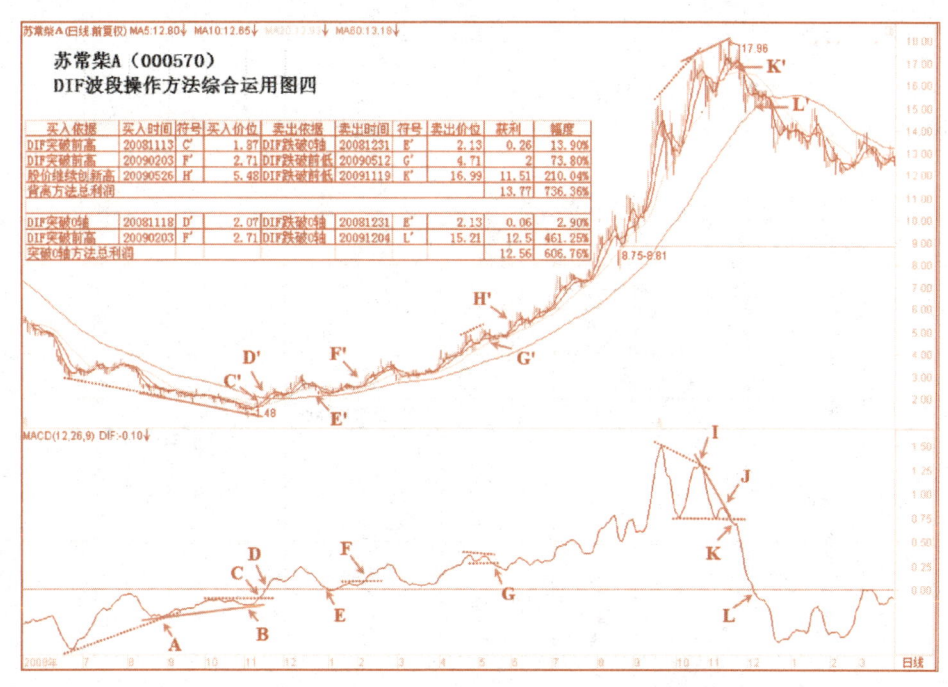

图 4-31　苏常柴（000570）DIF 波段操作综合运用图四

从图 4-31 可以看出，在 L 位置最后卖出之后，该股价格最低跌到了 12 元附近，用 DIF 波段操作法最大可能地抓到了拉升的主要波段，准确地判断了头部，并且能够及时保住利润回避下跌。

DIF 背离后的拐头卖点，即背离卖点一，在这个大波段中，出现过很多次，正像我们讲的，背离第二卖点较第一卖点更可靠；而 DIF 突破 0 轴卖点比背离的第二卖点更有效，但卖出位置不如背离的卖出位置好。

从买点来看，底背离后的拐头买点（第一买点），底背离后的突破买点（第二买点），突破 0 轴买点，三者的位置通常是顺次提高的，后者是对前者的确认，表示趋势向上的可能性在不断增大。从卖点来看，顶背离后的拐头卖点（第一卖点），顶背离后的突破卖点（第二卖点），突破 0 轴卖点，三者的位置通常是顺次降低的，后者是对前者的确认，表示趋势向下的可能性在不断增大。

最后来看一个底背离突破买点与趋势线卖点综合运用的例子，如下图 4-32 所示。

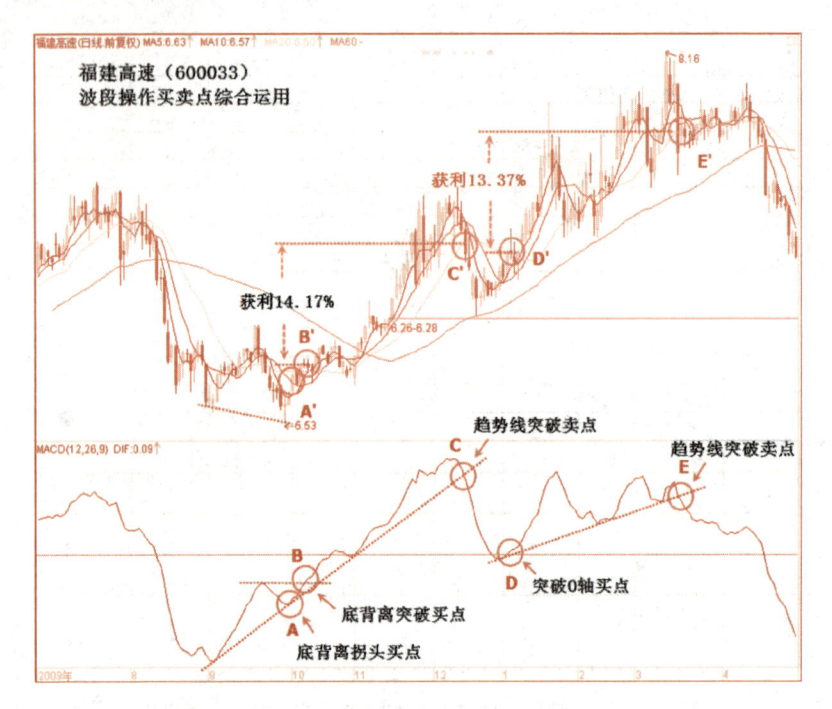

图 4-32　福建高速（600033）波段操作综合运用

由上图可以看出，福建高速（600033）在 2009 年 9 月 29 日创下最低价 5.53 元，同时 DIF 指标未创新低，在图中 A 处发生了底背离。之后，运用底背离拐头买入法，在 10 月 9 日以 5.87 元介入，这是第一买点，然后随着 DIF 进一步向上运行，当其突破前期高点时产生第二买点，在图中用 B 表示，对应的价格是 B' 5.92 元。在底部建仓后，该股 DIF 指标线在 0 轴附近稍微调整了一次，随后马上发动了一波强劲的拉升。我们将图中 DIF 线的波谷相连，画出一个上升趋势线，该股在 12 月 17 日向下跌破趋势线，形成了突破趋势线卖点，在图中用 C 表示，对应的价格是 C' 6.73 元。

从上面的分析可以看出，两次买点 A、B 用了共同的一个卖点 C，我们将波段操作数据统计在表 4-3 中，从表中可以看出，第一买点的盈利是 14.65%，第二买点的盈利是 13.68%，由于第一买点与第二买点相比位置较低所以盈利较多。两个买点的平均盈利是 14.17%。

表 4-3　　　　　　　福建高速（600033）波段操作统计表

买入时间	买入价位	卖出时间	卖出价位	获利	幅度
20091009	5.87	20091217	6.73	0.86	14.65%
20091015	5.92	20091217	6.73	0.81	13.68%
两买点平均涨幅					14.17%
20100106	6.73	20100317	7.63	0.9	13.37%
总利润					27.54%

当股票由高位第一次跌破 0 轴后，若马上又回到 0 轴之上，说明多头行情还没有结束，这时往往会有最后一波拉升，一般发生在第 5 上升浪或反弹的 B 浪。

当该股在 2010 年 1 月 6 日重新回到 0 轴之上时，再次买入，在图 4-32 中，用 D 表示，对应的价格是 D′6.73 元。很碰巧与第一波操作中的卖点价格正好相等。买入后，该股再次创出新高，但细心的投资者会发现，DIF 已经出现了背离情况。从图中可以看出，价格连创了三次新高，但 DIF 指标的波峰一个比一个低，这说明上涨的动能在逐波减弱，预示着头部开始形成。我们将 DIF 指标线的波谷相连形成一个上升趋势线，等待下破趋势线的卖出信号出现。最后，该股终于在 3 月 17 日跌破上升趋势线，在图中用 E 表示，对应的价格是 E′7.63 元。

E′是位置最佳、最合理的出场点，在卖出之后，该股在卖出价位附近支撑了一段时间，然后出现暴跌，DIF 也向下突破 0 轴，进入空头市场。这一波操作从 D′到 E′点共获利 13.37%，见表 4-3。

通过上面分析，可以看出，DIF 底背离买入与趋势线卖出相结合能最大限度地抓到一波中期上涨行情，回避调整行情，在每个波段的顶部拐头位置都能先退出观望，如果趋势继续就再"上车"，否则就保护好利润，继续等待机会的出现。

在实战中运用背离时要注意以下几点：

（1）有时背离并不很严格，比如，价格可能在前低处停止，将创新低而未创新低，而指标已经较前一个创新低的波谷向上提高了很多，这种图形也是背离。对于不很严格的形态，运用熟练后，可以感觉到它的神似，不拘泥于形，这是运用指标的境界的一种提升。

（2）背离的周期越大越有效，后面上涨的力量越强，上涨的空间越大。

（3）背离后面还可能再次发生背离，在强势中背离可能达三次或四次之多，

这是因为趋势的级别大于了操作的周期，这时要配合趋势线等其他方法一起应用。

(4) 合理控制仓位并设置止损单，我们介绍的几个DIF的买点，他们的效用各不相同，投资者需要通过实战找到适合自己交易系统的高效用买点，并根据各买点的效用分配不同的仓位。止损是经过一再强调的原则，它是我们投资的保护伞，一定要加以重视。

盘后阅读之四　瓦西里：我静得像一块石头

"我静得像一块石头，我一动不动，我非常缓慢地把雪放到嘴里，这样它便不会感觉到我的呼吸，我从容不迫，让它走得更近一些，我只有一颗子弹，我瞄准了它的眼睛，我的手指非常轻地扣在了扳机上，我并没有颤抖，我也并不害怕，我是个大男孩了。"

这是影片《兵临城下》(Enemy at the Gates) 开头，苏联神枪手瓦西里的一段话，画面中是冰天雪地的山林里，童年的瓦西里，正在等待时机射杀一匹准备攻击马的狼。

电影的焦点是敌对双方两位王牌狙击手之间的较量，故事背景是发生在斯大林格勒战役中。瓦西里是一位威震部队的神枪手，他的好枪法百发百中，他在头10天的战斗中，就已经射杀了42名德军士兵。瓦西里和狙击小队的战绩令苏联红军士气大振，而使敌军德国人锐气大伤。于是，德军从柏林派来了同样是王牌狙击手的狙击兵学校校长科宁斯上校来对付瓦西里。两位神枪手的生死较量就此展开！

狙击手一向给人以神秘、精确、力挽狂澜的感觉，是战场上的幽灵，"十步杀一人，千里不留行"。隐藏、欺诈、引诱、等待……两个人在各种战术运用中，不断寻找一枪击毙对方的机会。瓦西里由于沉着冷静的性格，在双方对峙中反复提醒自己"我要静得像一块石头"，在最后的一回合较量中，德军狙击手终于沉

不住气贸然出击，被瓦西里一枪击中眉心！

影片中给人留下最深印象的就是瓦西里一直默念的那句话"我静得像一块石头"，这也成了他的信念。狙击手有句格言"One Shot One Kill"，用中文说就是"一击一杀"、"一枪一命"，可以看出非常强调首发命中，因为作为狙击手，往往是敌人在强势地位或是执行非常重要的任务，一旦首发不中，就会暴露自己的位置，敌人就会给自己致命一击。因此，狙击手往往是等待几小时甚至几天，只为射杀一次，每完成一次射击就要变换一次位置。

作为一位投资者，通过这个故事是否对你有一些启发呢？没错，耐心等待，一击命中！对于狙击手来说，珍惜子弹就是珍惜生命！而对于投资者来说，要做到像珍惜生命那样珍惜本金！避免任何冲动盲目的交易。

第 五 章

ZHEN DANG ZHI BIAO MACD: BO DUAN CAO ZUO JING JIE

DEA 慢线波段操作

> "你几时知道自己是个优秀的交易者了?当你毫无例外的对赢利仓位加码的时候。"
>
> ——传奇债券交易员 查理·D

本章主要内容

第一节　聚散交叉

第二节　黄金交叉

第三节　死亡交叉

盘后阅读之五　《玩转21点》中三扇门的问题

"在别人贪婪的时候我们恐惧,在别人恐惧的时候我们贪婪。"

——"股神"沃伦·巴菲特(Warren Buffett)

第一节　聚散交叉

在 MACD 指标图中,黄色的曲线是 DEA(Difference Exponential Average),指差离值平均数,又称为异同平均数,它是 DIF 线的 9 日指数平滑移动平均线。DEA 是对 DIF 的平滑,因此 DEA 要落后于 DIF,又被称为慢线。

前一章讲的是快线 DIF,本章将重点介绍 DIF 与 DEA 的聚散交叉。我们已经知道,最早的 MACD 指标只有快线 DIF 与慢线 DEA,其研究的重点就是两条线的收敛与发散。

DEA 同样具有 DIF 的波动性质,但由于它比 DIF 反应较慢,因此一般不单独使用 DEA,它的重要作用在于和 DIF 综合运用,这更能确认趋势的变化。在 DIF 与 DEA 的行进中,可以看作是 DIF 在带动 DEA 运行,当 DIF 由下向上突破 DEA 时,表明短期内的上涨动能打破了下跌惯性,股价进一步上涨的可能性较大;当 DIF 由上向下突破 DEA 时,表明短期内的下跌动能打破了上涨惯性,股价进一步下跌的可能性较大。他们的关系就像马拉车一样,DIF 像一匹快速、灵敏的"马",DEA 像一辆慢速、沉稳的"车",他们之间靠绳索连接。"马"总是跑在"车"的前面,"车"是由"马"带动的。

当 DIF 远离 DEA 时,表明 DIF 在拉动 DEA,两者是在不断发散、背离(Divergence),表示向 DIF 方向运动的动能强大;当 DIF 靠近 DEA 时,表明 DIF 的拉动力量在减小,DEA 开始追上 DIF,两者是在不断收敛、聚合(Convergence)。

DIF 与 DEA 由发散到收敛,最终会发生交叉(Cross),这个交叉点就是临界点,是短期多空平衡点。当 DIF 由下向上穿越 DEA 时,称为"黄金交叉",这是短期多头占优势的信号,是买入机会;当 DIF 由上向下穿越 DEA 时,称为"死亡交叉",这是短期空头占优势的信号,是卖出机会。

DIF 与 DEA 在多空双方的"发散——收敛——交叉"循环往复,如同大自然的运转一样周而复始。日中则昃,月盈则亏,这便是"道法自然"的道理。在二十四节气中,日照时长由降到升的临界点是"春分",由升到降的临界点是

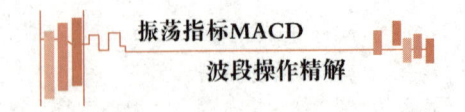

"秋分"。如下图 5-1 所示，春分与秋分合称"二分"，表示昼夜长短相等。"分"即平分的意思，也就是临界点。

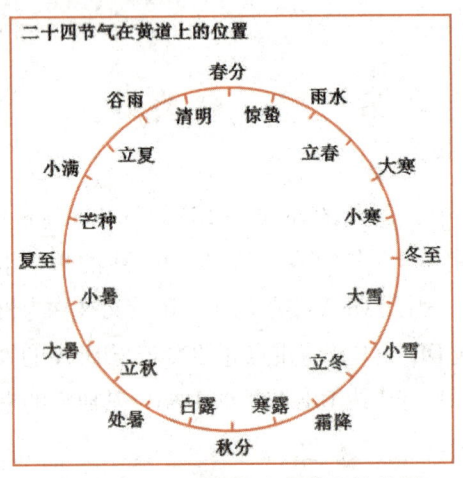

图 5-1 二十四节气在黄道上的位置

在股票操作中，"黄金交叉"这个由空转多的临界点就如同"春分"一样，"死亡交叉"这个由多转空的临界点就如同"秋分"一样，投资者只需要坚持"春播夏种，秋收冬藏"，跟随趋势来做交易，如此简单而重复地操作就能轻松获利，如下图 5-2 所示。

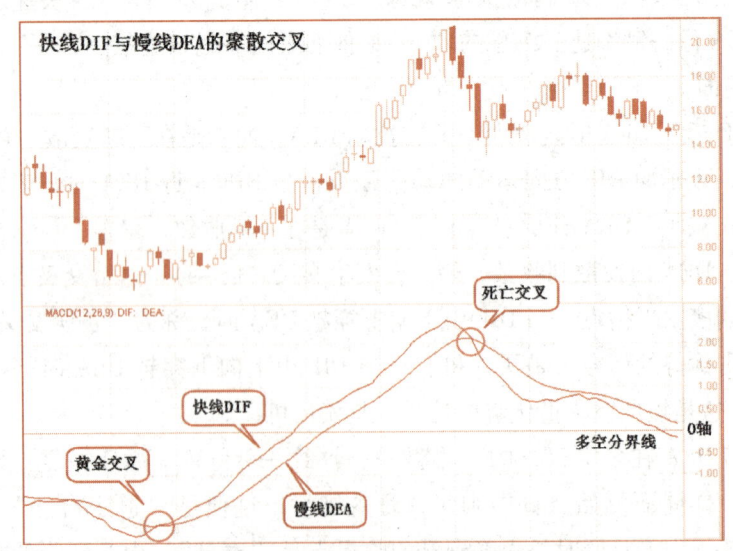

图 5-2 快线 DIF 与慢线 DEA 的聚散交叉

"自知者不怨人，知命者不怨天；怨人者穷，怨天者无志。"

——荀子

第二节 黄金交叉

DIF 与 DEA 的黄金交叉可分为四种情况：

（1） DIF 与 DEA 在 0 轴之下发生黄金交叉。

（2） DIF 与 DEA 在 0 轴之上发生黄金交叉。

（3） DIF 与 DEA 在 0 轴之下发生二次黄金交叉。

（4） DIF 与 DEA 在 0 轴之上发生二次黄金交叉。

0 轴之下的黄金交叉

DIF 与 DEA 在 0 轴之下发生的黄金交叉如下图 5-3 所示。

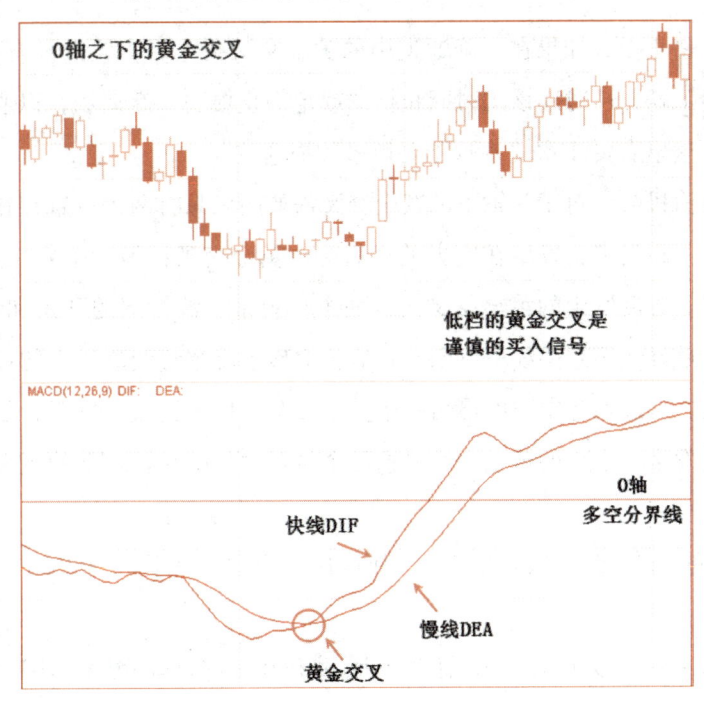

图 5-3 0 轴之下的黄金交叉

黄金交叉通常是买入信号，但在0轴下的黄金交叉要看具体情况谨慎对待。最好结合道氏理论和波浪理论来综合判断其是否应作为买入信号。在0轴下的黄金交叉一般发生在道氏理论中的熊市之中或者牛市初期；在波浪理论中，发生在下跌推动浪的反弹浪，上涨推动浪的第1浪和少数的第5浪。总之，只要发生在0轴之下，就是在空方主导的大趋势下发生的黄金交叉，它说明在大级别的下跌趋势中有可能发生次级别的反弹。因此，对于这种发生在空方的黄金交叉需要谨慎做多，它是双向交易的市场中的平空仓位置，但多数情况下不足以开多仓。

我们建议投资者对于0轴下的黄金交叉的应对策略是：

（1）合理分配仓位。对于下降通道（熊市）中发生的黄金交叉应该用小仓位试探性参与，甚至坚持"宁可错过，也不做错"的原则，不参与。下跌中发生的黄金交叉可能是暂时止跌，止跌可以不涨，对于这种难以把握的机会可以放过。

（2）严格止损。如果在下降通道中的黄金交叉买入后，股价没有明显上涨，或者又开始下跌，这时应该用时间止损法或定额止损法果断离场，以避免造成更大的损失。这里需要注意"永远不要摊平亏损仓位"。

（3）分清机会。对于0轴下的黄金交叉需要明确只有两个位置存在较大的机会，一个是下跌浪末，发生在空方的最后一个黄金交叉；另一个是长期上涨后，第一次进入空方后发生的黄金交叉。这两个位置是一波行情的开始和结束位置。对于前者，最好运用趋势线来判断，在股价突破下降趋势线后发生的那个0轴下的黄金交叉，一般就是空方的最后一个黄金交叉；后者比较好判断，是在一波牛市后，首次发生在空方的黄金交叉。这两个位置之外的0轴之下的黄金交叉都没有多大的参与意义。

0轴下的黄金交叉波段买点，实战应用在个股亚玛顿（002623）中，如图5-4所示。

从图5-4可以看到，在前期下跌过程中，该股的快线DIF带动慢线DEA跌到0轴以下，市场暂时进入空方主导。当两条指标线运行到低位时，

DIF 开始靠近 DEA，这时两条线发生了收敛，说明跌势开始减弱，多方在积蓄力量反攻。直到 2014 年 1 月 22 日，该股在低位发生黄金交叉，这标志着多方打破了多空平衡，由多方占据了短期优势，市场有进一步向上运行的预期。图 5-4 中标注的圆圈位置是黄金交叉的波段买点。在这之后，DIF 继续带动 DEA 向上运行，并且突破了 0 轴，这时中期的多头优势已经确立，此后该股一路上扬。

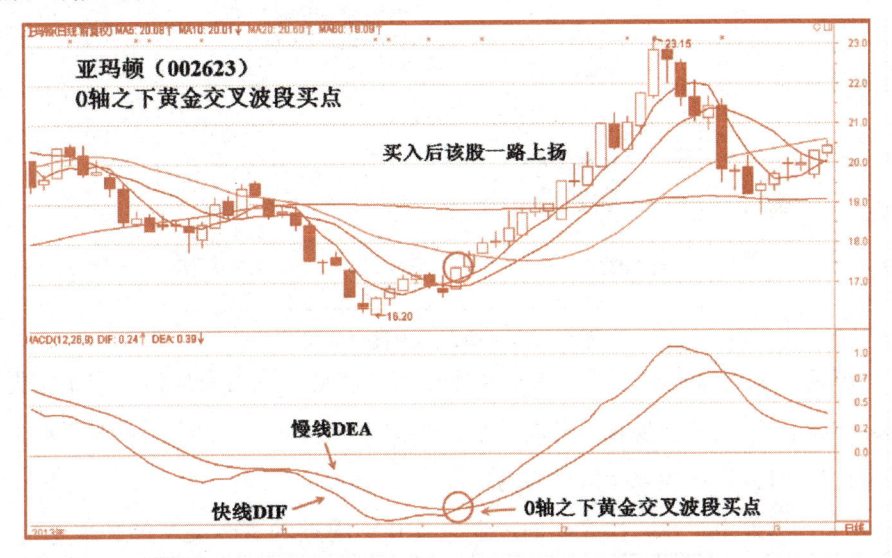

图 5-4 亚玛顿（002623）0 轴之下黄金交叉波段买点

0 轴之上的黄金交叉

DIF 与 DEA 在 0 轴之上发生的黄金交叉如图 5-5 所示。

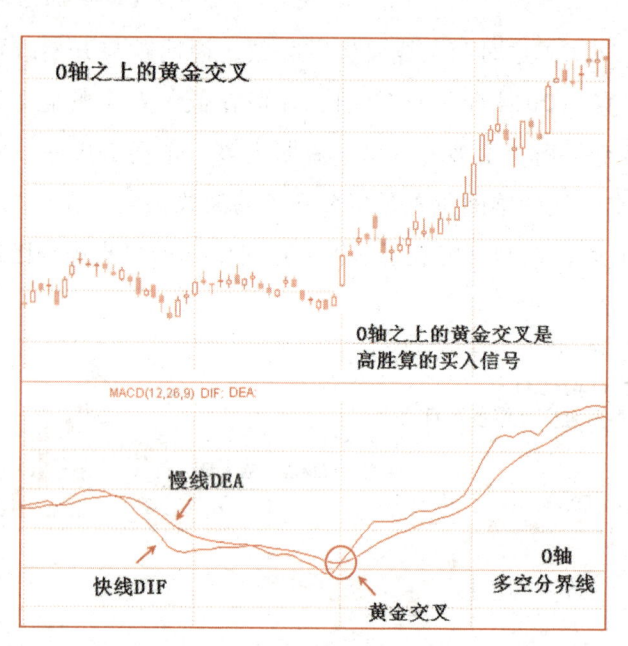

图 5-5　0 轴之上的黄金交叉

0 轴之上的黄金交叉其买入成功率比较高，这是投资者要珍惜并牢牢把握好的操作机会。其通常发生在上升通道中，也就是发生在牛市，牛市就是最好的做多理由，这时投资者应以持股做多为主。

在上升通道中，每一次在 0 轴之上以及 0 轴附近的黄金交叉都是加仓机会。在发生黄金交叉之前，股价必然经过了调整，发生黄金交叉之后股价往往还会有可观幅度的上涨。

在实战中要注意的是，加仓要等价格拉开幅度，不要在一个区间密集加仓，如果是在一个区间密集出现黄金交叉买入信号，那么市场多数是处在震荡为主的行情中。另外，要注意加仓最好采用"正金字塔加仓法"，即随着价格上涨，加仓数量应该递减，不能在高位加重仓，这是千万要注意的。

还有一点要注意的是，发生在高位的黄金交叉通常是背离的一浪上涨，这个位置的加仓要慎重。

0 轴上的黄金交叉波段买点，实战应用在个股中国石化（600028）中，如图 5-6 所示。

从图 5-6 可以看到，前期该股的快线 DIF 带动慢线 DEA 调整到 0 轴附近，这是对之前的上涨行情所进行的调整。指标一直运行在0轴之上，这表明是多头占主导的市场。当DIF回落到0轴上方时，停止向下，而是向DEA靠拢，这是两条线的收敛状态，这表示短期的调整即将结束。

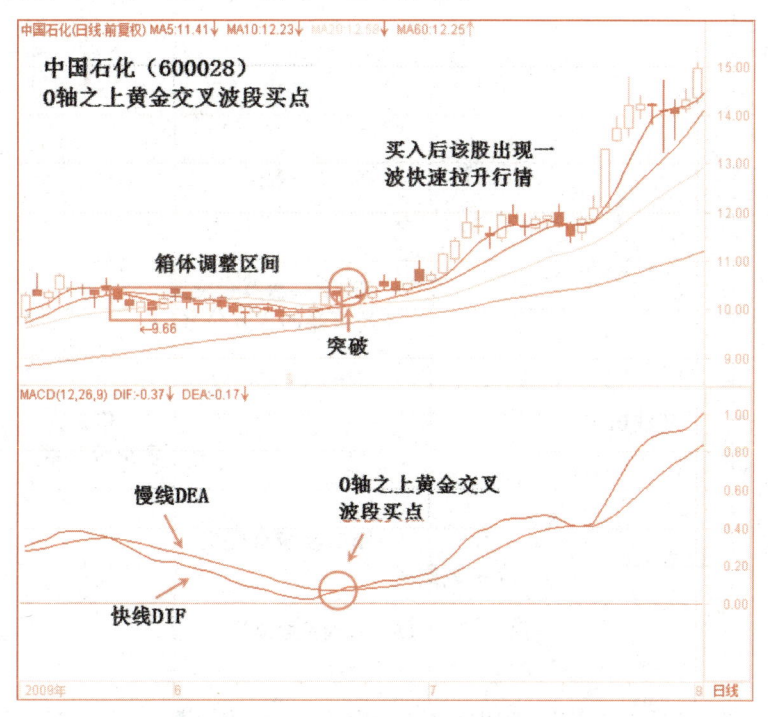

图5-6 中国石化（600028）0轴之上黄金交叉波段买点

在2009年6月22日，该股DIF与DEA在0轴上方发生黄金交叉，这里是波段买点，在图5-6中用圆圈标注的位置。再看指标对应的价格，在指标的调整期间，价格也是在一个箱体调整区间中，见图中用矩形标出的位置。在指标发生黄金交叉的当天，正是收盘价突破箱体上沿的时候，压力位的突破与黄金交叉相互验证，这说明了买点的可靠性。在买入后，该股结束了箱体中小阴小阳线的走势，K线的实体明显增大，这说明在调整中多头力量得到积累，此后该股开始快速拉升。

0轴下的二次黄金交叉

0轴下的二次黄金交叉，是指DIF与DEA在0轴之下发生了两次黄金交叉，

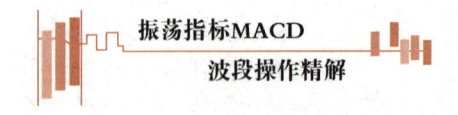

如下图 5-7 所示。

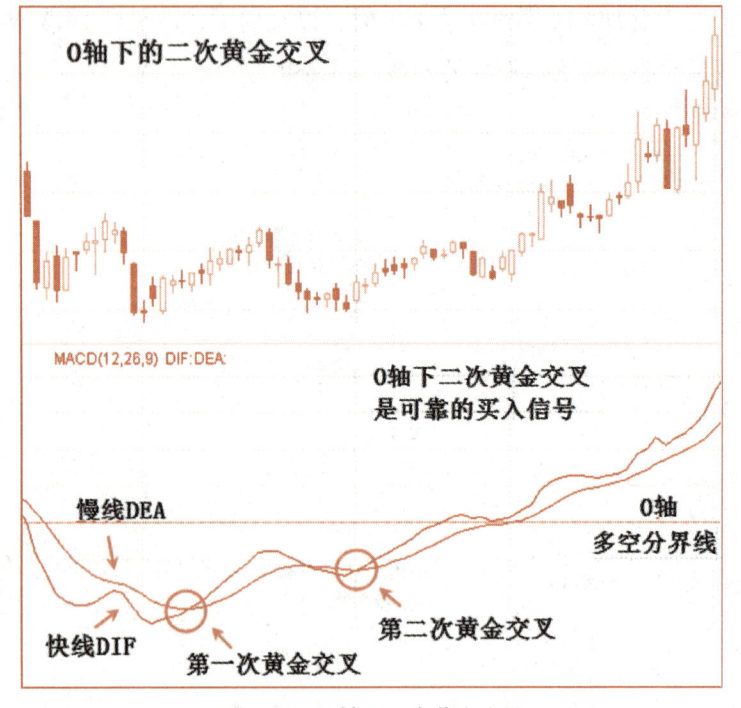

图 5-7　0 轴下二次黄金交叉

从上图可以看到，DIF 与 DEA 在 0 轴下发生了两次黄金交叉，这表明市场经过了充分的调整，预示后市很可能有大幅上涨。

前面讲到过，要谨慎对待 0 轴之下发生的第一次黄金交叉，理由是第一次的黄金交叉往往是下跌通道中的反弹浪，即使有机会也不会太好。而 0 轴下的第二次黄金交叉作为买入信号的可靠性得到了很大提高，二次黄金交叉是对前一次黄金交叉的确认，这时往往是股价走出下降通道后完成的二次探底，是通常所说的"主力挖的最后一个坑"。

对于 0 轴下的二次黄金交叉，投资者在实战中应注意以下几点：

（1）与背离相互验证。发生二次黄金交叉的同时发生 DIF 与价格的背离，这会增大买点的可靠性。第二个黄金交叉要在第一个黄金交叉的上方，最好同时价格创出新低，这种二次黄金交叉是较好的买点。

（2）与价格趋势线或通道结合运用。可以说，一波牛市一定起始于突破下降趋势线和下降通道后的那个黄金交叉，用这种方法一般能抓到一波大牛市的底部。

（3）合理分配仓位。对于发生在 0 轴下的买点，介入都有一定的风险，这时还在空头主导的大趋势中，属于抄底操作，要记住"底是磨出来的"，一个长期的下降趋势不会轻易改变，一定要坚持"风险第一，保住本金"的原则。

（4）严格止损。这是一直在强调的一个原则，只要是 0 轴下的操作都要永远使用止损单。市场并不总是朝我们预料的方向发展，即使是一个高胜率的买点，也不是万无一失的。

0 轴下的二次黄金交叉波段买点，实战应用在个股海南航空（600221）中，如下图 5-8 所示。

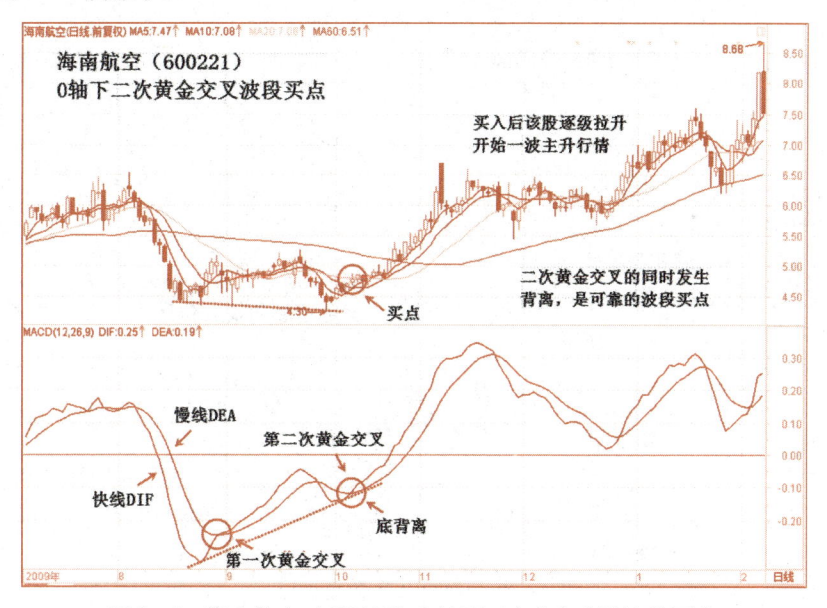

图 5-8　海南航空（600221）0 轴下二次黄金交叉波段买点

从上图可以看到，MACD 指标的快线 DIF 和慢线 DEA 双双进入 0 轴之下，连续发生了两次黄金交叉。在发生第一次黄金交叉后，该股并没有大幅上涨，而是在低位震荡调整。从图 5-8 中可以看到，在 K 线图中这一调整阶段是由很多

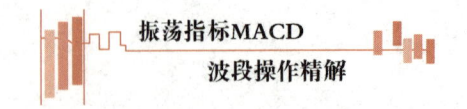

的小阴小阳线组成，这说明市场很犹豫。在盘整了一段时间后，DIF 向下穿越 DEA，股价快速下跌，在 2009 年 9 月 29 日创出新低 4.30 元。这时 DIF 与价格发生了明显的底背离，说明市场跌过头了，随时会有上涨的可能。

该股在创出新低后，马上就反身向上，这时 DIF 与 DEA 发生了第二次黄金交叉，同时 DIF 底背离后拐头，二者相互验证，都预示着市场将出现上涨，这里是可靠的波段买点。

在买入后，DIF 很快向上突破 0 轴，市场完全进入多头占主导，预示着一波中期的上涨即将开始。此后，DIF 与 DEA 一直运行在 0 轴之上，该股稳步上涨。

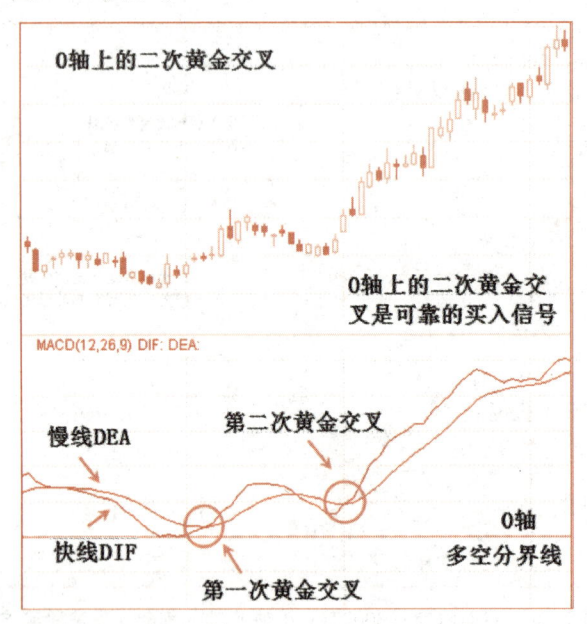

0 轴上的二次黄金交叉

0 轴上的二次黄金交叉，是指 DIF 与 DEA 在 0 轴之上的低位连续发生了两次黄金交叉，如下图 5-9 所示。

图 5-9 0 轴上的二次黄金交叉

从上图可以看到，DIF 与 DEA 在 0 轴之上连续发生了两次黄金交叉，这表示原本就在多头占主导的市场中又经过了一波的调整，这为后市的继续上涨积蓄了力量，它预示着后市仍有极大可能保持升势。

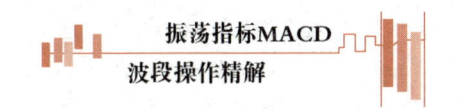

在 0 轴之上，又是二次黄金交叉，这是绝佳的做多机会，这种情况往往发生在大牛市的第一浪、第三浪或第五浪的上涨初期，投资者应着重把握这种在牛市中的做多信号。如果是指标在 0 轴之下经过长期震荡之后首次突破 0 轴发生的二次黄金交叉，那么这种机会往往是在一波大牛市的初始阶段才会有的机会，是效用最大的入场机会。

在实战运用中，投资者应该注意，两次黄金交叉应该发生在 0 轴之上附近的位置，它是经过调整后的连续两次黄金交叉，而不能是发生在高位的黄金交叉；第二次黄金交叉应该发生在第一次黄金交叉的上方，即 DIF 形成的波谷是提高的。

0 轴之上的两次黄金交叉通常不会出现背离的现象，这是因为在多头占优的市场背景下，调整力度通常不会太大。这与 0 轴之下的二次黄金交叉是有所区别的。

0 轴上的二次黄金交叉波段买点，实战应用在个股利亚德（300296）中，如下图 5-10 所示。

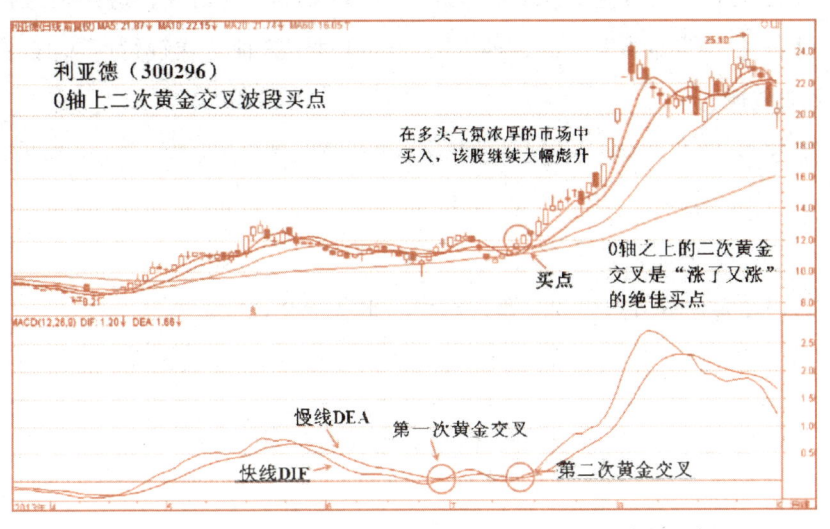

图 5-10 利亚德（300296）0 轴上二次黄金交叉波段买点

从上图可以看到，MACD 指标的快线 DIF 和慢线 DEA 都运行在 0 轴之上，

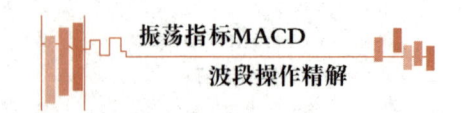

这表示是在明显的多头市场中。DIF 与 DEA 经过调整后，在 0 轴上的低位连续发生了两次黄金交叉。在 2013 年 7 月 1 日，发生了第一次黄金交叉，此后，该股并没有大幅上涨，而是重新走出了一小波推动浪。股价突破前高之后，出现了小幅回调，DIF 向下穿越 DEA，回踩前期高位，这是经常发生的突破阻力位后对阻力位的回抽，这时是主力在为以后的上涨收集筹码，极有可能是上涨之前主力挖的最后一个坑。

如果股价回踩前期阻力位后没有继续下跌，那么这个阻力位就变成了支撑位，它是股价进一步上涨的跳板。该股在 2013 年 7 月 15 日发生了第二次黄金交叉，这里是再次介入的绝佳机会。在图 5-10 的 K 线图中用圆圈标出的位置就是买点，可以看到，这里的阳线实体明显增大，说明了市场向上的动能强大，市场多头气氛浓厚。

买入该股后不久，该股就出现了大幅拉升行情，上升角度明显高于前面的上涨，这便是 0 轴之上二次黄金交叉买点之后经常会出现的极其强烈的逼空行情。

0 轴之上的二次黄金交叉是常说的"涨了又涨"的情况，这是很难得的买点，往往一年中也难得有一次这种机会，所以对于这种"送钱行情"，投资者一定要多加重视。

"利润总是能够自己照顾自己，而亏损永远不会自动了结。"
——华尔街传奇大作手 杰西·利弗莫尔（Jesse Livermore）

第三节　死亡交叉

DIF 与 DEA 的死亡交叉也可分为四种情况：

(1) DIF 与 DEA 在 0 轴之上发生死亡交叉。

(2) DIF 与 DEA 在 0 轴之下发生死亡交叉。

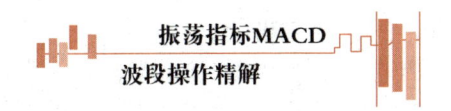

（3）DIF 与 DEA 在 0 轴之上发生二次死亡交叉。

（4）DIF 与 DEA 在 0 轴之下发生二次死亡交叉。

0 轴之上的死亡交叉

DIF 与 DEA 在 0 轴之上发生的死亡交叉如图 5-11 所示。

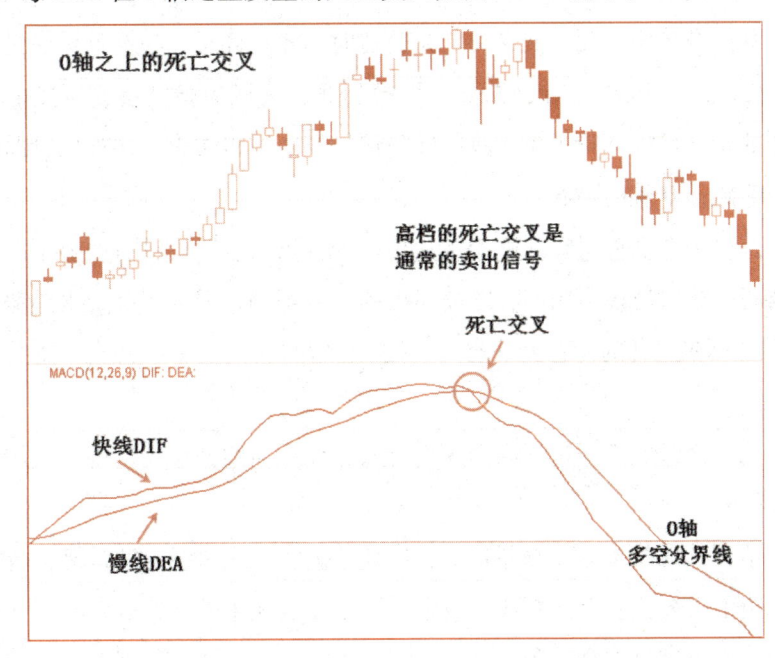

图 5-11　0 轴之上的死亡交叉

从图 5-11 中可以看到，快线 DIF 与慢线 DEA 在 0 轴上同向向上运行，直到指标运行到高档区，DIF 从上向下穿越 DEA，发生死亡交叉。在这之后，快线 DIF 开始带动慢线 DEA 向下运行。死亡交叉发生在波段的顶部，它是短期的多空平衡点，一旦空头打破多空平衡，意味着在以后的一段时期内空头会占优势，市场有进一步下跌的可能。死亡交叉就像其名字一样，表示一波升势的结束，是通常的卖出信号。

发生在 0 轴之上的死亡交叉，通常发生在波浪理论的上升趋势中调整浪的初期，是中、短期顶部的标志。需要注意的是，在强劲的升势中，市场在发生死亡交叉后还可能重回升势，这经常发生在第 4 浪和次级别的调整浪中。总之，0 轴

之上的死亡交叉发生在多方主导的大趋势中，它说明在大级别的上升趋势中有发生调整的可能。

我们建议投资者对于 0 轴上的死亡交叉的应对策略是：

（1）分批离场。在上升通道（牛市）中的死亡交叉应该采用逐步减仓的策略。在强劲的升势中，死亡交叉可能只是暂时的短期调整，稳健的做法是先获利了结一部分仓位，这样既防止失去到手的利润，又避免踏空后面可能的上涨行情。其余的持仓可以等待更进一步的转势信号发生时再卖出，比如股价跌破上升通道或 DIF 跌破 0 轴时清仓。

（2）及时补仓。如果在死亡交叉卖出部分筹码后，股价没有明显下跌，反而又创出新高，这时应该适当回补之前卖出的部分筹码，继续跟踪上涨趋势。这里需要注意"只在盈利的持仓上补仓"，并且追加的仓位要小于持仓，避免在顶部加重仓。

（3）死亡交叉发生在指标高档区更有效，在适当的操作周期中，使用较大周期更有效。

（4）结合其他技术方法判断顶部，比如趋势线、通道线、波浪理论等等，本书中也介绍了很多找卖点的方法，投资者可以在实战中总结适合自己操作风格的最大效用的卖出信号综合运用。

0 轴上的死亡交叉波段卖点，实战应用在个股工商银行（601398）中，如图 5-12 所示。

从图 5-12 可以看到，该股在前期 0 轴附近发生了前面讲到的二次黄金交叉，是可靠的买点，之后快线 DIF 带动慢线 DEA 向上快速拉升，股价呈突破态势，迅速上涨。在 2009 年 6 月 23 日创出新高价 5.59 元，之后在 6 月 29 日创出收盘最高价 5.39 元，在此之后，DIF 开始向 DEA 收敛，终于在 7 月 7 日发生交叉，这标志着空头突破了多空平衡，空头战胜了多头并开始主导市场，短期内的顶部形成，这个死亡交叉是卖出信号，对应的卖点在图中用圆圈标出的位置。

在卖出之后，DIF 开始带动 DEA 向下运行，这是向下发散的过程，预示市场开始了向下的趋势。此后该股一路下跌，DIF 指标也最终跌破 0 轴，进入了空方。

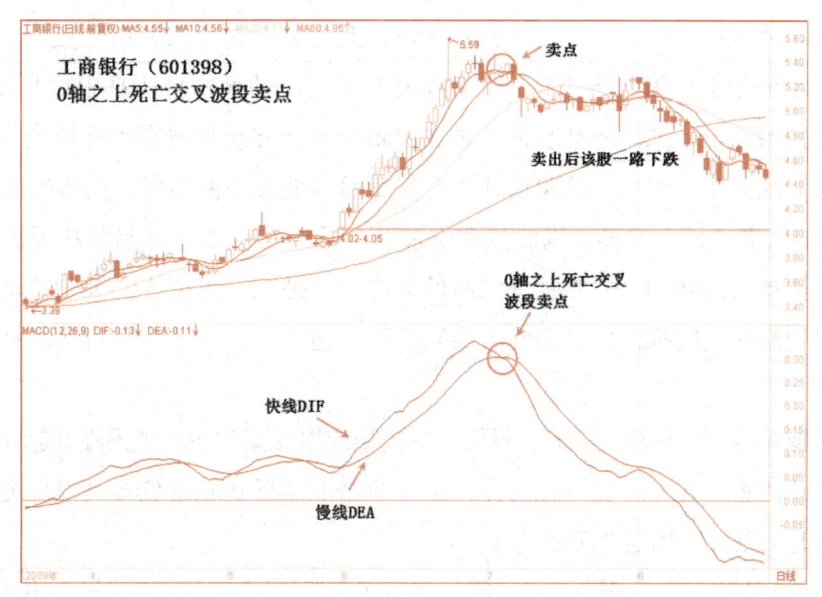

可见，死亡交叉及时地预见了头部，它是较好的卖出信号。

图 5-12　工商银行（601398）0 轴之上死亡交叉波段卖点

0 轴下的死亡交叉

DIF 与 DEA 在 0 轴之下发生的死亡交叉如下图 5-13 所示。

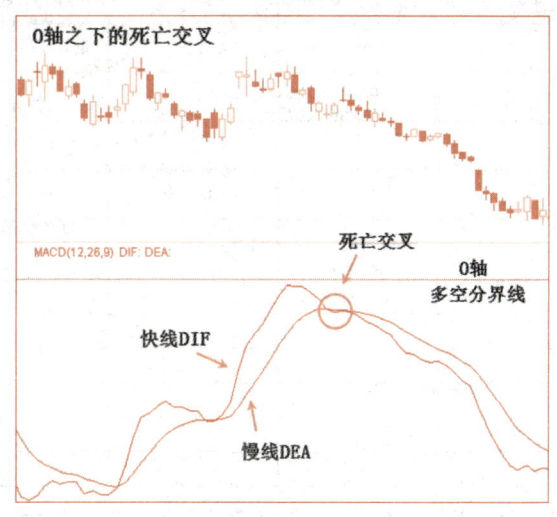

图 5-13　0 轴之下的死亡交叉

从上图可以看到，快线 DIF 和慢线 DEA 在 0 轴下同向向上运行，直到指标运行到 0 轴附近，DIF 从上向下穿越 DEA，发生了死亡交叉。在这之后，快线 DIF 开始带动慢线 DEA 向下运行。发生在 0 轴之下的死亡交叉通常处于熊市中一波反弹的高位，如果不能重回 0 轴之上则说明空方还是占有统治地位，后市仍然以看跌为主。因此，这里的死亡交叉表示一波反弹的结束，是卖出信号。

0 轴之下的死亡交叉，以波浪理论来看，通常发生在下降趋势中反弹之后的下跌推动浪的初期，它是反弹结束的标志。它是在空方主导的大趋势下发生的次级别的多空转换。它说明在大级别的下跌趋势中，一波反弹行情有结束的可能。

当指标运行在 0 轴之下时，投资者的操作应以观望为主，如果在 0 轴之下的黄金交叉抄底之后，经过一波反弹，在 0 轴之下靠近 0 轴的位置又发生死亡交叉，这时无条件离场是合理的选择。

0 轴下的死亡交叉波段卖点，实战应用在个股中国石油（601857）中，如下图 5-14 所示。

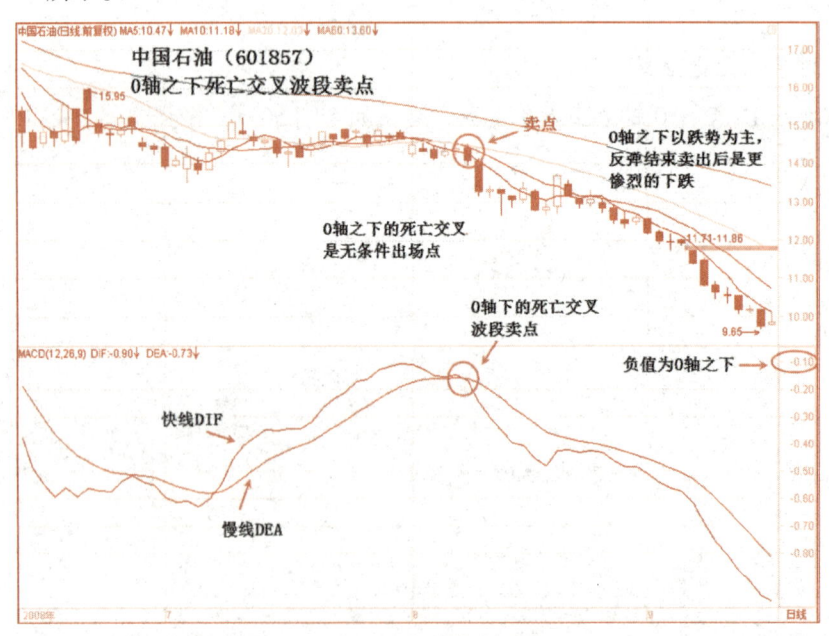

图 5-14　中国石油（601857）0 轴之下死亡交叉波段卖点

从上图可以看到，该股 DIF 与 DEA 指标在 0 轴之下，经过下跌之后发生了一次黄金交叉，这是前面讲到的谨慎的买点，可以不参与；之后快线 DIF 带动慢线 DEA 向上运行，股价止跌，但反弹幅度有限。虽然 DIF 与 DEA 在黄金交叉后有两次发散过程，但股价仅仅是在一个较窄的区间内进行箱体震荡，并没有明显上涨，这说明，在大熊市中反弹力度很弱。在此之后，DIF 开始向 DEA 收敛，终于在 2008 年 8 月 8 日发生死亡交叉，这标志着空头再一次战胜了多头，在短期与中期同时进入以空头为主导的市场，从此宣告反弹结束。如果这时投资者持有股票，应该选择无条件离场，对应的卖点在图中用圆圈标出的位置。

在卖出之后，DIF 开始带动 DEA 向下运行，这是向下发散的过程，预示市场重回向下的趋势。此后该股出现了更惨烈的下跌，DIF 指标也跌破前期低点。可见，0 轴下的死亡交叉准确地判断出了反弹结束的位置，是空头市场中无条件的卖出信号。

在市场中，投资者不需要和趋势作对，应该做趋势的朋友，下跌是为了上涨，而上涨总会有下跌。投资者只需要顺势而为，对于难以把握的行情，最好的对策就是休息。"在错误的方向上停止就是前进"。

0 轴上二次死亡交叉

0 轴上的二次死亡交叉，是指在 DIF 与 DEA 在 0 轴之上发生了两次死亡交叉，如图 5－15 所示。

从图 5－15 可以看到，DIF 与 DEA 在 0 轴之上发生了两次死亡交叉，第二次交叉点低于第一次交叉点，这表明市场上涨动能减弱，预示着后市很可能出现大幅下跌。

在强劲的牛市中，通常情况下，在指标高档的第一个死亡交叉发生在波浪理论中上升推动浪的第三浪，这也是一波上涨行情中上升力量最强的一波上涨。在这之后的第五浪中，股价继续创出新高，但 DIF 指标不再创新高，DIF 指标与股价发生背离，这时会在低于第一个死亡交叉的位置形成第二个死亡交叉。这是市场上涨动能不足的表现，是冲顶的常见形态。

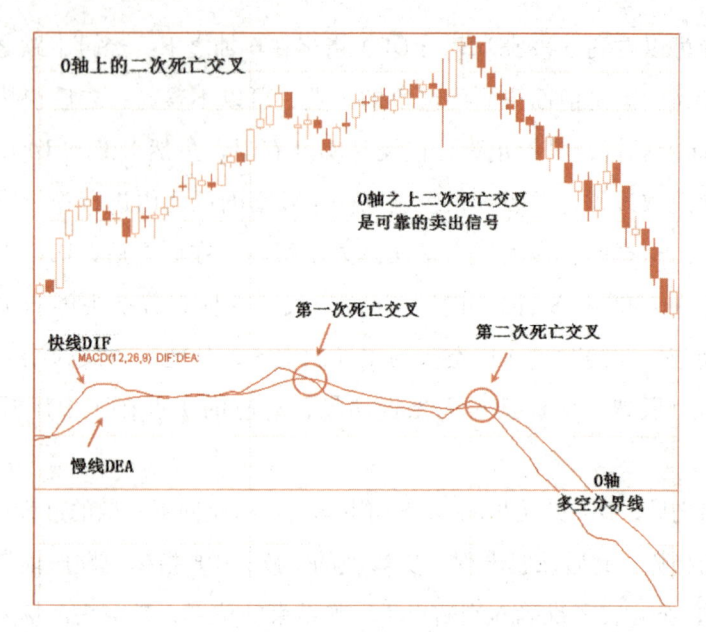

图 5-15　0轴上二次死亡交叉

这里是经过长期的上涨之后，市场大级别多空转换的位置。二次死亡交叉是对前一次死亡交叉的确认，这时往往是股价走出上升通道后的最后一波拉升。所以说，0轴上的第二次死亡交叉是可靠的卖出信号。

对于0轴上的二次死亡交叉，投资者在实战中应注意以下几点：

（1）与背离相互验证。发生二次死亡交叉的同时，若发生 DIF 与价格的背离可增大卖点的可靠性，即第二个死亡交叉要在第一个死亡交叉的下方，最好同时价格创出新高，这种二次死亡交叉是合理的卖点。

（2）与价格趋势线或通道结合运用。可以说，一波牛市一定终止于向下突破上升趋势线或上升通道后的那个死亡交叉，用这种方法一般能判断出一波大牛市的顶部。

（3）果断离场。在高位背离后的第二个死亡交叉之后，后市最大的可能是出现暴跌，因为与冲顶相对应，冲顶之后的下跌会同样迅速。因此，一旦出现符合二次死亡交叉的卖点特征，一定要果断清掉大部分持仓。在 A 股中，下跌与上涨相比，下跌的迅速更快，用时更短。

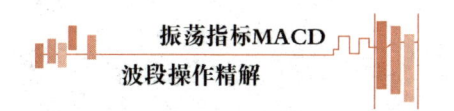

0 轴上的二次死亡交叉波段卖点，实战应用在个股兴业银行（601166）中，如下图 5-16 所示。

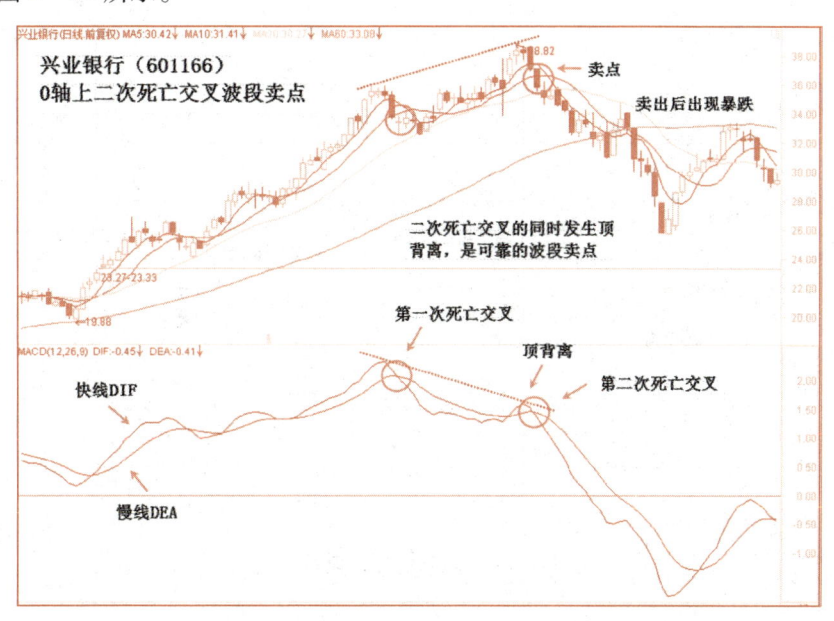

图 5-16　兴业银行（601166）0 轴上二次死亡交叉波段卖点

从上图可以看到，MACD 指标的快线 DIF 和慢线 DEA 在 0 轴之上运行了很长时间，DIF 线的波谷逐波垫高。DIF 运行到高档后，在 2009 年 7 月 8 日发生了第一次死亡交叉。在这之后，DIF 开始出现动能不足的迹象。股价在 7 月 31 日创出了 38.82 元的新高，而同时的 DIF 并未创出新高，这时出现了指标顶背离的现象。

在 8 月 5 日，DIF 与 DEA 第二次发生死亡交叉，这里是前面讲到的二次死亡交叉卖点，图 5-16 中第二个圆圈的位置。在卖出后，股价出现了暴跌的局面，此后股价再也没有回到卖点之上。这说明二次死亡交叉是一个很可靠的卖点，准确地判断出了头部。

0 轴下二次死亡交叉

0 轴下的二次死亡交叉，是指在 DIF 与 DEA 在 0 轴之下连续发生了两次死亡交叉，如下图 5-17 所示。

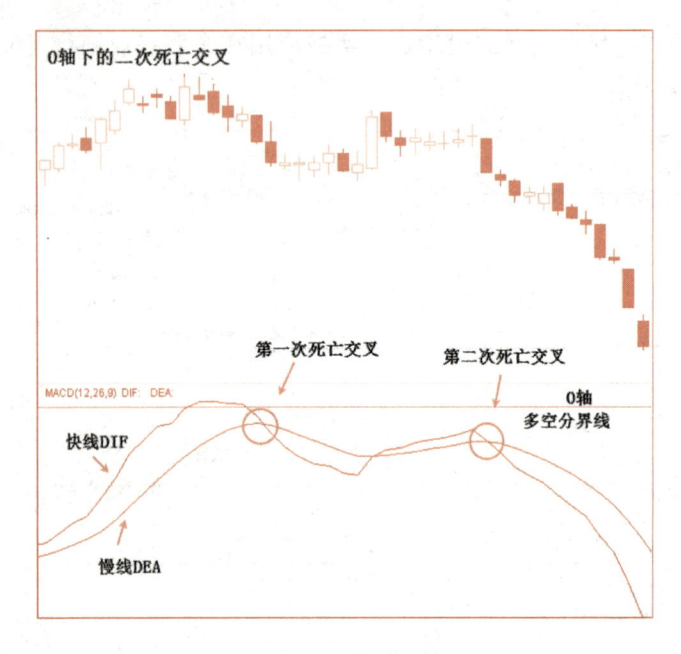

图 5-17 0 轴下的二次死亡交叉

从上图可以看到，DIF 与 DEA 在 0 轴之下连续发生了两次死亡交叉，这表示原本就处于空头占主导的市场中，经过了一轮反弹调整，反弹的幅度一般不大，这为后市的继续下跌积蓄了力量，它预示着后市仍有极大可能保持跌势。

在 0 轴之下，又是二次死亡交叉，这是无条件离场信号，这种情况往往发生在大熊市的下跌 C 浪或下跌延长浪，投资者应避免参与主跌浪中的次级别反弹行情。在小反弹之后往往会有更剧烈的下跌，股市中有句名言叫"反弹不是底，是底不反弹"。

在实战运用中，投资者应该注意，两次死亡交叉应该发生在 0 轴之下 0 轴附近位置，是经过小幅反弹后的连续两次死亡交叉，而不能是发生在低位的死亡交叉；第二次死亡交叉应该发生在第一次死亡交叉的下方，即 DIF 形成的波峰是降低的。

0 轴之下的二次死亡交叉通常不会出现背离的现象，这是因为在空头占优的市场背景下，反弹力度通常不会太大。这与 0 轴之上的二次死亡交叉是有所区别的。

0 轴下的二次死亡交叉波段卖点，实战应用在个股中信银行（601998）中，如下图 5-18 所示。

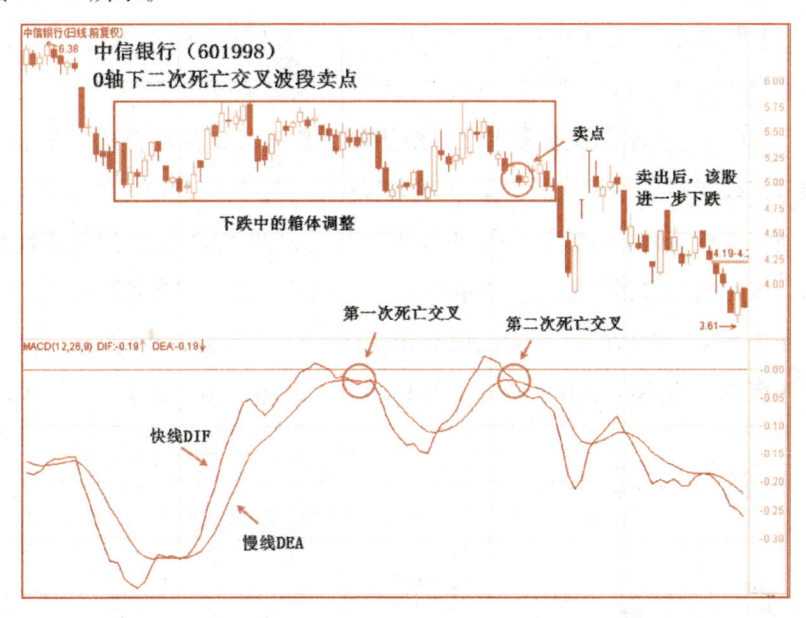

图 5-18 中信银行（601998）0 轴下二次死亡交叉波段卖点

从上图可以看到，MACD 指标的快线 DIF 和慢线 DEA 都运行在 0 轴之下，这表示是在明显的空头市场中。DIF 与 DEA 经过小幅反弹震荡调整后，在 0 轴下方附近连续发生了两次死亡交叉。在 2008 年 8 月 5 日，发生了第一次死亡交叉，此后，该股下跌到前期底部得到了支撑。之后市场出现了小幅反弹。在图 5-18 中，将高点与高点，低点与低点相连接，形成一个震荡的箱体。

股价反弹到箱体上沿时，遇到阻力再次向下。该股在 9 月 5 日发生了第二次死亡交叉，这里一个卖点。在图 5-18 的 K 线图中用圆圈标出的位置就是卖点，可以看到，卖点在前期低点处，位于箱体下沿附近，一旦向下跌破箱体，股价将再下一个台阶。

卖出该股后不久，该股就出现了破位下跌，后面虽然有反弹，但反弹到箱体

下沿附近停止，最后还是重回跌势，创出新低。0轴之下的二次死亡交叉是常说的"跌了又跌"的情况，这是无条件的出场点。

综合运用

前面我们介绍了利用DIF与DEA聚散交叉作为依据的4个买点与4个卖点，下面将综合买卖点来讨论两个波段操作实例。

"金叉买，死叉卖"是投资者在接触指标时最早最常见的俗语，很多指标都是利用两条线或多条指标线的交叉作为操作依据。在MACD指标的使用上，交叉也是一项主要的应用。MACD指标的快线DIF与慢线DEA是由指数移动平均线得来的，他们具有平滑、不易交叉的性质，一旦发生交叉就有重要意义。

首先来看第一个综合运用的波段操作实例，以"黄金交叉"与"死亡交叉"作为操作依据，运用在个股汉威电子（300007）的操作中，如下图5-19所示。

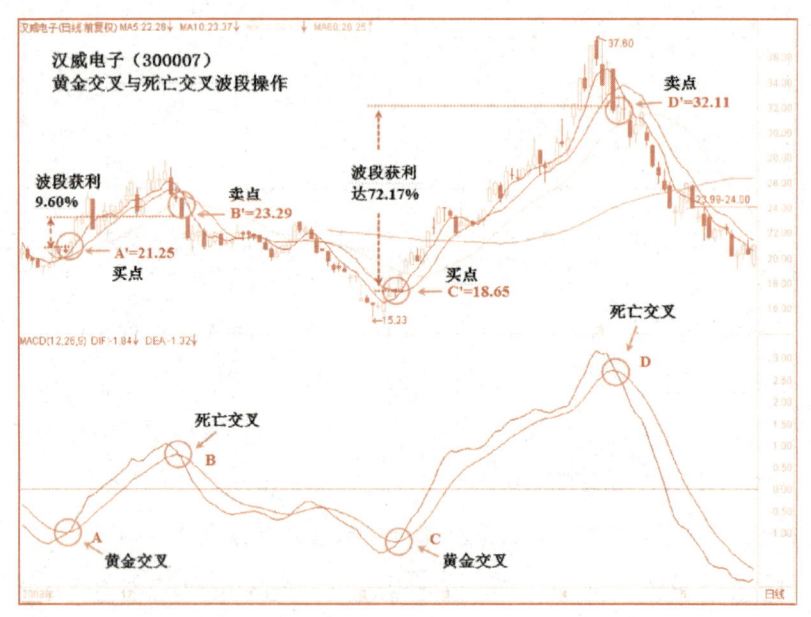

图5-19　汉威电子（300007）黄金交叉与死亡交叉波段操作

从图5-19可以看到，该股在0轴以下的低位发生了两次黄金交叉，在0轴之上的高位发生了两次死亡交叉。第一次黄金交叉发生在2009年11月18日，这时是一个买点，在图中用 A 表示，对应的价格是 A′21.25 元。买入之后，该股开始拉升，DIF 指标带动 DEA 突破 0 轴进入多方。在 12 月 17 日发生死亡交叉，这时是一个卖点，在图中用 B 表示，对应的价格是 B′23.29 元。在这一波段的操作中，共获利 9.60%。这次获利看起来并不多，但这是由行情决定的，使用 DIF 与 DEA 的交叉是成功率与稳定性都比较好的方法。从图 5-19 中可以看到，在卖出之后，股价进一步下跌，并最终创下了新低 15.23 元。由此看出，这种方法能抓住上涨的大部分，并避免大部分的下跌行情。

该股在新低后于 2010 年 2 月 10 日再次在低位发生了一次黄金交叉，这里出现了第二次波段操作的买点，在图中用 C 表示，对应的价格是 C′18.60 元，比第一次买入的价格 A′21.25 元还要低。买入之后，DIF 再次带动 DEA 突破 0 轴并一路突破，创出新高。在 4 月 12 日创出新高 37.60 元后，DIF 指标再次向 DEA 收敛，两条曲线有交叉的趋势，这时投资者就要小心，随时准备在发生交叉时出局。最后在 4 月 16 日，发生了死亡交叉，这是第二次波段操作的卖点，在图中用 D 表示，对应的价格是 D′32.11 元。从图中可以看出，这是一波不小的大波段，利用指标的交叉又抓住了主要的大波段，这次获利达 72.17%。

再看第二个综合运用的例子，以二次黄金交叉与二次死亡交叉作为操作依据，运用在个股中国医药（600056）的操作中，如图 5-20 所示。

从中国医药的行情图中可以看到，该股初期在 0 轴上并且是 0 轴附近形成了连续两次黄金交叉，这是在多头市场中绝佳的买入机会，在图中用 A 标出的位置是第二次黄金交叉发生的位置，对应的买入价格是 A′14.52 元。在买入之后，该股的快线 DIF 开始与慢线 DEA 发散，DIF 带动 DEA 向上拉升。拉升过程中，两条曲线发生了一次收敛，快线 DIF 靠近慢线 DEA 但并没有发生交叉，这种形态是上涨的中继形态，有时两条线靠得更近会发生"粘合"，这都是上涨的中继。

该股在 2009 年 11 月 23 日创下新高收盘价 22.13 元，指标 DIF 同时创下新高。此后，该股出现了小幅调整，DIF 从上向下穿越 DEA，发生了第一次死亡交叉。在这里，稳健的投资者可以率先获利了结少部分筹码，保护住一部分盈利。

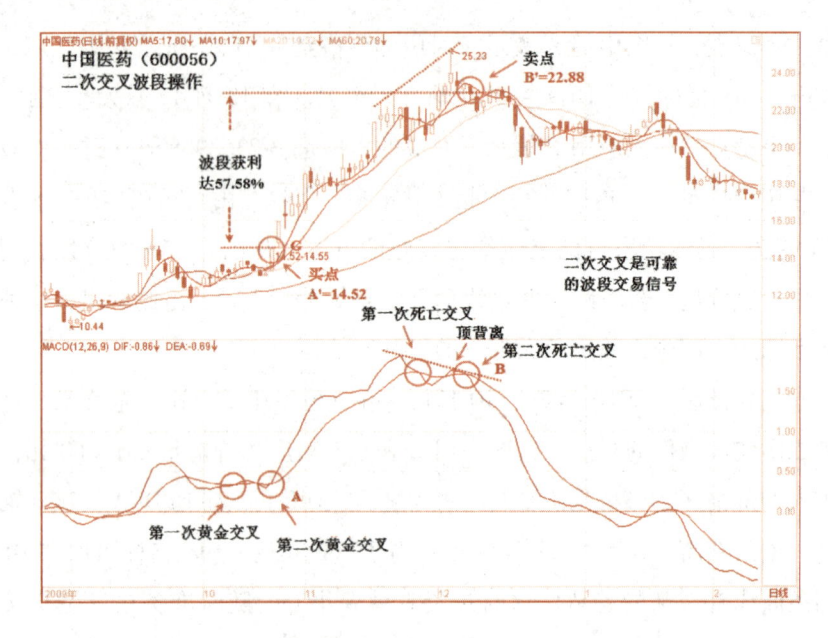

图 5-20 中国医药（600056）二次交叉波段操作

小幅调整后，DIF 在高档再次上穿 DEA，在这里注意不要轻易追高。股价再次创出新高，而同时 DIF 未创出新高，由此发生了顶背离，这说明上涨的力量在减弱，短期内有见顶的可能。在 12 月 3 日创出新高 25.23 元后，该股再次发生死亡交叉，在图中用 B 表示，这里是可靠的卖点，对应的价格是 B′22.88 元。在这一波操作中，获利达 57.58%。到此为止，可以看作一波上升行情即将结束，在高档的二次死亡交叉是经过历史检验的极大可能的反转点。

卖出后，该股 DIF 向下与 DEA 发散，DIF 带动 DEA 向下运行，股价一度发生快速下跌。熟悉 K 线形态的投资者可能会发现，在图中 B′卖点处正是 K 线形态中"头肩顶"形态右肩的位置。在右肩容易发生顶背离，并且在头肩顶形成后往往以暴跌的形式跌破颈线位。此后该股一路下跌，最终 DIF 跌破 0 轴，进入空方。

盘后阅读之五　《玩转21点》中三扇门的问题

影片《玩转21点》是以真实故事为基础，讲述了麻省理工学院一名数学教授亲手挑选了六名智商过人的学生，组成一个名叫"MIT 21点"的小组，对他们进行一系列赌博精算训练，并在拉斯维加斯赌场的21点牌桌上卷走了数百万美元的故事。

影片中提到了一个很有趣的问题：参赛者会看见三扇关闭了的门，其中一扇门的后面有一辆汽车，选中后面有车的那扇门就可以赢得该汽车，而另外两扇门后面则各藏有一只山羊。当参赛者选定了一扇门，但未去开启它的时候，节目主持人会开启剩下两扇门的其中一扇，露出其中一只山羊。主持人其后会问参赛者要不要换另一扇仍然关上的门。如果你是参赛者，你会如何回答，是换还是不换呢？

片中涉及的这个车和羊的问题也被称作蒙提·霍尔问题（Monty Hall Problem）或三扇门问题，是一个源自博弈论的数学游戏问题。

明确的限制条件如下：

（1）参赛者在三扇门中挑选一扇。他并不知道里面有什么。

（2）主持人知道每扇门后面有什么。

（3）主持人必须开启剩下的其中一扇门，并且必须提供换门的机会。

（4）主持人永远都会挑一扇有山羊的门。

（5）如果参赛者挑了一扇有山羊的门，主持人必须挑另一扇有山羊的门。

（6）如果参赛者挑了一扇有汽车的门，主持人随机在另外两扇门中挑一扇有山羊的门。

（7）参赛者会被问是否保持他的原来选择，还是转而选择剩下的那一扇门。

请问如果是你，你会做哪种选择，哪个选择得到车的概率会更大呢？

投资者在看下面的答案前不妨先思考一下……

下面来揭晓答案，当参赛者转换选择另一扇门而不是继续维持原先的选择时，赢得汽车的机会将会加倍。

解释如下：

有三种可能的情况，全部都有相等的可能性（1/3）：

（1）参赛者挑山羊一号，主持人挑山羊二号。转换将赢得汽车。

（2）参赛者挑山羊二号，主持人挑山羊一号。转换将赢得汽车。

（3）参赛者挑汽车，主持人挑两头山羊的任何一头。转换将失败。

在头两种情况，参赛者可以通过转换选择而赢得汽车。第三种情况是唯一一种参赛者通过保持原来选择而赢的情况。因为三种情况中有两种是通过转换选择而赢的，所以通过转换选择而赢的概率是2/3，而如果不转换选择赢的概率是1/3。

历史上这个问题刚被提出的时候却引起了相当大的争议。这个问题源自美国电视娱乐节目 Let's Make a Deal，内容如前所述。作为吉尼斯世界纪录中智商最高的人，Savant 在 Parade Magazine 对这一问题的解答是应该换，因为换了之后有2/3的概率赢得车，不换的话概率只有1/3。她的这一解答引来了大量读者信件，认为这个答案太荒唐了。因为直觉告诉人们：如果被打开的门后什么都没有，这个信息会改变剩余的两种选择的概率，哪一种都只能是1/2。持有这种观点的大约有十分之一是来自数学或科学研究机构，有的人甚至有博士学位。还有大批报纸专栏作家也加入了声讨 Savant 的行列。在这种情况下，Savant 向全国的读者求救，有数万名学生进行了模拟试验。一个星期后，实验结果从全国各地飞来，是2/3和1/3。随后，MIT（麻省理工学院）的数学家和阿拉莫斯国家实验室的程序员都宣布，他们用计算机进行模拟实验的结果，支持了 Savant 的答案。

这个问题在我国的股票和电影相关论坛，也曾经有很多人讨论过，有人认为无论是否转换选择，赢得车的概率都是1/3，也有人认为是1/2。对于答案较简单易懂的理解可以为，在没转换选择前，直接选对后面有车的那扇门，即赢得车的概率是1/3，而选错，即选择了有山羊的那扇门的概率是2/3，到这里很好理解。然后主持人打开一扇后面有山羊的门问参赛选手是否要改变原来选择，这时只有起初选对时，转换选择的结果是失去车，而若当初是选错的，这时转换选择必然会赢得车，这样，如果转换选择，失去车的概率变成了1/3，而赢得车的概率变成了2/3！

　　这是一个数学上的条件概率问题，可以看出，人们的直觉和答案不太相符。持错误观点的人是静止地孤立地看问题，概率的概念是投资者一定要多加重视的。我们在做基于量化的判断的时候，要以事实和数据为依据，而不要凭主观来决定。否则，想当然的结果往往会在我们不自知的情况下，把我们引入歧途。

第六章

ZHEN DANG ZHI BIAO MACD: BO DUAN CAO ZUO JING JIE

MACD 柱状线波段操作

> "善战者,求之于势,不责于人,故能择人而任势。"
> "故善战人之势,如转圆石于千仞之山者,势也。"
> ——《孙子兵法》

本章主要内容

第一节　MACD 柱状线破解

第二节　柱状线"抽脚"

第三节　柱状线"缩头"

第四节　柱状线的杀多棒与逼空棒

盘后阅读之六　鳄鱼法则

第五节　单峰(谷)形态

第六节　双重峰(谷)形态

第七节　三重峰(谷)形态

第八节　汤匙形态

第九节　0轴之上(下)徘徊

第十节　顶(底)背离

盘后阅读之七　"蜜蜂与苍蝇"的赚钱精神特性

"股市赢家法则是：不买落后股，不买平庸股，全心全力锁定领导股。"

——最具传奇色彩的基金经理 彼得·林奇（Peter Lynch）

第一节　MACD 柱状线破解

在 MACD 指标图中，彩色的竖线是柱状线，一般用红线表示 0 轴上的部分，用绿线表示 0 轴下的部分，所以又被俗称为"红绿柱"，它表示 DIF 与 DEA 之间的差值，在指标图中表示 DIF 线与 DEA 线之间的距离变化。前面两章对 DIF 和 DEA 的运用作了详细的介绍，我们说，最早的 MACD 指标只有这两条快慢线，MACD 柱状线是后来随着计算机的普遍运用而加上去的，目的是便于更直观地表现快线与慢线之间的关系。

快线 DIF、慢线 DEA 和 MACD 柱状线，这三部分构成了完整的 MACD 指标，如下图 6-1 所示。

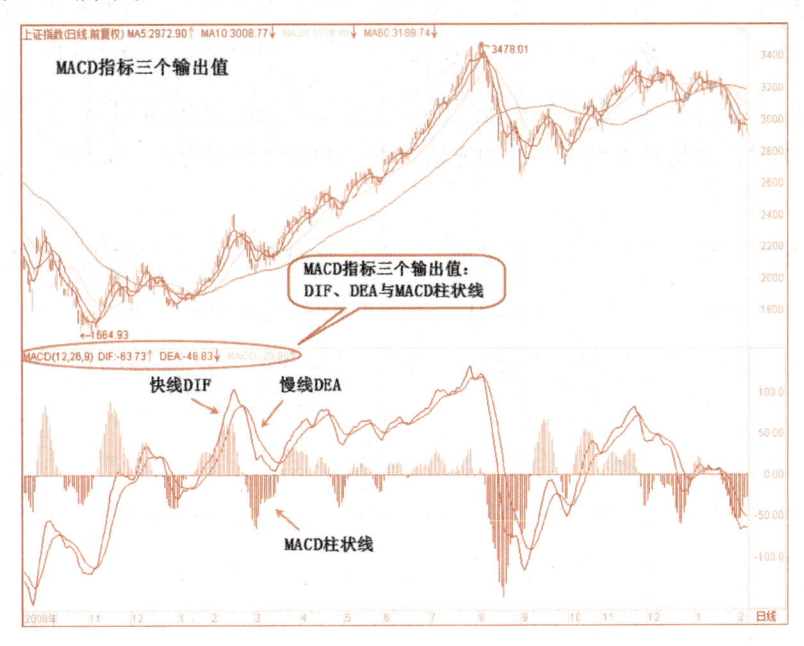

图 6-1　MACD 指标三个输出值

上图中，MACD 柱状线的表达式是"MACD:(DIF-DEA)*2, COLORSTICK"，它表示 DIF 与 DEA 差值的 2 倍输出为彩色的 MACD 柱状线。之所以将差值乘以 2 是为了放大线体长度便于观察。从上图可以看出，有了 MACD 柱状线，DIF 与 DEA 两条曲线之间的距离变化便可一目了然。

DIF 与 DEA 两条曲线的收敛和发散能通过 MACD 柱状线更直观地看出来，很显然，当柱状线连续出现后一根长于前一根的情况时，表示发散；当柱状线连续出现后一根短于前一根的情况时，表示收敛。

当红柱发散时，表示市况处于多头强势中；当绿柱发散时，表示市况处于空头强势中。当红柱收敛时，表示多头势头在减弱；当绿柱收敛时，表示空头势头在减弱。

因此，在 A 股只能做多盈利的市场中，理论上，做多的买点应在红柱发散时，表示短期内市场开始由空转多；卖点应在绿柱发散时，表示短期内市场开始由多转空。

理论上，一波上涨行情是由绿柱收敛开始，所以最低买点在绿柱收敛时；而一波上涨行情的结束是由红柱收敛开始，所以最高卖点在红柱收敛时。收敛表示了趋势的减弱，是 DIF 线在向 DEA 线靠近，"马"（DIF）拉"车"（DEA）的加速度在减小。在最长绿柱之后的那个缩短的绿柱买进，在最长红柱后的那个缩短的红柱卖出，这是获得最大利润的方法。但这种方法是否万无一失呢，成功率究竟有多大？

这里要明确一个关键的前提条件，经验丰富的投资者会注意到，MACD 红绿柱只描述了 DIF 与 DEA 的差距变化关系，并没有说明 DIF 与 DEA 的多空位置，也就是没有说明 DIF 与 DEA 是在 0 轴之上还是 0 轴之下。前面的章节已经讲过了，安全的买点应在多头市场中，也就是 DIF 处于 0 轴之上之时。而 MACD 柱状线在 0 轴之上并不表示 DIF 也在 0 轴之上，这是很多投资者会忽略的关键问题。

所以要首先明确的前提条件是 DIF 的位置。若 DIF 处于 0 轴之上，那么在最长绿柱之后的那个缩短的绿柱买进，在最长红柱后的那个缩短的红柱卖出，是获得最大利润的方法。若 DIF 处于 0 轴之下，那么在最长绿柱之后的那个缩短的绿柱买进后，很可能没有好的卖点。为什么呢？因为在空头市场中，绿柱缩短只说明跌势减

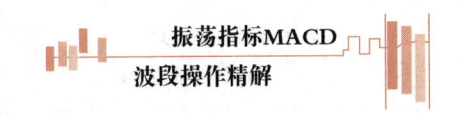

弱或小反弹的开始，往往没有多少获利空间，主要的空头市场并没有结束，会出现跌了又跌的情况。这些情况，在后面的具体例子中会有更详细的说明。

柱状线的收敛与发散

MACD 柱状线的重要作用就是通过研究它的收敛和发散来找出市场变化的转折点，以此作为波段操作依据。

MACD 柱状线的收敛表示，DIF 在靠近 DEA，DIF 的拉动作用在减弱，市场在原方向的能量在减弱；MACD 柱状线的发散表示，DIF 在远离 DEA，DIF 的拉动作用在增强，市场在原方向的能量在增大。MACD 柱状线的长度表现出了市场力度的大小，当红柱线放大时表示上涨力量在增强，红柱线的长度越长，表示上涨力度越强；当绿柱线放大时表示下跌的力量在增强，绿柱线的长度越长，表示下跌力度越强。

红绿柱的收敛与发散表示市场短期趋势力量的转换，红柱与绿柱之间的转换表示市场短期多空力量的转换。这些转折点通常是短期的"买入信号"或"卖出信号"，包括两种情况：

（1）柱状线抽脚。

（2）柱状线缩头。

投资者应着重研究这两个有意义的转折信号。

"为学日益，为道日损。"

——《老子》

第二节　柱状线"抽脚"

MACD 柱状线在 0 轴之下时用绿色柱线表示，简称为"绿柱"。在下跌过程中，柱状线会在 0 轴之下不断向下发散，这是由于快线 DIF 带动慢线 DEA 向下运行，并且 DIF 不断远离 DEA。下跌动能在绿柱最长时达到最大，当绿柱线达到

最长并出现短于前一天的柱线时，就发生了"抽脚"，这说明市场的下跌动能开始减弱，短期内有转势的可能，如图 6-2 所示。

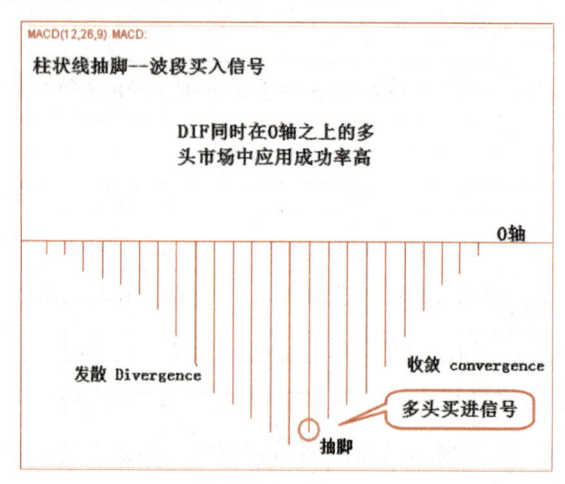

图 6-2 "绿柱抽脚"——波段买入信号

从图 6-2 中可以看出，MACD 柱状线指标在起始阶段，从 0 轴附近开始不断向下伸长，指标值为负值，每一日的指标值都小于前一日的指标值，这是柱状线发散的过程。直到某一日，指标值开始向上抽短，这个位置是短线向上的开始，抽脚的位置是多头的买入信号。此后，指标值开始大于前一日的指标值，这是柱状线收敛的过程，这是由于 DIF 开始向 DEA 靠近造成的。

以抽脚作为波段买点，可以分为两种情况，一种是 MACD 在多头市场的抽脚，一种是 MACD 在空头市场的抽脚。经验丰富的投资者会更注重把握在多头市场发生的抽脚，因为从长期的多次交易经验来看，多头市场的抽脚买入信号的成功率显然更高。

可以这样说，多头市场的抽脚可以看作是上涨的开始；而空头市场的抽脚通常只是止跌，要知道，止跌是可以不涨的，多数情况是在低位震荡后继续下跌。所以说，一定要注意看大势做小势。

在大势处于多头市场时，以抽脚为依据买入后，趋势投资者可以继续跟踪趋势，做到"有风驶尽帆"。当柱状线在 0 轴下，由绿柱不断接近 0 轴，最终出现红柱时，说明市场开始进入短期的多头。由绿柱收敛转为红柱发散，多头突破了多空分界线，是"多头的胜利"。这个位置是顺势加仓的好机会，如图6-3所示。出现红柱时应伴随成交量的放大，如果成交量没有明显放大，则可能是反弹的高位，投资者需要注意突破时量的配合。

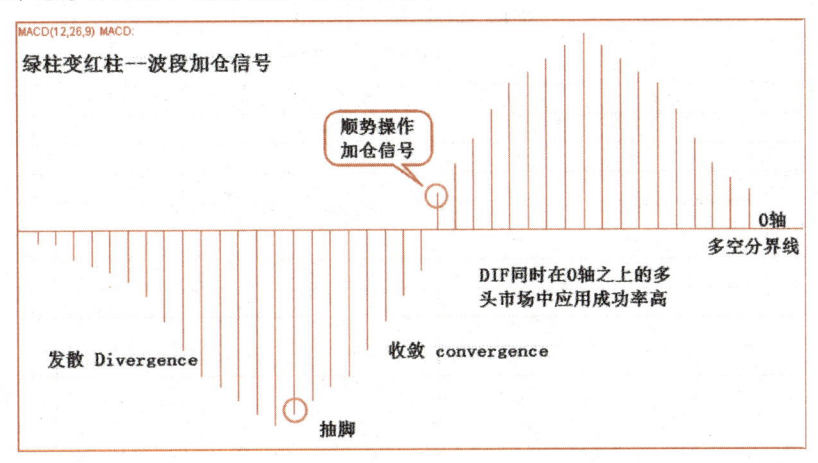

图6-3 "绿柱变红柱"——波段加仓信号

图6-3中所示的加仓位置是风险小回报高的买入信号，这个信号要比抽脚买点可靠，绿柱抽脚是跌势减弱，而红柱的出现则标志着涨势的开始。

在个股国阳新能（600348）中应用MACD柱状线"绿柱抽脚"买点和"绿柱变红柱"顺势加仓买点进行波段操作，如图6-4所示。

从图6-4可以看到，该股的DIF指标处于0轴之上，这表示市场是以多头为主；MACD指标柱状线在0轴之下发散，表明市场上涨趋势减弱，开始进入调整；直到图中标注的A点处，柱状线发生了抽脚，这预示着调整很可能结束，马上要重回涨势，投资者在这里应该及时地买进部分仓位；此后，绿柱线向0轴方向收敛，这表示下跌动能进一步在减弱；直到图中所示的B点处，柱状线突破0轴，由绿柱变为红柱，这一日的成交量也明显放大，这表明市场中短线的多头战胜了空头，市场的中期与短期都以上涨为主，这就是常说的共振点，这个位置是绝佳的顺势加仓买点；此后红柱线开始发散，表示多头进一步增强优势，该股一路上涨。

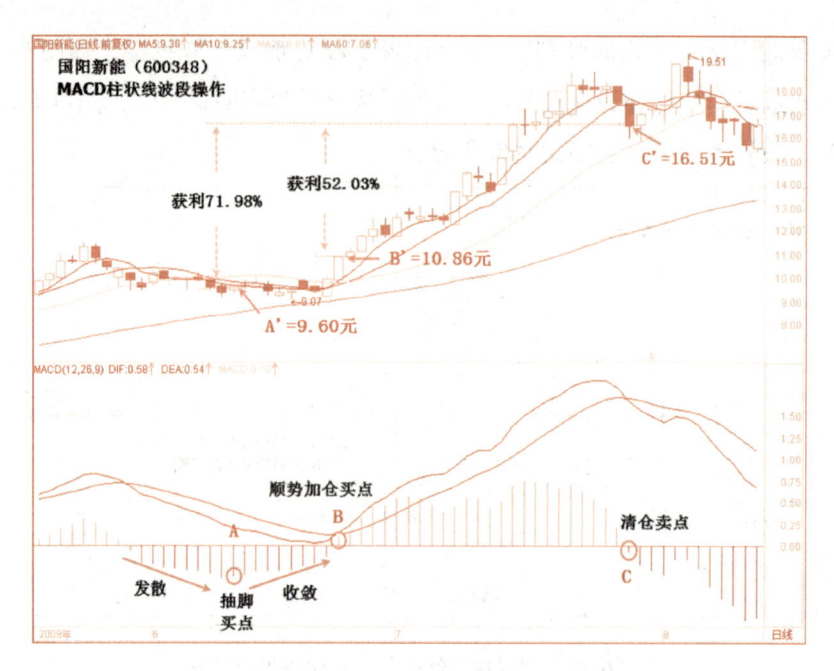

图 6-4　国阳新能（600348）MACD 柱状线波段操作

下表 6-1 列出了图中买点 A、B 对应的 A′、B′的价位，及后面要讲到的清仓卖点 C 及 C′对应的价位，从表中可以看到，A 点的抽脚买点买入后获利达71.98%，B 点的加仓买点买入后获利 52.03%，A 点的获利多于 B 点，那么是否说明 A 点是比 B 点更好的买点呢？

表 6-1　　　　　　　国阳新能（600348）波段买卖点

买入依据	买入时间	买入价位	卖出依据	卖出时间	卖出价位	获利	幅度
抽脚买点	20090610	9.6	绿柱清仓	20090729	16.51	6.91	71.98%
红柱买点	20090624	10.86	绿柱清仓	20090729	16.51	5.65	52.03%

我们认为，比较买点的优劣不能只看盈利幅度，还要看对应的风险。在 A 点，买入后，股价并没有立即上涨，而是继续调整了一段时间，而在 B 点买入后，股价马上拉升，之后也是明显的不断创新高。因此，A 点是止跌点，而 B 点是起暴点，如果 A 的上涨概率是 60% 的话，那么 B 的概率应该在 80% 左右，基本是买了就涨。这样看来，买点 A 虽然获得了更多的利润，但在效用上来看，并

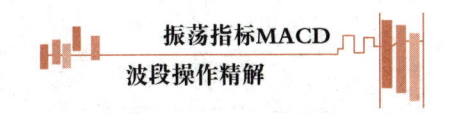

不如买点 B。

运用柱状线作为依据判断买点时应注意以下几点：

(1) 从运用效果上来看，DIF 线在 0 轴上方和 0 轴附近的成功率较高。

(2) DIF 线在 0 轴下方运用时，需要注意使用止损单。

(3) "绿柱变红柱" 买点比 "绿柱抽脚" 买点成功率高且更稳健。

(4) "绿柱变红柱" 买点需要同时伴随成交量明显放大。

"海龟交易法则没有给交易员留下一点主观想象决策的余地。"

——海龟交易法则

第三节　柱状线 "缩头"

MACD 柱状线在 0 轴之上时用红色柱线表示，简称为 "红柱"。在上涨中，柱状线会在 0 轴之上不断向上发散，这是由于快线 DIF 带动慢线 DEA 向上运行，并且 DIF 不断远离 DEA。上涨动能在红柱最长时达到最大，以最长柱线为分界点，之前的柱线依次伸长，之后的柱线依次缩短，这就发生了红柱的 "缩头"，这说明市场的上涨动能开始减弱，短期内有转势的可能，如下图 6-5 所示。

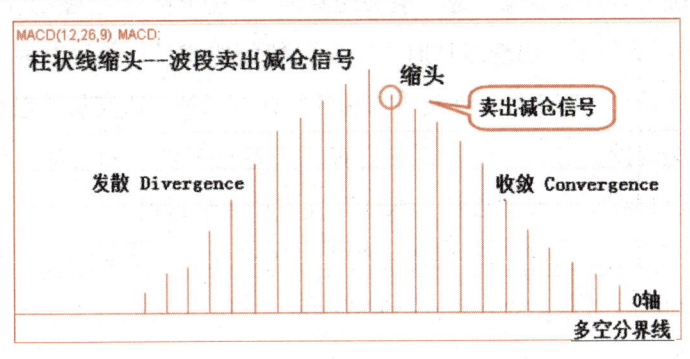

图 6-5　"红柱缩头" ——波段卖出减仓信号

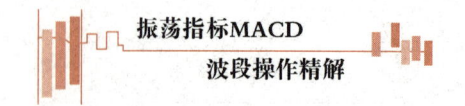

从图6-5可以看出，MACD柱状线指标在起始阶段，从0轴附近开始不断向上伸长，指标值为正值，且不断增大，这是柱状线发散的过程。直到某一日指标值达到最大，之后指标线开始向下缩短，这个位置是短线转势的临界点，"红柱线缩头"是多头的减仓卖出信号。此后，指标值开始小于前一日的指标值，这是柱状线收敛的过程，这是由于DIF开始向DEA靠近造成的。

以红柱线缩头作为波段卖点，可以分为两种情况，一种是MACD在多头市场的缩头，一种是MACD在空头市场的缩头。对于发生在多头市场中的缩头，投资者应依据市场所处的位置做不同的处理，最明显的例子是，如果缩头发生在市场放量上涨的大牛市中，但市场并没有明显的调整迹象时，可以以持股为主，只有同时破位时再考虑减仓；如果缩头发生在市场缩量上涨时，即使价格没有明显下跌，稳健的投资者也可以适当做减仓操作，以保住大部分利润。而对于发生在空头市场的缩头，如果投资者持有仓位，应该以无条件减仓操作为好，控制风险是比追求利润更要紧的原则。

可以这样说，多头市场的缩头可以看作涨势在减弱，但不一定会跌；而空头市场的缩头通常是新的一轮下跌的开始。

在量价背离的上涨末期，以缩头为依据减仓卖出后，投资者要注意随后可能出现的"红柱变绿柱"清仓卖出信号。当柱状线在0轴上，由红柱不断接近0轴，最终出现绿柱时，说明市场开始进入短期的空头。由红柱收敛转为绿柱发散，空头突破了多空分界线，是"空头的胜利"。这个位置是无条件清仓离场的信号，如图6-6所示。出现绿柱时不一定要伴随成交量的放大，因为下跌并不一定需要成交量，尤其是发生在空头市场的红柱变绿柱，成交量一般没有明显变化。这里要提醒投资者，一般在顶部会有"天量见天价"的特征，放出历史巨量可作为"红柱缩头"和"红柱变绿柱"卖点的可靠依据。

图6-6中所示的清仓信号要比缩头卖点更可靠，红柱缩头是涨势减弱，而绿柱的出现则标志着跌势的开始，一波强劲的上涨中，可能发生多次红柱缩头卖点，而只发生一次红柱变绿柱卖点。

在个股一汽夏利（000927）中应用MACD柱状线"红柱缩头"减仓卖点和

"红柱变绿柱"清仓卖点进行波段操作,如图6-7所示。

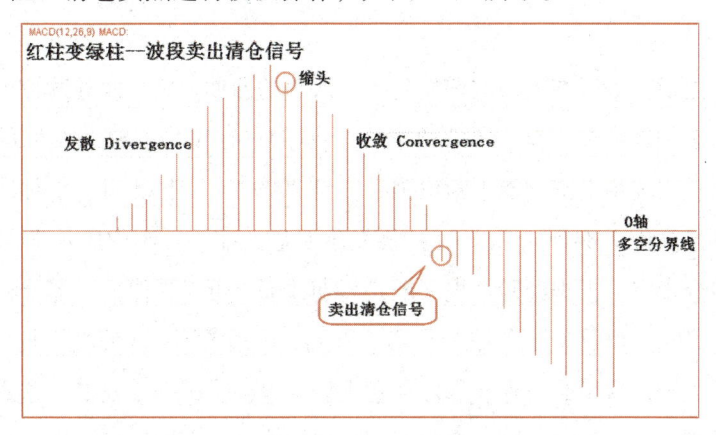

图6-6 "红柱变绿柱"——波段卖出清仓信号

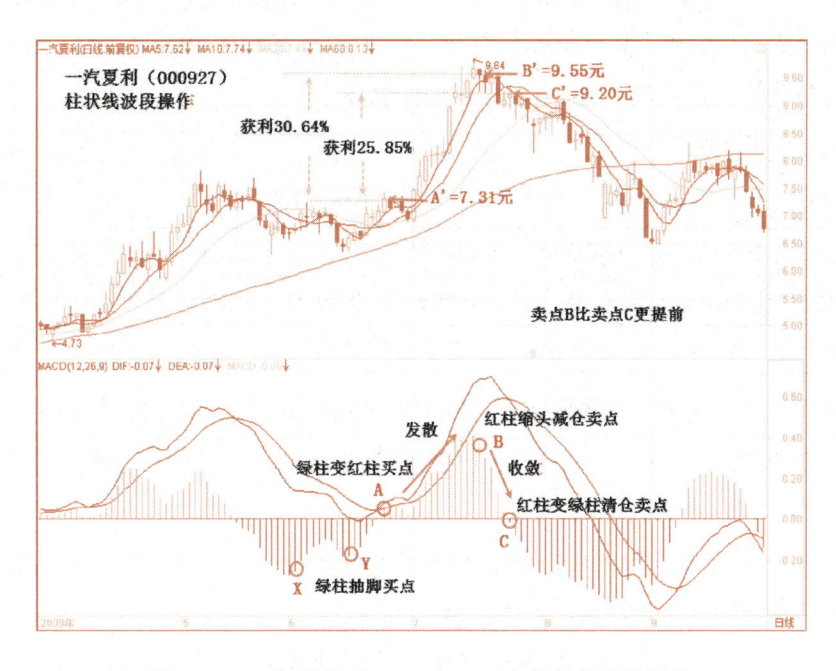

图6-7 一汽夏利(000927) MACD柱状线波段操作

从上图可以看到,该股的DIF指标在0轴之上,表示市场是以多头为主。图中标注的X与Y是前面讲到过的两个买点——绿柱抽脚买点,这里发生了两次

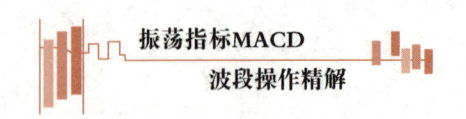

抽脚，事实证明绿柱变红柱买点比绿柱抽脚买点更可靠，我们采用绿柱变红柱买点，在图中 A 处。

在买入之后，该股在突破之前发生了一次小的回抽，之后便连续拉出大阳线上涨，这个形态是经典的"老鸭头"形态。上涨的过程也是红柱线发散的过程，红柱线依次伸长，表示上涨动能不断增强，直到 2009 年 7 月 15 日，红柱线达到最大值，价格创最高价 9.84 元。次日红柱线发生明显的缩头，图中所示 B 处，这里是红柱缩头减仓卖点，根据经验这里一般是短期顶部，可以先保护一部分利润。

在减仓之后，红柱线不断缩短，到 C 点处，出现了第一个绿柱，柱线由 0 轴之上转入 0 轴之下，这里是清仓卖点。在卖出后，绿柱线进一步发散，这是股票下跌的过程。从图中我们看到，这两个卖点很好地把握住了一波行情的顶部卖出机会。

下表 6－2 列出了图中买点 A 对应的价位 A′，及卖点 B、C 对应的价位 B′和 C′，从表中可以看到，B 点依据红柱缩头作为卖点获利达 30.64%，C 点依据红柱变绿柱作为卖点获利 25.85%，B 点的获利多于 C 点，那么是否说明 B 点是比 C 点更好的卖点呢？

表 6－2　　　　　　一汽夏利（000927）波段买卖点

买入依据	买入时间	买入价位	卖出依据	卖出时间	卖出价位	获利	幅度
绿柱变红柱	20090624	7.31	红柱缩头	20090716	9.55	2.24	30.64%
绿柱变红柱	20090624	7.31	红柱变绿柱	20090723	9.2	1.89	25.85%

我们认为，比较卖点的优劣也不能只看盈利幅度，还要看信号的稳定性。为了便于说明我们看下面一个以同样的买卖依据进行的波段操作，应用在个股云铝股份（000807）中如图 6－8 所示。

图 6－8 中的 A、B 和 C 点与之前例子的操作依据是一样的，但最后的盈利结果却有所不同。我们看表 6－3 的波段买卖统计。

表 6－3　　　　　　云铝股份（000807）波段买卖点

买入依据	买入时间	买入价位	卖出依据	卖出时间	卖出价位	获利	幅度
绿柱变红柱	20090709	9.13	红柱缩头	20090729	14.12	4.99	54.65%
绿柱变红柱	20090709	9.13	红柱变绿柱	20090810	16.03	6.9	75.58%

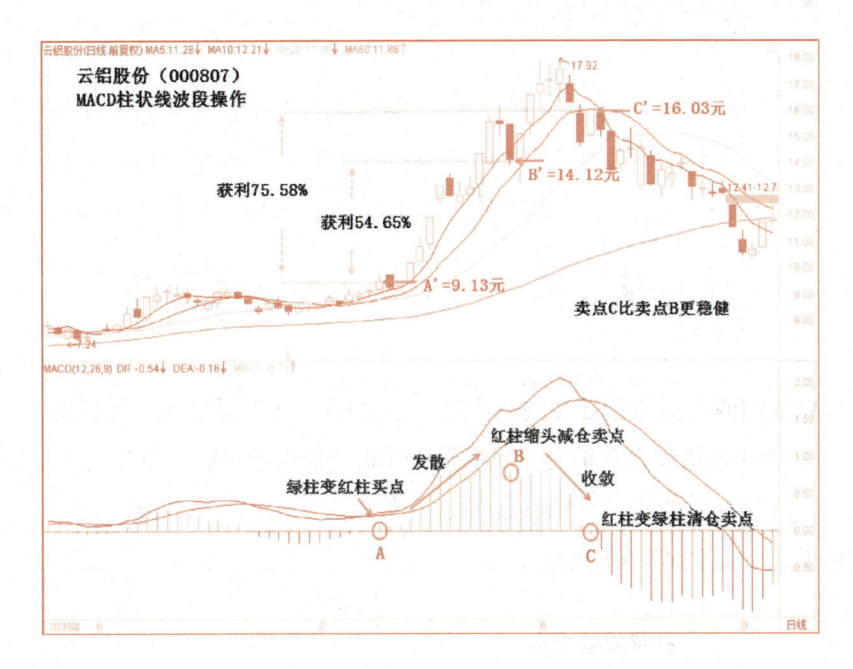

图 6-8 云铝股份（000807）MACD 柱状线波段操作

结合图 6-8 和表 6-3，我们看到，红柱缩头卖点获利 54.65%，而红柱变绿柱卖点获利达 75.58%，与前面的例子不同，这次卖点 C 的获利幅度高于了卖点 B 的获利。同样的操作依据，效果为什么不同呢？细心的投资者可能会想到，多头市场中的红柱缩头卖点与空头市场中的绿柱抽脚买点是否有一些相似的道理呢？是的，空头市场中的绿柱抽脚止跌可以不涨，同样的道理，多头市场中的红柱缩头止涨也可以不跌。投资者一定要好好理解上面这句话，这是对柱状线理解的一个关键。柱线反应了涨跌的力道，收敛只能说明是力道减弱，但并没有转向，它增大了转向的可能，但仍然是在减速朝原方向运行！

因此，从图 6-7 与图 6-8 中的卖点 B 与卖点 C 的比较来看，卖点 C 比卖点 B 更稳健。简单来说，卖点 B 是上涨力道减弱的卖点，卖点 C 是下跌开始的卖点，如果卖点 B 的短线下跌概率是 60%，那么卖点 C 的下跌概率应该在 80% 左右，卖点 C 基本是卖了就跌，C 点卖出成功率更高。

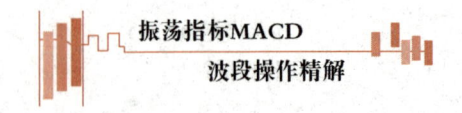

"优秀的投机家们总是在等待,总是有耐心,等待着市场证实他们的判断。要记住,在市场本身的表现证实你的看法之前,不要完全相信你的判断。"

——华尔街传奇大作手 杰西·利弗莫尔(Jesse Livermore)

第四节 柱状线的杀多棒与逼空棒

柱状线的两个极具特征性的运用是"杀多棒"与"逼空棒"的运用。

当MACD柱状线在0轴之下回抽到0轴附近但没能突破0轴反而又开始向下发散时,开始发散的第一个绿柱线便是"杀多点",而"杀多棒"是"杀多点"对应的K线,见图6-9所示。

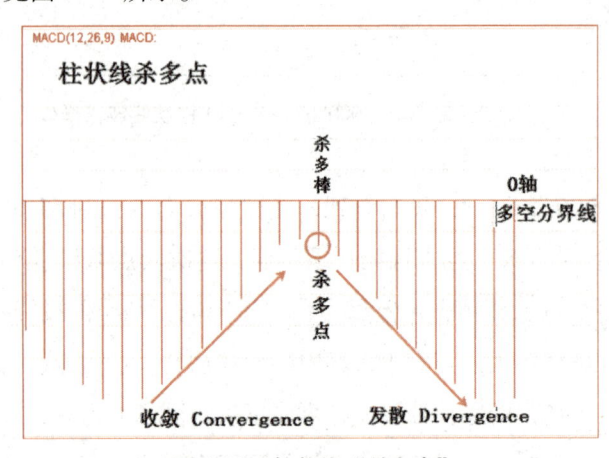

图6-9 柱状线"杀多点"

从图6-9可以看到,柱状线在0轴之下是用绿柱表示,绿柱线在0轴之下收敛到0轴附近,收敛的过程是空头力道减弱和多头开始复苏的过程,但它并没能突破0轴,中期的空头趋势没能改变,绿柱线在0轴附近又开始向下发散,"杀多点"是短期和中期空头的共振点,也是由空头减弱到空头加剧的临界点。这就像是过山车走到了顶部又开始加速下滑。

从杀多点开始往往会放量以更快的速度下跌,所以称为杀多点,多头在这之

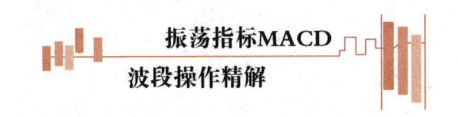

后找不到好的出场点，投资者一定要在杀多点出现之前出掉大部分持仓，在杀多点无条件清仓离场。

杀多点对应的K线是杀多棒，其特征通常是放量的实体大阴线。

由DIF的位置可以将杀多点分为两种情况，分别是DIF位于0轴附近的杀多点和DIF位于0轴之下的杀多点，我们通常所说的杀多点一般指的是前者。因为这时投资者往往还沉浸在多头思维中。前者一般发生在头肩顶形态的右肩位置，或下跌浪的C浪起始位置。投资者对这些下跌概率较大，风险较高的位置一定要多加注意。

DIF位于0轴附近的"杀多棒"与"杀多点"运用在个股华域汽车（600741）中，如下图6-10所示。

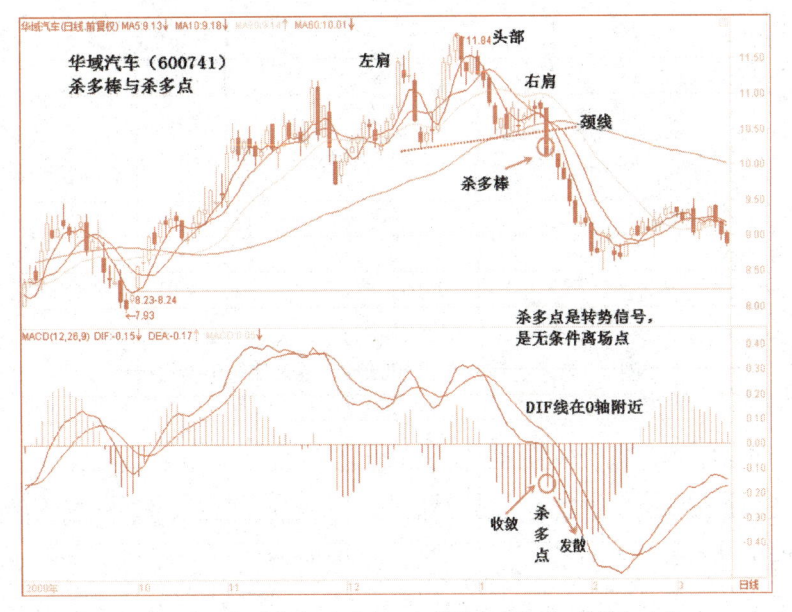

图6-10　华域汽车（600741）"杀多棒"与"杀多点"

从图6-10中可以看到，在该股的走势图中，DIF在0轴附近时，MACD柱状线在0轴下由绿柱收敛到0轴附近，但没有突破0轴，又变为绿柱发散，由收敛到发散的转折点就是图中用圆圈标出的杀多点。再看对应的K线图，杀多点对应的K线是杀多棒，经验丰富的投资者会注意到，杀多棒正好是突破头肩顶形态颈线位的那根K线，图中标出了头肩顶形态以及颈线。杀多棒是放量跌破颈线的

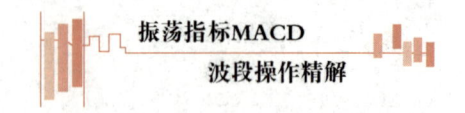

转势信号，这里宣告顶部的成立，在杀多点应该无条件离场。从图中也可以看到，在杀多点之后，该股开始快速下跌。

DIF 位于 0 轴之下的"杀多棒"与"杀多点"运用在个股上海汽车（600104）中，如下图 6-11 所示。

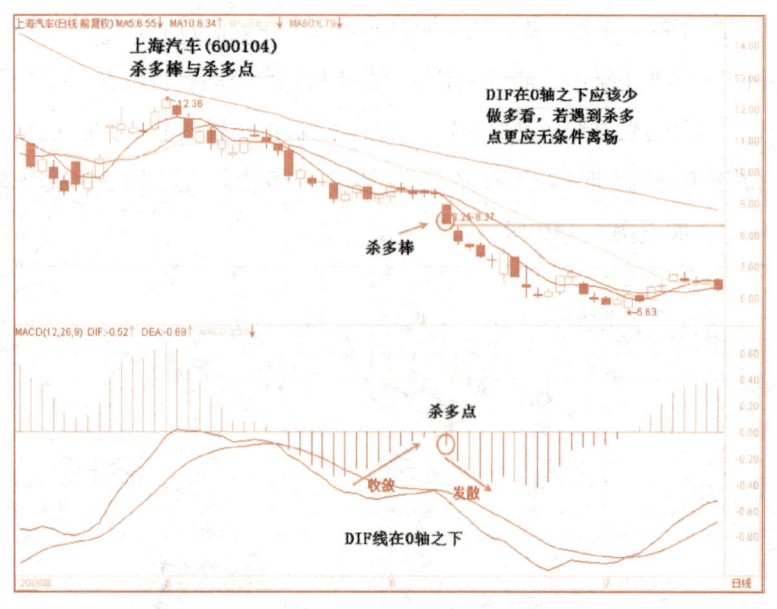

图 6-11　上海汽车（600104）杀多棒与杀多点

从图 6-11 中可以看到，DIF 位于 0 轴之下时，MACD 柱状线在 0 轴之下由绿柱收敛到 0 轴附近，但没有突破 0 轴，又变为绿柱发散，由收敛到发散的转折点就是图中用圆圈标出的杀多点。再看对应的 K 线图，杀多点对应的 K 线是杀多棒，又是一个实体的破位阴线。DIF 在 0 轴之下时，投资者应该少做多看，这时是空头为主的市场，做多机会非常之少。在遇到杀多点时，若是由于某种原因当时正好持有仓位，应以清仓操作最为合理。图中的杀多棒是放量跌破前期低点的 K 线，是新一轮下跌的开始。在杀多点之后，该股再一次进入漫漫熊途。

前面介绍了柱状线的两个极具特征性的运用之一——"杀多棒"，下面将详细介绍另一个特征应用——"逼空棒"。在只能做多盈利的 A 股中，多头市场的操作是重中之重，这是决定盈利的关键。

"逼空"通常发生在极度狂热的多头市场中，它让空头无处遁形，在 A 股中，空头不能进行真正意义上的做空操作，先借证券卖出的融券业务对于普通中小投资者还不能操作，所以空头只能用脚投票，看空就退出观望。而在可以做空的期货和外汇市场中，"逼空"通常被称为"轧空"，是指空头认为市场会进一步下跌并在高位放空卖出证券，准备在低位买进平仓获利，可是市场并没有进一步下跌，而使空头不得不在更高价位买进平仓，进而使证券价格被空头的平仓操作抬得更高，造成空头之间相互倾轧。

在 A 股中，"逼空"可以更通俗地解释为通常所说的"假摔"现象，即股价在突破之前，进行一个回调动作，这是使很多投资者误认为市场会进一步下跌的"假动作"，投资者卖出股票后，股票却并没有进一步下跌反而以更强劲的势头拉升，使得看空者不得不在相对于起初的卖出价位更高的位置买回来，空头的回补使得股价快速上涨，这就造成了 A 股市场的"逼空"。

"逼空棒"是"逼空点"对应的 K 线，"逼空点"是指当 MACD 柱状线在 0 轴之上回抽到 0 轴附近但没能向下突破 0 轴反而又开始向上发散时，开始发散的第一个红柱线，见图 6－12 所示。

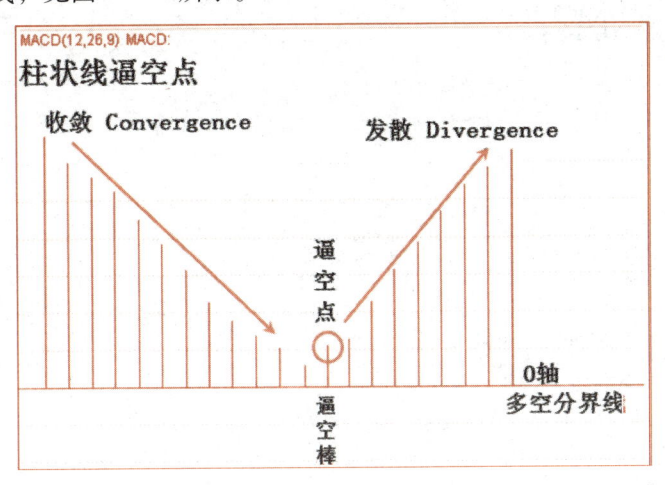

图 6－12 柱状线"逼空点"

从图 6－12 可以看到，柱状线在 0 轴之上用红柱表示，红柱线在 0 轴之上收敛到 0 轴附近，收敛的过程是多头力道减弱和空头开始复苏的过程，但它并没能

向下突破0轴，中期的多头趋势没能改变，红柱线在0轴附近又开始向上发散，"逼空点"是短期和中期多头的共振点，也是由多头减弱到多头增强的临界点。这就像是过山车走到了底部又开始加速上升。

从逼空点开始往往会放量以更快的速度上涨，使得空头在这之后找不到好的入场点，所以称为逼空点，投资者一定要在逼空点出现前开始介入，坐等拉升，否则在逼空点后，股价扶摇直上，会更不敢出手，这便是常说的股价总是在犹豫中上涨。

逼空点对应的K线是逼空棒，其特征通常是放量的实体大阳线。

由DIF的位置可以将逼空点分为两种情况，分别是DIF位于0轴附近的逼空点和DIF位于0轴之上的逼空点。前者一般发生在第3上升浪开始的位置，后者一般发生在第5上升浪开始的位置。投资者对这些上涨概率较大，风险回报较好的位置一定要多加重视。

DIF位于0轴附近的"逼空棒"与"逼空点"运用在云天化（600096）中，如下图6-13所示。

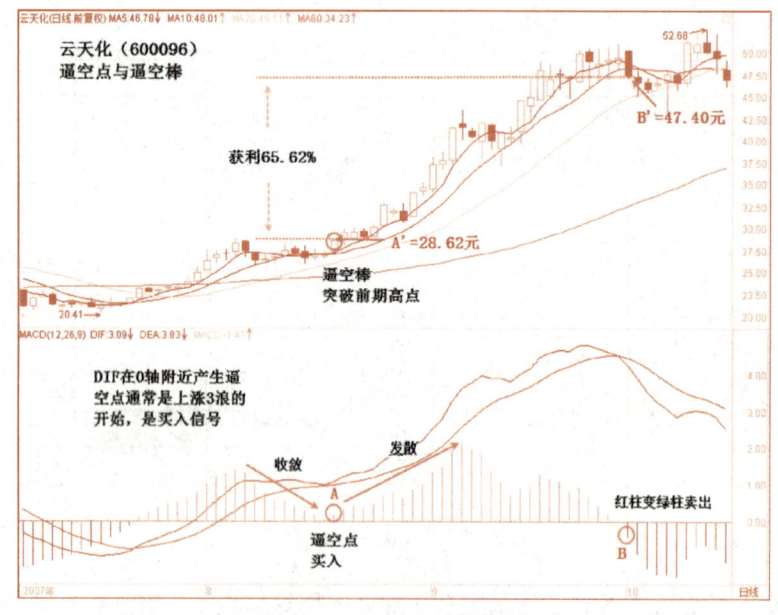

图6-13 云天化（600096）"逼空棒"与"逼空点"

从图 6-13 中可以看到，在该股的走势图中，DIF 在 0 轴上方附近时，MACD 柱状线在 0 轴上由红柱收敛到 0 轴附近，但没有突破 0 轴，又变为红柱的发散，由收敛到发散的转折点就是图中用圆圈标出的"逼空点"。再看对应的 K 线图，逼空点对应的 K 线是逼空棒。熟悉波浪理论的投资者可能会注意到，在图中，逼空棒正好是日线级别上涨 3 浪的起点。

逼空棒前面是一个小的调整，如果看空的投资者在这里卖出股票，将会在逼空棒产生之后后悔不及。从 K 线形态上来看，它是一个实体的放量阳线，突破了前期高点。在此之后股价大幅拉长，看空的投资者将被迫在更高的价位回补。

这是一个发生在上涨 3 浪起点的逼空实例，下面来看一个发生上涨第 5 浪的逼空实例。

DIF 位于 0 轴之上高位的"逼空棒"与"逼空点"运用在个股中金黄金（600489）中，如下图 6-14 所示。

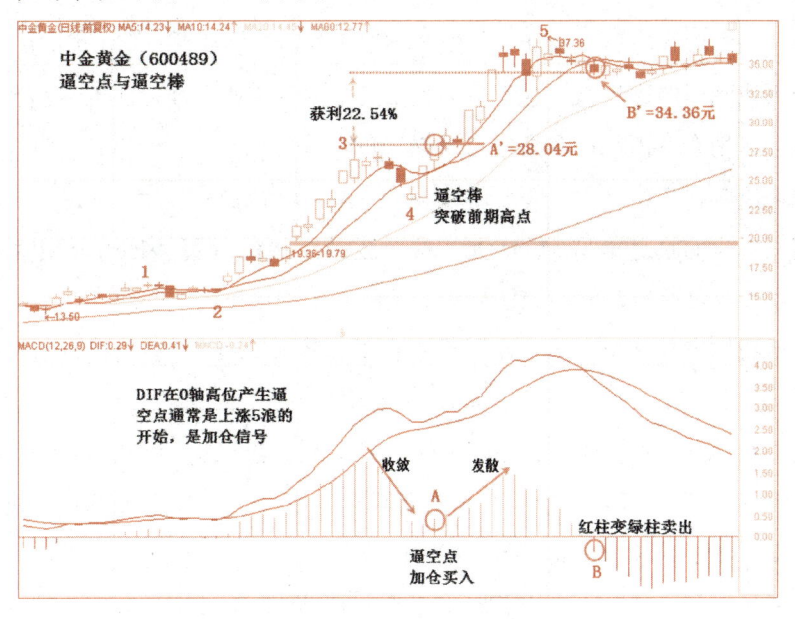

图 6-14　中金黄金（600489）"逼空棒"与"逼空点"

从图 6-14 中可以看到，DIF 位于 0 轴之上高位，MACD 柱状线在 0 轴之上由红柱收敛到 0 轴附近，但没有突破 0 轴，又变为红柱发散，由收敛到发散的转

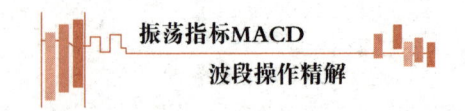

折点就是图中用圆圈标出的逼空点。再看对应的 K 线图，逼空点对应的 K 线是逼空棒，又是一个向上突破前期高点的阳线。DIF 在 0 轴之上时，投资者应该以持股做多为主，这时是多头为主的市场，正是做多的好时机。在遇到逼空点时，若是由于某种原因当时空仓，应以适当仓位介入。

DIF 在 0 轴之上高位产生的逼空点往往是第 5 上涨浪的起点，第 5 浪通常是比第 1 浪和第 3 浪更快速的拉升，这时的市场处于极度狂热的多头氛围中，很多投资新手也开始义无反顾地进入市场，而作为经验丰富的投资者，在这时应多一份理智，一方面要追随趋势，另一方面要避免在高位加重仓。与第 5 浪的快速拉升相对应的是见顶后快速下跌的 A 浪，所以在第 5 上升浪的加仓一定要适量，并随时准备退出。

在图 6-14 中，用数字 "12345" 标出的是上升 5 浪的终点。逼空棒 A′发生在 2009 年 6 月 17 日，价位是 28.04 元，这一天的 K 线突破了 3 浪高点，突破之后是连续的大阳线拉升，这让在 4 浪调整浪中的看空者很难介入，因为一旦卖出就很难再找到好的进场点。这就是第 5 浪的特点，快速上冲，而不给踏空者好的进场机会，稍有不慎就有在高位"站岗"的危险。

最终该股在 7 月 7 日，MACD 指标的柱状线由红柱变为绿柱，发出卖出信号，当天对应的收盘价是 34.36 元，这一波操作共获利 22.54%。卖出后，该股 MACD 指标经过一段时间的绿柱横盘，随后是一波快速的下跌。

最后我们来看一个"逼空点"发生在第 3 浪和第 5 浪的综合波段操作实例，如图 6-15 所示。

从图 6-15 中可以看到，该股发生了多次逼空点，对应的买卖点操作如下表 6-4 所列出，图中 MACD 指标部分用圆圈标注的分别是逼空买点和红柱变绿柱卖点，K 线图中对应的是逼空棒与买卖价位。

表 6-4　　　　　大同煤业（601001）波段买卖点

买入依据	买入时间	买入价位	卖出依据	卖出时间	卖出价位	获利	幅度
逼空点	20090401	8.85	红柱变绿柱	20090522	17.43	8.58	96.95%
逼空点	20090427	13.93	红柱变绿柱	20090522	17.43	3.5	25.13%
逼空点	20090717	20.95	红柱变绿柱	20090805	23.6	2.65	12.65%

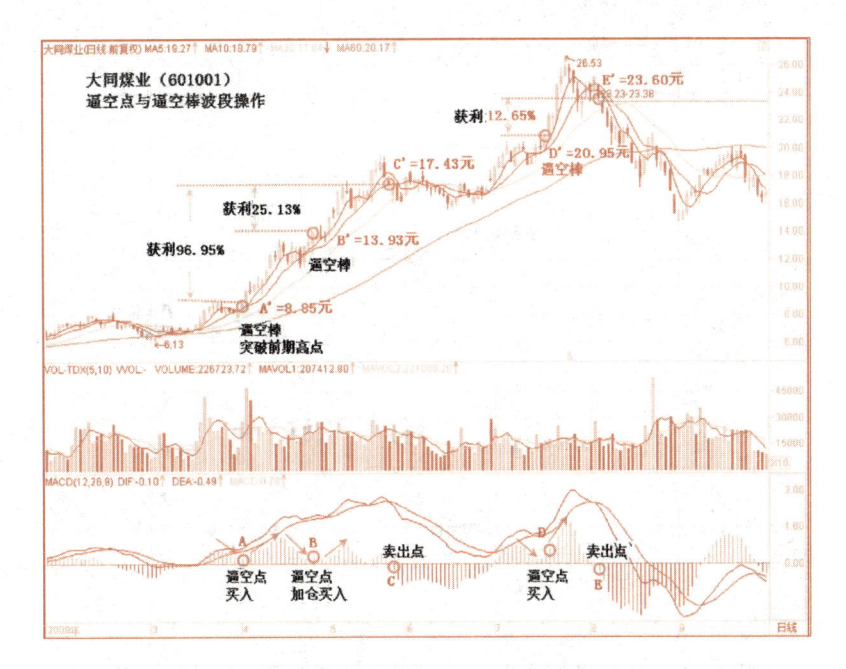

图 6-15　大同煤业（601001）日线图"逼空棒"与"逼空点"

结合表 6-4 和图 6-15，我们看到，在这波行情中，共进行了三次买入操作，第一次是逼空点 A，第二次是逼空点 B 加仓，他们共同的卖点是 C，分别获利 96.95% 和 25.13%。A 点是 3 浪起点，B 点是 5 浪起点，而 A 与 B 在更大一级别的 3 浪中，如果详细标注，则 A 点是 3-3 浪的起点，B 点是 3-5 浪的起点。D 点发生在 5-5 浪中，这是一波行情中最凌厉的上涨，是最疯狂的多头氛围，这一波获利 12.65%。这是一个利用逼空点作为买点的例子，逼空点是我们本书所讲的所有买点中安全性和胜率较高的买点，如果结合其他的买点，同样的走势可以获得更多的利润。

对于波浪的划分可以说是"千人千浪"，仁者见仁，智者见智，波浪理论能增加投资者对行情的把握概率，不要求精通，但适当了解有助于对行情发展过程和级别的理解，对提高操作与盈利水平会很有益处。

如果投资者遇到大的行情，可以通过放大 K 线周期来更清楚地观察趋势，下图 6-16，是上图 6-15 对应的周线图。

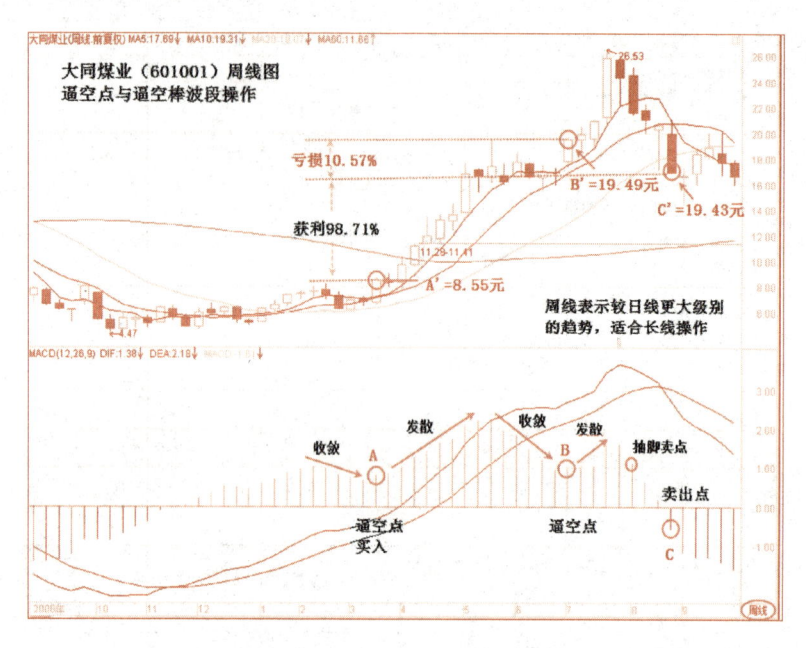

图6-16 大同煤业（601001）周线图"逼空棒"与"逼空点"

从图6-16中，我们可以看到，同样的股票同样是2009年3月到9月的一波行情，在周线图中看起来会更明确，DIF指标在多方，MACD指标红柱，这都说明应以持股为主，当出现绿柱时为卖点。操作其实很简单，放大周期，让操作次数减少，简单的方法其效果可能更好。

图中的A点是逼空点，对应的价位是A′8.55元，是周线级别的3浪上涨起点，B点是逼空加仓点，对应的价位是B′19.49元，是周线级别的5浪上涨起点，从周线上看大周期趋势更加一目了然。A点买入获利98.71%，B点买入亏损10.57%，亏损是因为周线图更平滑，利用红柱变绿柱卖点就有些滞后，投资者可以选择前面讲到的红柱抽脚用在周线上作为卖点，因为是周线（周期放大），所以抽脚卖点的可靠性会提高，这样就不会损失大部分利润。

周线图适用于使用较长操作周期的投资者，这样可以回避小的波动，但也会有较大的资金波动。投资者可以结合不同周期，找到适合自己的操作依据。

●● 盘后阅读之六　　鳄鱼法则

"鳄鱼法则"（Alligator Principle）是投资界中一个简单而有用的交易法则。世界上所有成功的证券投资人在进入市场之前，都在反复训练对这一原则的理解程度。"鳄鱼法则"源自于鳄鱼的捕食方式：猎物越试图挣扎，鳄鱼的收获越多。假定一只鳄鱼咬住你的脚；它咬着你的脚并等待你挣扎。如果你用手臂试图挣脱你的脚，则它的嘴巴便同时咬你的脚与手臂。你越挣扎就会陷得越深。所以，万一鳄鱼咬住你的脚，务必记住：你唯一生存的机会便是牺牲一只脚！

"想赢怕输"是人在市场中的本能反应。但是，不管赚多少，对于下次操作来说，都是一次100%，如果亏损50%就需要再赚100%才能回到初始水平，如果连续再亏50%，那么就需要再赚300%才能回到初始水平。一次大亏，足以输掉前面99次的利润，所以严格遵守止损纪律便成为确保投资者在风险市场中生存的唯一法则。止损是投资的一项基本功。

面对亏损，要冷静和客观的对待，有些投资者在亏损时总想回本后再出局，这是一种主观的想法，市场并不知道你在想什么，不知道你的买入成本。对待亏损要有一个策略，不能被动地接受，而导致越陷越深。

我们提倡波段操作，股市的上涨和下跌是不断循环的，但如果是"套"在一波大牛市的高位，那么就需要在下次大牛市才有可能"解套"，而且在这样的大循环期间，充满了不确定性。这就要求投资者在技术分析上，要对波段操作有深入的认识，在操作周期内开始下跌时，不管是盈利还是亏损都要止损离场。投资者在这时不妨问自己一个问题"如果我这时空仓，还会在这时买入吗"，如果答案是否定的，那么就要果断离场。投资者在持仓时往往失去客观的判断，这就需要在每次出手时都确定好出场点，并严格执行，一旦达到原计划的出场点，则不再抱任何幻想，果断卖出，为下次操作做准备。市场不会关门，机会总会有，

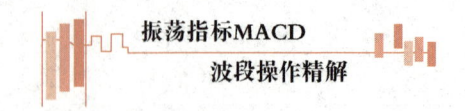

牛市走了总会再来，关键是我们要保存本金，像电影《瓦尔特保卫萨拉热窝》中瓦尔特那句经典的话："谁活着谁就看得见！"

"你可以在短时间内赔钱，但挣钱却需要很长的时间。"

——最具传奇色彩的基金经理 彼得·林奇（Peter Lynch）

第五节 单峰（谷）形态

柱状线形态

我们根据柱状线的图形特征将柱状线分为以下六种形态：单峰（谷）形态、双重峰（谷）形态、三重峰（谷）形态、汤匙形态、0轴之上（下）徘徊和顶（底）背离等。这六种形态概括了柱状线主要的有意义的形态，我们将分别介绍他们的图形特征、形成原因、操作对策和实战案例。

通过前面的内容，投资者已经了解了柱状线是由快线 DIF 和慢线 DEA 的差值计算得出的。从柱状线的长度、收敛与发散的角度、个数等方面可以判断 DIF 带动 DEA 的速度和力度，这也就反应了趋势发展的情况。红柱线发散的角度越陡，说明上涨力度越强；绿柱线发散的角度越陡，说明下跌力度越强；连续的红柱线越多，说明上涨持续时间越长；连续的绿柱线越多，说明下跌持续时间越长。

我们已经提到过市场会重演，但不会简单地复制。其原因是相同的市场阶段，投资者会拥有相似的投资心理和投资行为，但当前发生的又不可能和历史发生的完全一样，所以这些投资行为表现在行情图表上，就会呈现出某种不完全一样但又具有相似性的图形。经验丰富的投资者常有一种感觉，"历史惊人的相似"。

这种"历史惊人的相似"就是非周期性对称，对于有效的市场，市场会有

"记忆"功能,它的内部结构是由相同的"基因"组成,这个"基因"决定了市场不确定性中的部分确定性。投资者可能会发现,这个"基因"和波浪理论规则有些神似,可以说波浪理论规则粗略描述了这个"基因"的原理。市场是分形的,"5上3下"的规则再加上几条简单的铁律却能演化出无穷的模式。我们不能确定波浪理论就是真实地表现出了市场波动的本质规则,但能确定波浪理论是合乎市场波动规律的。如果市场是上帝,那么分形就是上帝的指纹。投资者需要认识到,市场不可能100%的确定,投资不完全是科学,更像是一门艺术。

传奇大作手杰西·利弗莫尔说过一句发人深省的话:"赌博和投机的区别在于前者对市场的波动押注,后者则等待市场不可避免的升和跌,在市场中赌博是迟早要破产的"。利弗莫尔所说的"不可避免的升和跌"就是市场中不确定性中的确定性部分,说起来有些拗口,但这确实是投资的精华之处。这些"不可避免的升和跌"是什么呢?他们就是总结出的市场的特征形态。利弗莫尔的时代没有个人计算机,不可能方便地获得股票行情图,但在他的心里一定有一张"不可避免的升和跌"的形态秘籍。

回到柱状线的形态上来,下面将要介绍的六种形态,是我们总结的形态秘籍,其中也会有"不可避免的升和跌"的形态。

单峰形态

柱状线的单峰形态如下图 6-17 所示。

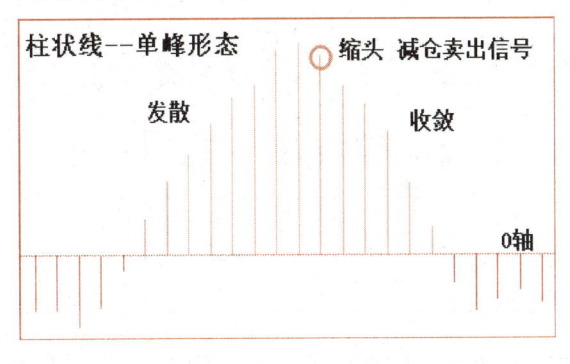

图 6-17 柱状线——单峰形态

形态特征：在0轴之上，一组与绿柱线相邻的红柱线经过一次发散和收敛所构成的像山峰一样的形态。

形成原因：短线一波持续的上涨造成的，柱状线单峰形态对应的K线也像柱状线一样呈山峰形态。多发生在市场分歧较大的位置，即震荡行情中，也就是波浪理论中的调整形态，也常发生在顶背离的一浪。

操作对策：单峰形态是由绿柱线隔断的一组红柱线，单峰两侧的绿柱是由于调整造成的，这说明整体的市场处于中期的震荡行情中，对于单峰形态的操作对策应该是把红柱线"缩头"看作减仓卖出信号，这时应适当减仓操作，如果单峰形态是发生在下降通道中，通常预示着一波反弹行情的结束，这时应清仓离场。

单谷形态

柱状线的单谷形态如下图6-18所示。

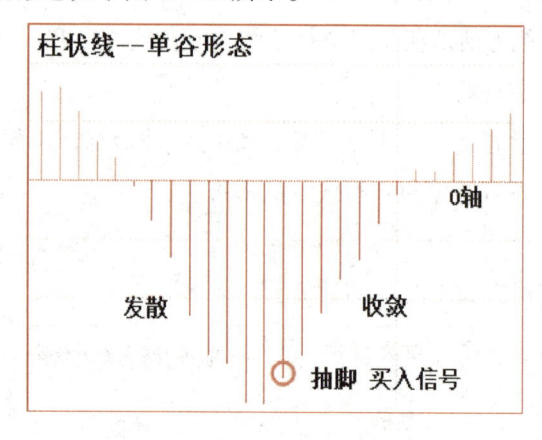

图6-18 柱状线——单谷形态

形态特征：在0轴之下，一组与红柱线相邻的绿柱线经过一次发散和收敛所构成的像山谷一样的形态。

形成原因：短线一波持续的下跌造成的，柱状线单谷形态对应的K线也像柱状线一样呈山谷形态。多发生在市场分歧较大的位置，即震荡行情中，也就是波浪理论中的调整形态，也常发生在底背离的一浪。

操作对策：单谷形态是由红柱线隔断的一组绿柱线，单谷两侧的红柱是由于短线上涨造成的，这说明整体的市场处于中期的震荡行情中，对于单谷形态的操作对策应该是把绿柱线"抽脚"看作短线谨慎的买入信号，这时应适当介入，如果单谷形态是发生在上升通道中，通常是抄底的好机会，如果单谷形态是发生在下降通道中，还是应少动多看，避免在高风险区域操作。

"人知云，非知之难，行之惟难；非行之难，终之斯难。"

——《贞观政要》

第六节　双重峰（谷）形态

双重峰

柱状线的双重峰形态如下图 6-19 所示。

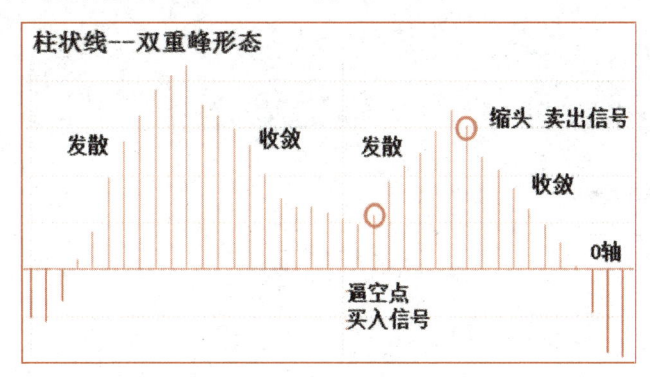

图 6-19　柱状线——双重峰形态

形态特征：在 0 轴之上，一组与绿柱线相邻的红柱线经过两次发散与收敛的过程，形成两个峰值，构成像两座山峰一样的形态。

形成原因：短线两波持续的上涨造成的，多发生在上升通道中的主升浪，柱

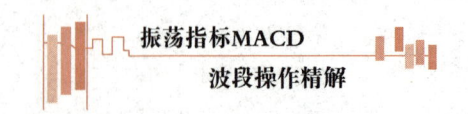

状线双峰形态对应的 K 线形态是"N"字形上涨，或发生在下降通道中的反弹浪，柱状线双峰形态对应的 K 线形态是"N"字形反弹。

操作对策：双重峰形态的持续时间可以构成一波中期上涨行情，在第一重峰后面的逼空点是买入机会，在形成第二重峰后的缩头是卖出机会。买入仓位可以通过 60 日均线（MA60）来确定，MA60 反映的是中期市场趋势，当 MA60 向上时，说明市场处于中期上涨中，可判断这时的双峰形态发生在一波中期行情的主升浪，这时的逼空点是绝佳买入机会，缩头时可适当减仓但可以继续持有部分仓位；当 MA60 向下或接近水平时，说明市场处于中期下跌或调整中，可判断这时的双重峰形态发生在一波中期下跌行情的反弹浪，这时的逼空点是谨慎的买入机会，缩头时最好清仓离场或卖出绝大部分仓位。

实例：

双重峰形态应用与比较实例见下面图 6－20 与图 6－21。

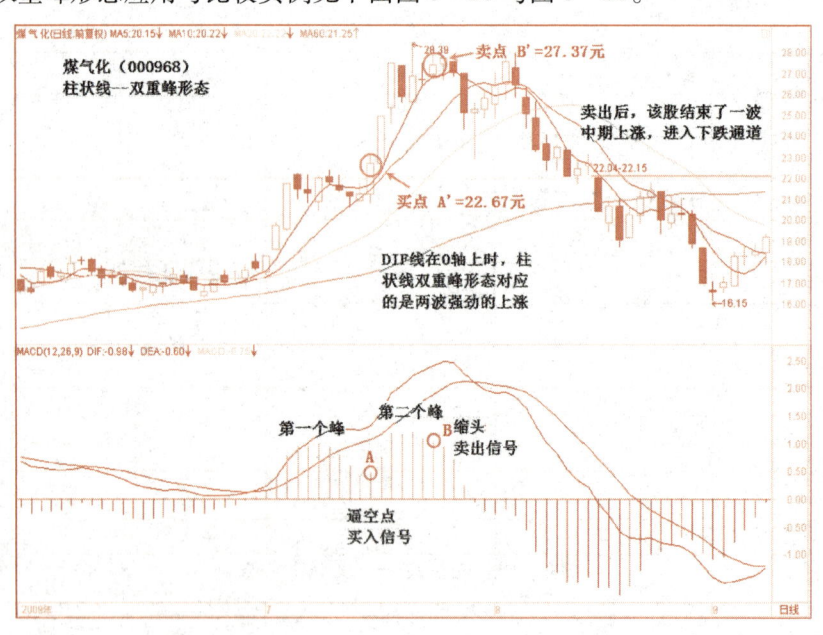

图 6－20　煤气化（000968）柱状线——双重峰形态

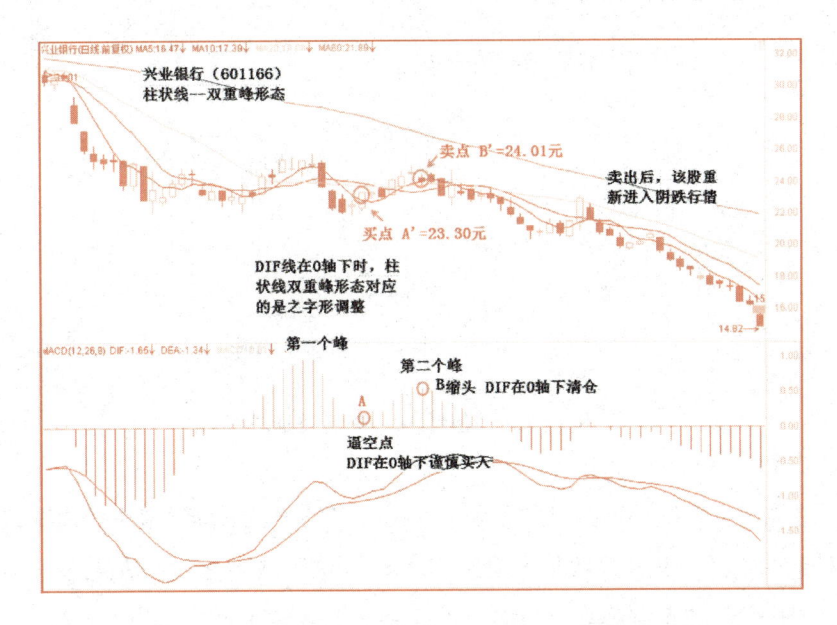

图6-21 兴业银行（601166）柱状线——双重峰形态

通过以上两幅图的比较，我们可以看到，由于DIF线的位置不同，同样的双重峰形态的意义也不同。在图6-20中，DIF线在0轴之上，当然MA60也是向上的，这时发生的双重峰形态是在主升浪中，是一波中期的上涨行情。在图6-21中，DIF线在0轴之下，这时MA60也是向下的，这时发生的双重峰形态是在下跌通道中的调整行情中，这时对于只能做多盈利的规则下的操作意义不大，即风险高而回报低。

所以说，当DIF线在多方时，双重峰形态的逼空点是很好的买入机会，双重峰后的缩头可以适当减仓，要防止可能有背离的一浪上涨而踏空。当DIF线在空方时，原则上应该减少参与，双重峰后的缩头以清仓出局为上策，空头的市场不宜做多。

双重谷

柱状线的双重谷形态如图6-22所示。

形态特征：在0轴之下，一组与红柱线相邻的绿柱线经过两次发散与收敛的过程，形成两个谷值，构成像两座山谷一样的形态。

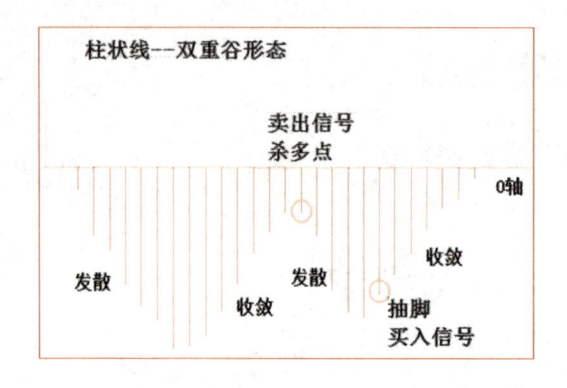

```
┌─────────────────────────────────┐
│    柱状线--双重谷形态            │
│                                 │
│           卖出信号               │
│           杀多点                 │
│                          0轴     │
│                                 │
│                      收敛        │
│    发散      发散                │
│         收敛      抽脚           │
│                  买入信号        │
└─────────────────────────────────┘

图 6-22　柱状线——双重谷形态

形成原因：短线两波持续的下跌造成的，多发生在下降通道中的主跌浪，柱状线双重谷形态对应的 K 线形态是倒 N 字形下跌；或者是发生在上升通道中的调整浪，柱状线双重谷形态对应的 K 线形态是倒 N 字形调整。

操作对策：双重谷形态的持续时间可以构成一波中期下跌行情，第一个波谷之后的杀多点是卖出机会，形成第二个波谷之后的抽脚是买入机会。买卖仓位可以通过 60 日均线（MA60）来确定，MA60 反应的是中期的市场趋势，当 MA60 向上时，说明市场处于中期上涨中，可判断这时的双重谷形态发生在一波中期上涨行情的调整浪，这时的杀多点是谨慎的卖出机会，抽脚时则是很好的买入机会；当 MA60 向下或接近水平时，说明市场处于中期下跌或调整中，可判断这时的双重谷形态发生在一波中期下跌行情的主跌浪，这时杀多点是卖出清仓机会，抽脚时可适当介入但要注意轻仓。

**实例：**

双重谷形态应用与比较实例见图 6-23 与图 6-24。

通过这两幅图的比较，我们可以看到，由于 DIF 线的位置不同，同样的双重谷形态的意义也不同。

在图 6-23 中，DIF 线在 0 轴之上，这时的 MA60 也是向上的，这时发生的双重谷形态发生在上升通道中，是一波中期的调整行情，这时出现的杀多点要谨慎卖出，因为在多头市场中，应以做多为主。形成第二个波谷之后，当出现抽脚
```

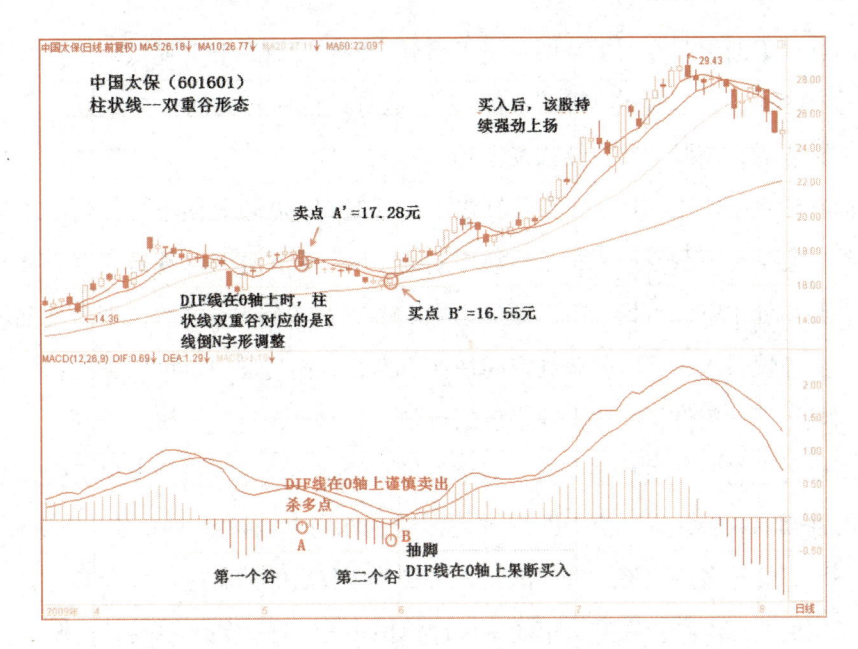

图 6-23　中国太保（601601）柱状线——双重谷形态

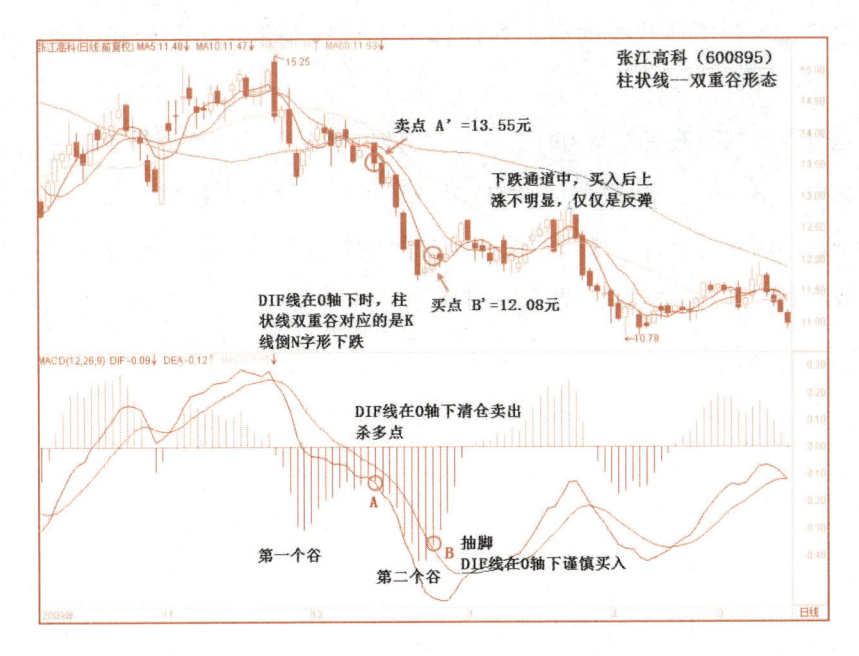

图 6-24　张江高科（600895）柱状线——双重谷形态

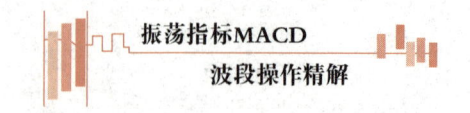

买点时，要果断大胆介入。从图中可以看到，调整没有跌破前期低点，抽脚预示着双重谷对应的倒 N 字形调整即将结束，这时是低风险高回报的买点。我们看到，在买入后，该股一路持续强劲上扬。

而在图 6-24 中，DIF 线在 0 轴之下，这时 MA60 也是向下的，这时发生的双重谷形态是在下跌通道中，是一波中期的主跌行情，这时出现的杀多点要坚决卖出，因为处于空头市场，应以做空为主。形成第二个波谷之后，当出现抽脚买点时，应谨慎买入，这时的获利空间往往不大，我们从图中也可以看到，买入后没有明显上涨，仅仅是一波大跌之后的反弹。

所以说，当 DIF 线在多方时，双重谷形态的杀多点是谨慎的卖出机会，双重谷后的抽脚要大胆介入。当 DIF 线在空方时，原则上应该较少参与。在空方时，双重谷形态的杀多点应该无条件离场，第二个波谷后的抽脚应以轻仓参与，注意可能发生的背离下跌。在空头市场中应谨慎做多，一旦做错，要及时止损。

双重峰与双重谷是最常见的三浪波动形态，先用 DIF 线或 MA60 均线来判定中期趋势，再利用柱状线的缩头和抽脚来进行逃顶和抄底是很好的波段操作技巧。

在日线上判断缩头和抽脚时，可能会出现"噪音"（由于伸长或缩短的幅度不够大而交错、频繁出现信号）的情况，对于"噪音"可以靠增加一两条简单的原则进行信号过滤，比如规定缩头和抽脚的幅度较前一根柱线大于一定的数值，或者利用 K 线突破 5 日线或 10 日线等。

"知人者智，自知者明；胜人者有力，自胜者强。"

——《道德经》

第七节　三重峰（谷）形态

三重峰形态

柱状线的三重峰形态如下图 6-25 所示。

图 6-25　柱状线——三重峰形态

形态特征：在 0 轴之上，一组与绿柱线相邻的红柱线经过三次发散与收敛的过程，形成三个峰值，构成像三座山峰一样的形态。最常见的是中间峰值高于两侧峰值的形态，我们把这种形态又称为"头肩顶"形态，这种形态很像汉字的"山"字，中间最高的峰为头部，左边的一个峰为左肩，右边的一个峰为右肩。

形成原因：短线三波持续的上涨造成的，多发生在上升通道中主升浪，柱状线三重峰形态对应的 K 线形态是呈紧凑的 5 浪结构的上涨。完全符合波浪理论上升浪的特点，即 1、3、5 浪为上升浪，2、4 浪为回撤调整浪，其中，3 浪最强，所以 3 浪的指标值最高形成头部。

操作对策：三重峰形态的持续时间可以构成一波中期上涨行情，其绝大多数情况下，发生在 DIF 线在多方时，因此每次红柱发散的第一根 K 线都是买入加仓点，在形成第三重峰后的缩头处是减仓卖出机会。三重峰形成后，收敛的最后一根红柱是最后一道防线，当出现第一根绿柱时，应果断离场观望。

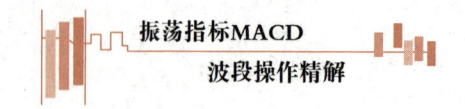

实例：

三重峰形态应用实例见下图6-26。

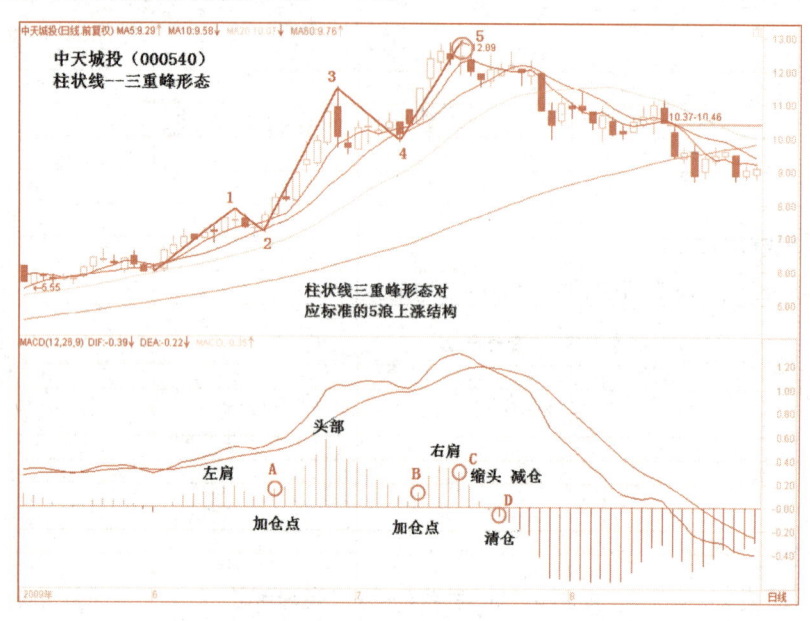

图6-26 中天城投（000540）柱状线——三重峰形态

从图6-26中可以看到，在2009年5月到8月间，该股的MACD柱状线形成了一波标准三重峰形态，对应的K线是标准的5浪上涨结构。图中用数字标出了5浪的上涨结构，在三个峰值中，中间的峰值最高，这也符合第3浪通常最强势的规则，所以这又是一个标准的头肩顶形态。三重峰的三次发散的起点都可以作为买入点，图中标出了A、B两次加仓点，原则上只在盈利的基础上加仓，决不能有摊平亏损的想法！图中C点是右肩缩头减仓点，而D点是红柱消失后出现的第一根绿柱，是无条件清仓离场点。

我们已经知道，红柱发散的第一根柱线是短线上涨的起始位置。利用红柱发散的第一根柱线作为买点，这是右侧交易方法，它表示在短线刚开始转势的地方顺势操作。

三重谷形态

柱状线的三重谷形态如下图 6–27 所示。

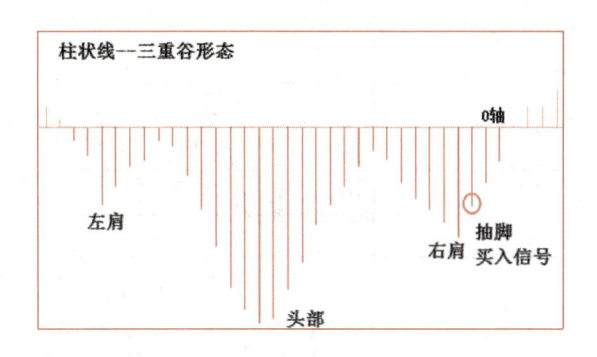

图 6–27　柱状线——三重谷形态

形态特征：在 0 轴之下，一组与红柱线相邻的绿柱线经过三次发散与收敛的过程，形成三个谷值，构成像三座山谷一样的形态。最常见的是中间低谷值低于两侧低谷值的形态，我们把这种形态又称为头肩底形态，中间最低的谷为头部，左边的一个低谷为左肩，右边的一个低谷为右肩。

形成原因：短线三波持续的下跌造成的，多发生在下降通道的主跌浪，柱状线三重谷形态对应的 K 线形态呈紧凑的 5 浪结构的下跌。1、3、5 浪为下跌浪，2、4 浪为回撤调整浪，其中，第 3 浪下跌疾速而猛烈，所以指标值最低形成头部。

操作对策：三重谷形态的持续时间可以构成一波中期下跌行情，其多数情况发生在 DIF 线在空方时，因此每次绿柱发散的第一根 K 线都是多头退出机会，在形成第三个低谷后的抽脚处是轻仓买入机会。三重谷形成后，当出现第一根红柱时，如果有盈利可以适当加仓。需注意使用止损保护。

实例：

三重谷形态应用实例见下图 6–28。

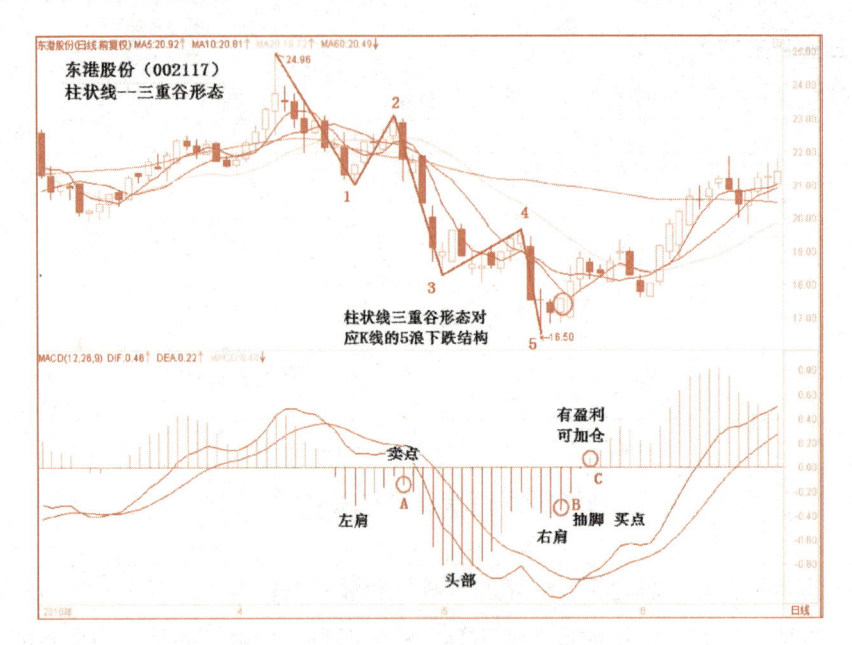

图6-28　东港股份（002117）柱状线——三重谷形态

从图6-28可以看到，在2010年4月到5月间，该股的MACD柱状线形成了一波三重谷形态，对应的K线是一波5浪结构的下跌。图中用数字标出了5浪结构，在三个低谷中，中间的低谷值最低，这也符合第3浪下跌通常最凌厉的惯例，所以这是一个头肩底形态。三重谷的三次发散的起点都可以作为卖出点，但通常在第一次发散的第一根绿柱应该已经清仓，如果还持有仓位，那么在第二次的发散起点，图中A点处，也应该不报任何幻想，果断离场。投资者还可以使用跟踪止损法，当股价从高点回撤超过一定幅度时果断出局。图中B点是右肩抽脚买点，当发生三重谷时，说明中期处于下跌行情中，这时的买点一定要清楚是反弹的买点，反弹目标一般不会超过三重谷形态下跌幅度的50%。图中的C点是绿柱消失后出现的第一根红柱，是短线的买点，这时在有盈利的情况下，可适量加仓。在出现下跌5浪后，市场的趋势已经由向上转为向下，此后的上涨都看作是反弹，而反弹的幅度通常不大，所以要注意使用止损，一旦做错，马上离场。

利用红柱发散的第一根柱线作为买点，是右侧交易方法，它是短线的顺势，在操作中还需注意中期的趋势，5浪下跌说明中期已经转为下跌趋势。所以说，三重谷形态后的买点是逆大势顺小势的买点，要清楚这时的风险要比顺大势操作时的风险更大，合理地控制仓位和使用止损能帮助投资者很好地控制风险。

三重峰与三重谷形态是强势中的常见走势，多于三重峰（谷）的走势比较少见，比如四重峰（谷），它产生于延长浪中，是过于强劲的走势。也有些四重峰（谷）是由于背离的一浪形成的。

根据波浪理论"5上3下"的规则，上涨分为5浪，下跌分为3浪，但在波浪理论中还可以有延长浪。所以，规则只是规则，具体运用时会遇到"数不清"的情况，因为交易不是科学，它更像是一门艺术，这时就要用最简单实用的方法来解决问题，比如趋势线、通道等。

在上涨时，遇到超级大牛市，可能涨了再涨，最多可能涨出9浪结构（通常为5浪），即有5波拉升浪（通常为3波拉升），我们可以假定有更极端的情况，但只要坚持跟随趋势，只要DIF指标在0轴之上，即说明是多头市场，哪怕背离再背离，请记住指标只是统计历史行情数据的工具，历史会重演，但不会简单的重复。指标指示了一些大概率的信号，有利于投资者积累经验，但也会有"黑天鹅"的出现，也可以说任何指标都有盲区，简单的解决办法是加一些保险原则。

三重峰和三重谷都是比较强势的推动浪结构，它们本身就说明了趋势方向，三重峰说明是5浪上涨，是上涨推动浪，应以做多为主，在下降通道中难以形成三重峰；三重谷说明是5浪下跌，是下跌推动浪，应以观望为主，在上升通道中难以形成三重谷。

如果在高位出现三重谷，则说明出现5浪下跌，即出现了下跌推动浪，预示着更大周期的上升趋势极可能要发生逆转，这里极可能是中长期的头部；同理，如果在低位出现了三重峰，则说明出现5浪上涨，即出现了上涨推动浪，预示着更大周期的下降趋势极可能要发生逆转，这里极可能是中长期的底部。例如，在

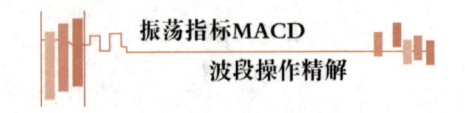

上证指数著名的 6124 点历史大顶时，就出现了柱状线的三重谷，如图 6–29 所示，这是明显的转势标志，如果投资者知道这个明显信号，可以避免后面漫长的大幅下跌。

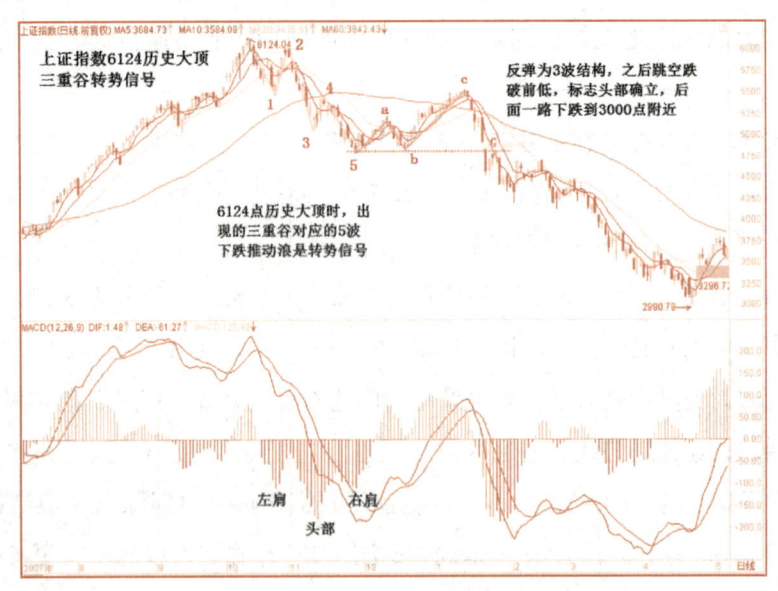

图 6–29　上证指数 6124 历史大顶三重谷转势信号

从上图可以看到，在上证指数创出新高 6124 点历史大顶时，柱状线三重谷对应的 5 波下跌推动浪是一段"基因"密码，它指示了 10 年一遇的大牛市即将转势。后面的 3 波反弹走势，可以是转势另一个的印证，因为 3 浪结构上涨，是下跌推动浪中调整浪的特征。之后，上证指数跳空跌破前期低点，确认了历史大头部的成立。但当时很多人仍在牛市思维中，如果投资者能识别这些密码，就能避免后面漫长熊市的大幅下跌。

"当所有人都疯狂的时候,你必须保持冷静。"

——投资家 吉姆·罗杰斯(Jim. Rogers)

第八节 汤匙形态

汤匙渐高形态

柱状线的汤匙渐高形态如下图 6-30 所示。

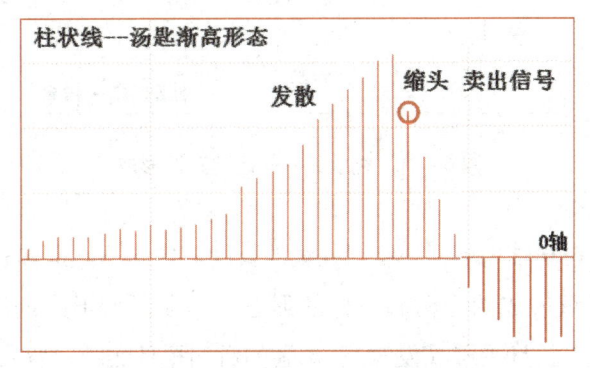

图 6-30 柱状线——汤匙渐高形态

形态特征:在 0 轴之上,一组红柱线的高度逐渐提高,然后快速降低形成像汤匙一样的形态。汤匙的前端像"手柄"一样,经过的时间较长,长且平缓(发散);汤匙的后端短且陡峭(收敛)。

形成原因:不难理解,汤匙前面平缓的"手柄"是由于"接二连三"地上涨造成的,也就是说,相对于前面讲的三重谷,汤匙的上涨更为紧凑,没有明显的回调,行情均匀提高拉升力度;后面快速弯曲形成的汤匙,是由于上涨行情戛然而止并快速下跌造成的。

操作对策:在发生明显的缩头时卖出或适当减仓操作,在跌破上升通道或由红柱线变为绿柱线时清仓。

汤匙渐高形态对应的 K 线图形态也是稳步拉升的,一般不会跌破 10 日均线,保持一个看上去很整齐的上升通道。这说明行情已经形成了良好的趋势性,趋势

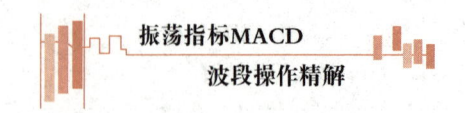

是有惯性的，所以投资者在操作中可以结合利用上升通道来跟踪趋势，判断行情可能的拐点。当价格有效跌破10日均线或跌破上升通道时，可以开始减仓操作。

汤匙渐低形态

柱状线的汤匙渐低形态如下图6-31所示。

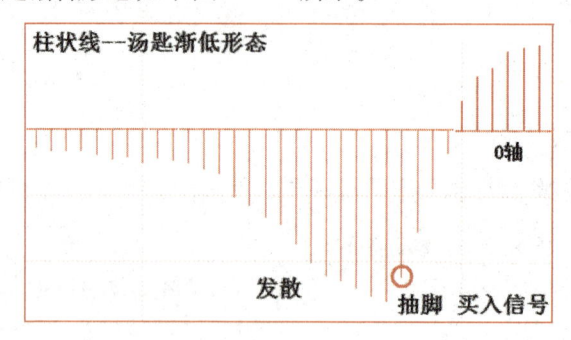

图6-31 柱状线——汤匙渐低形态

形态特征：在0轴之下，一组绿柱线的长度依次向下逐渐伸长，达到一定长度后，再快速缩短形成的像汤匙一样的形态。汤匙渐低形态的"手柄"部分，形成的时间较长，长且平缓（发散）；汤匙的后端短且陡峭（收敛）。

形成原因：汤匙渐低形态前面平缓的"手柄"是由于"接二连三"地下跌造成的，也就是说，相对于前面讲的三重谷，汤匙的下跌更为紧凑，没有明显的反弹，行情均匀增大下跌力度；后面快速弯曲形成的汤匙，是由于下跌行情在力度最大的时候结束并快速反弹造成的。

操作对策：在发生明显的抽脚时可以谨慎参与，要严格控制仓位，一旦做错，马上止损。

如同拉升一样，下跌也有下跌的趋势性，一旦形成下跌趋势，也就有了下跌的惯性，这时候投资者应该尽量少参与。什么时候下跌趋势结束，股票走出下降通道，站稳在10日均线之上时再大胆做多。

"纸上得来终觉浅，绝知此事要躬行。"

—— 陆游

第九节 0轴之上（下）徘徊

0轴之上徘徊

柱状线的0轴之上徘徊形态如下图6－32所示。

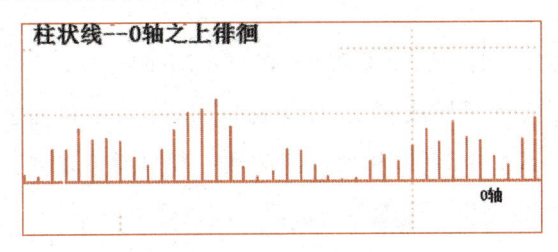

图6－32 柱状线——0轴之上徘徊形态

形态特征：在0轴之上附近，一组长度极短的红柱线，参差排列形成没有明显规律的柱线形态。

形成原因：价格波动较小，没有明显趋势造成的。

操作对策：综合5日均线和10日均线来判断行情，绝大多数情况下，0轴之上徘徊是盘整行情，由柱线的长度极短，可以看出市场情绪低迷，这时的5日均线和10日均线几乎朝水平方向发展，而且互相粘合纠缠在一起，应以离场观望为主。

但也会有极少的特殊情况，有时在上涨的一个阶段，会出现这种柱状线在0轴之上徘徊的形态，这时的10日均线是向上的，价格维持在10日均线上，虽然上涨速度不快，但还是在缓慢的爬升，这时应持股待长；当股价跌破10日均线时再离场观望。

0轴之下徘徊

柱状线的0轴之下徘徊形态如下图6－33所示。

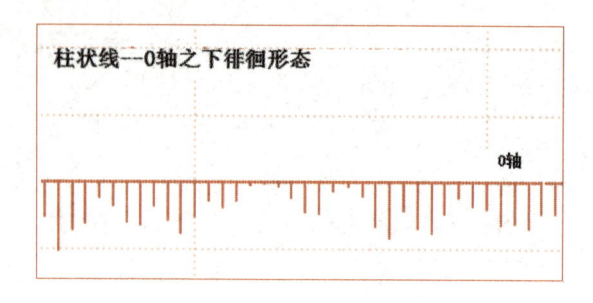

图6-33 柱状线——0轴之下徘徊形态

形态特征：在0轴之下附近，一组长度极短的绿柱线，参差排列形成没有明显规律的柱线形态。

形成原因：价格波动较小，没有明显趋势造成的。

操作对策：综合5日均线和10日均线来判断行情，0轴之下徘徊是阴跌行情，这时的5日均线和10日互相粘合纠缠在一起且向下发展，对于只能靠上涨做多盈利的A股市场而言，毫无参与价值，应以观望为主。

"上士闻道，勤而行之。中士闻道，若存若亡。下士闻道，大笑之。不笑不足以为道。"

——《道德经》

第十节 顶（底）背离

柱状线的顶（底）背离形态是重要形态，是短线波段操作常用的抄底与逃顶技巧。

顶背离

柱状线的顶背离形态如图6-34所示。

形态特征：价格波动上涨形成的波峰逐个提高，同时对应的柱状线波峰逐个降低，这样，柱状线便与价格产生了顶背离。更直观地来看，用直线连接价格的波峰高点形成向上的趋势线，用直线连接柱状线的波峰高点形成向下的趋势线，两条趋势线相互背离。

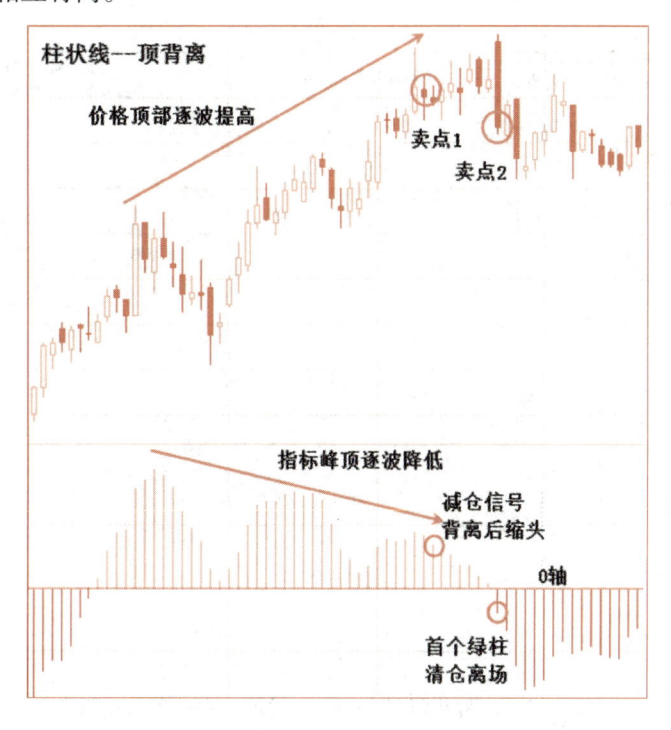

图 6-34　柱状线——顶背离形态

形成原因：一波上升推动浪通常由 5 浪结构组成，三波上升浪形成三个价格波峰对应三个柱状线波峰。第 3 浪势头最强，造成第二个柱状线的波峰最高，第 5 浪的价格突破第 3 浪的价格高点，同时较弱的第 5 浪对应的柱状线波峰会低于第 3 浪对应的柱状线波峰，由此产生背离。

双重顶、三重顶和多重顶，都可能产生顶背离，只要是顶背离都说明上涨势头在减弱，有转势的可能。

操作对策：背离产生后，红柱线缩头时是卖出信号，应进行减仓操作。之后，红柱线消失，出现首个绿柱线是第二个卖出信号，应离场观望。这时的价格一般会跌破 10 日均线，可作为短线上涨结束的确认。

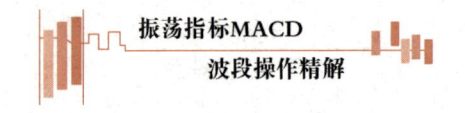

实例：

顶背离形态应用实例见下图 6-35。

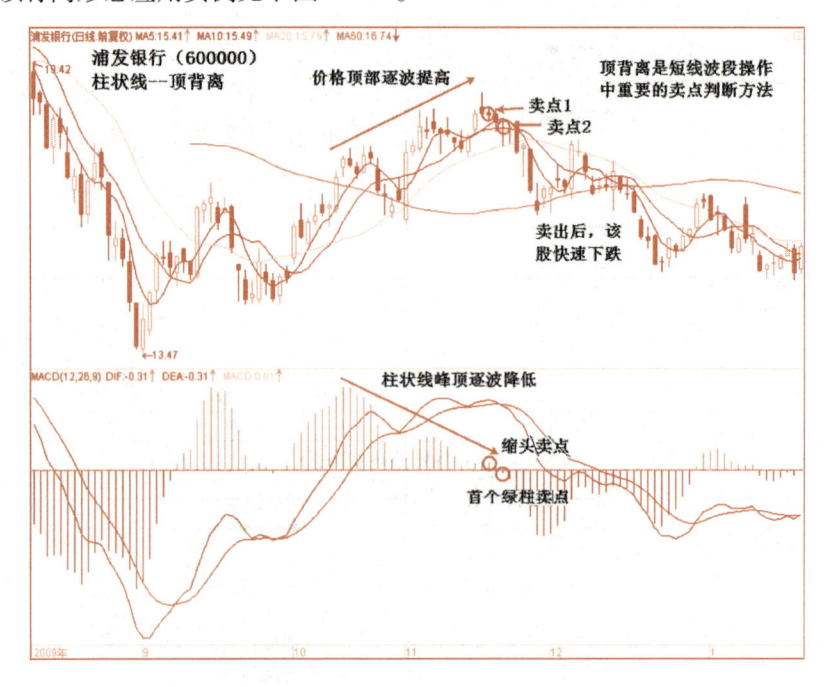

图 6-35　浦发银行（600000）柱状线——顶背离形态

图 6-35 是浦发银行（600000）在 2009 年 10 月和 11 月两个月间的一波上涨行情，可以看到 10 月中该股的 MACD 柱状线指标产生了一波最高峰值的上涨。之后，该股又连续创出了两波新高，对应的柱状线产生了两个波峰，但两个波峰逐波降低。连接价格波峰产生一条上升的趋势线，连接柱状线波峰产生一条下降的趋势线，两条趋势线产生了背离，说明上涨力度在减弱，短线随时有见顶的可能。

顶背离预示着见顶的大概率，这是主观的经验，是逃顶的技巧，可以在没有形成顶部之前，判断极大可能转向的位置。当短线产生 5 浪结构的上涨，产生三个柱线波峰时，凭借以往操作经验可以判断，这时产生背离时可以考虑开始退场。在 11 月 18 日，该股在背离之后缩头时，产生第一个卖点，这时我们不能保证卖出后一定会下跌，但这里是可以接受的而且是最有可能的转折卖点。第二天，柱状线指标出现第一个绿柱线，这是第二个卖出信号，是短线转空的标志，可以清仓离场。到 11 月 24 日，价格跌破 10 日均线，可以看作是短线上涨趋势的终结，我们利用顶背离判断的两个卖点是超前的，保护了大部分利润，站在了大概率的一边。此后该股快速下跌，远离了好的出场点。

下面再看一个典型的例子，如图 6-36 所示。

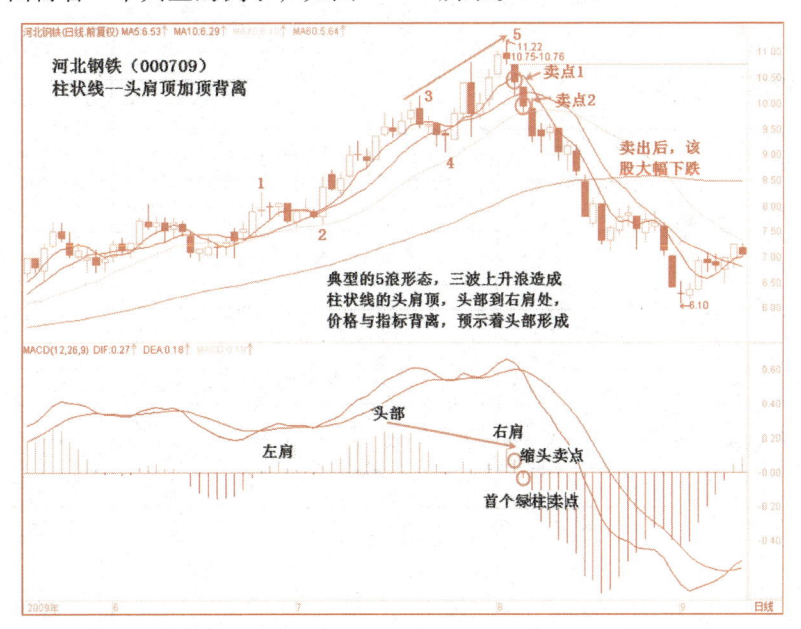

图 6-36　河北钢铁（000709）柱状线——头肩顶加顶背离形态

上图是河北钢铁，原来的唐钢股份在 2009 年 6 月到 8 月间的一段走势，投资者可以看出图中的走势几乎是一个样板走势。

在图中，我们用数字标出了短线一波上涨的 5 浪结构。三波上升浪（第 1、3、5 浪）形成柱状线的三个波峰，第 3 浪涨势最强，形成柱状线波峰最高的头部，两侧的波峰稍低，分别形成左肩和右肩，这样就组成一个头肩顶形态。同时，头部到右肩部分，价格与指标产生了背离。在 2009 年 8 月 4 日，该股达到

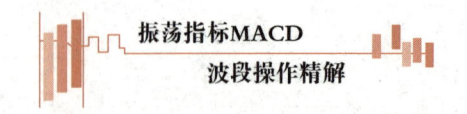

最高价 11.22 元，之后 MACD 柱状线发生了缩头，这是第一个卖出信号，对应图中的卖点 1。紧接着出现的首个绿柱线是第二个卖出信号，对应图中的卖点 2。卖点 2 的当天，K 线已经向下突破了 10 日均线，可以作为短线上涨趋势结束的确认。

头部的验证信号还有创出最高价当天的 K 线形态，回过头来看，8 月 4 日那天的 K 线是一个"射击之星"（发生一波上涨的高位，跳空高开且收阴线，有相当于实体二倍的长上影和短下影），"射击之星"是头部的见顶 K 线形态之一。

底背离

柱状线的底背离形态如下图 6-37 所示。

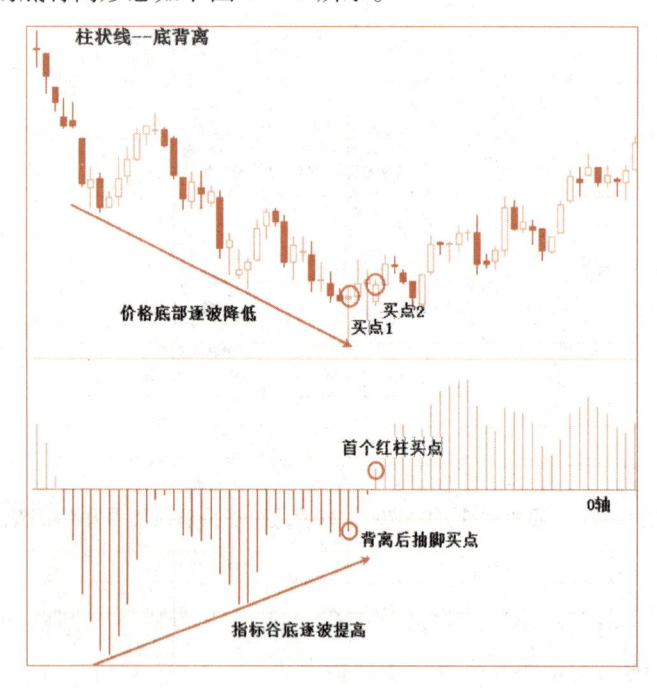

图 6-37　柱状线——底背离形态

形态特征：价格波动下跌形成的波谷逐个降低，同时对应的柱状线波谷逐个抬高，这样，柱状线便与价格产生了顶背离。更直观地来看，用直线连接价格的

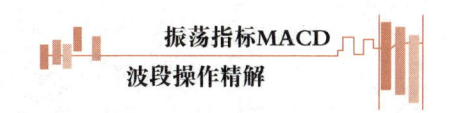

波谷低点形成向下的趋势线，用直线连接柱状线的波谷低点形成向上的趋势线，两条趋势线相互背离。

形成原因：一波下降推动浪通常由 5 浪结构组成，三波下跌浪形成三个价格波谷对应三个柱状线波谷。第 5 浪的价格跌破第 3 浪的价格低点，同时较弱的第 5 浪对应的柱状线波谷会高于第 3 浪对应的柱状线波谷，由此产生背离。

双重谷、三重谷和多重谷，都可能产生底背离，只要是底背离都说明下跌势头在减弱，有转势的可能。

操作对策：背离产生后，绿柱线抽脚时是买入信号。之后，绿柱线消失，出现首个红柱线是第二个买入信号，应加仓进场。这时的价格一般会向上突破 10 日均线，可作为短线下跌结束的确认。

实例：

底背离形态应用实例见下图 6－38。

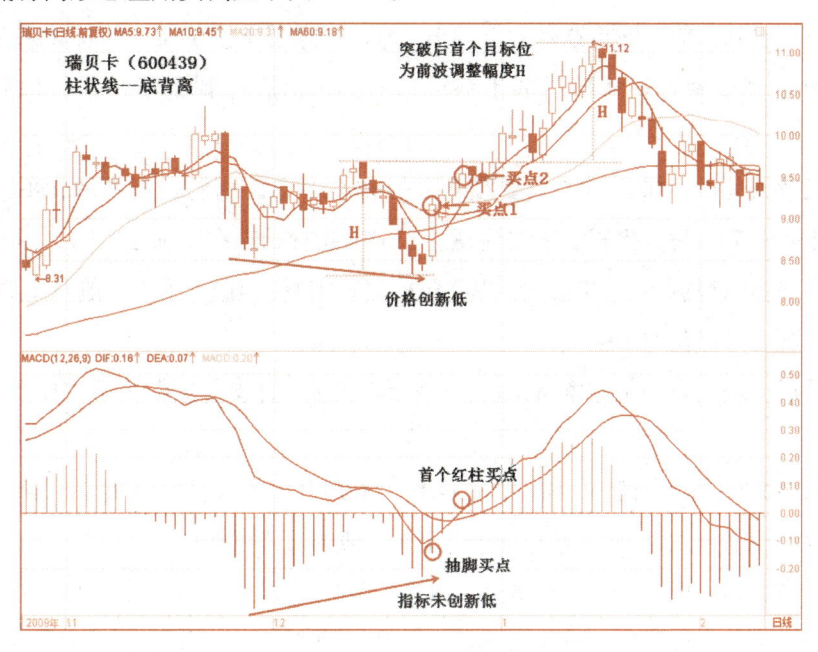

图 6－38　瑞贝卡（600439）柱状线——底背离形态

图 6－38 是瑞贝卡（600439）在 2009 年 11 月和 12 月两个月间的一波调整

行情，可以看到 11 月中该股的一波下跌使 MACD 柱状线指标产生了最低谷值，之后，该股再一波下跌，价格跌破了前波低点，但柱状线指标的波谷值没有同时创出新低，这样指标与价格便产生了背离。更直观地来看，连接价格波谷产生一条下降的趋势线，连接柱状线波谷产生一条上升的趋势线，两条趋势线产生了背离，说明下跌力度在减弱，短线随时有触底反弹的可能。

底背离预示着短线见底的大概率，这也是主观的经验，是抄底的技巧，可以在底部形成之前，判断极大可能转向的位置。在 12 月 23 日，该股底背离后发生抽脚，而且站上了 10 日均线，这里是第一个买点。这时我们不能保证买入后一定会上涨，但这里是可以接受的而且是最有可能转向的买点。在 12 月 28 日，柱状线指标出现第一个红柱线，这是第二个买入信号，是短线转多的标志，可以加仓买入。

买入后，该股突破了前期高点，这时有一个测算上涨目标位的技巧。从图中我们可以看到，前一波下跌的幅度为 H，那么突破后上涨的第一目标位就是前高加上 H 的高度附近。从随后的走势可以看到，该股涨到达第一目标位后开始回落。

底背离是抄底操作时的重要技巧，但在本书中，我们一直强调，不鼓励抄底，主张顺势而为。投资者需要注意，当 DIF 指标长期在 0 轴之下时，最好不要抄底；在 60 日均线向上时，可以轻仓抄底；如果是做反弹，一般从底部上涨 20% 幅度时可以获利了结。

最后，我们看一个本章所讲的柱状线综合应用的波段操作实例，如图 6–39 所示。

这是 2009 年 5 月到 9 月间中金岭南（000060）的 K 线图，我们利用本章所讲的 MACD 柱状线操作技巧来综合应用在该股的波段操作中。

图中的第一根 K 线收盘价是 10.52 元，最后一根 K 线收盘价是 14.64 元。在此期间，一共出现了三次波段操作机会。我们把这三次操作统计在表 6–5 中。

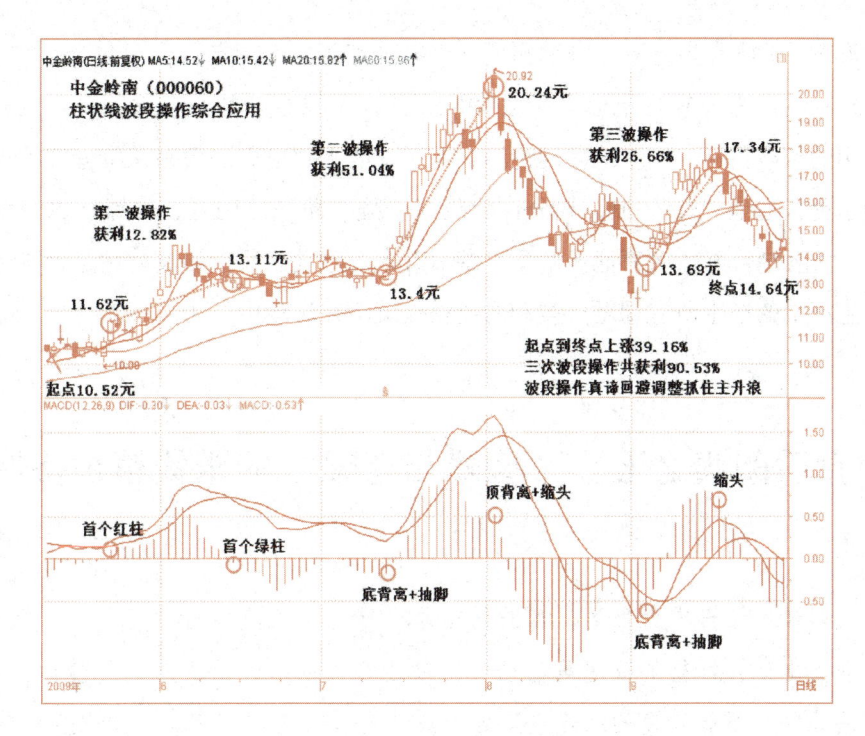

图6-39　中金岭南（000060）柱状线波段操作综合应用

表6-5　　　　　　　　大同煤业（601001）波段买卖点

买入依据	买入时间	买入价位	卖出依据	卖出时间	卖出价位	获利	幅度
起点	20090505	10.52	终点	20090930	14.64	4.12	39.16%
绿柱变红柱	20090519	11.62	红柱变绿柱	20090615	13.11	1.49	12.82%
绿柱底背离	20090714	13.4	红柱顶背离	20090805	20.24	6.84	51.04%
绿柱底背离	20090903	13.69	红柱缩头	20090914	17.34	3.65	26.66%

通过这个例子，投资者可以重温一下本章所讲的内容，领会以柱状线为依据的操作技巧。波段操作的真谛是尽可能回避调整，抓住主升行情。

到此为止，我们已经将柱状线的关键技术介绍完毕，包括抽脚与缩头、杀多棒与逼空棒，以及单峰（谷）形态、双重峰（谷）形态、三重峰（谷）形态、

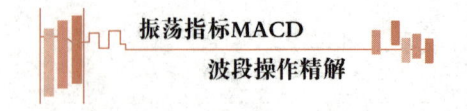

汤匙形态、0轴之上（下）徘徊和顶（底）背离等六大形态。

柱状线作为MACD指标中，除DIF线、DEA线之外的第三大部分，是一个很实用的扩展指标。它与波浪理论结合运用，能起到更好的效果，掌握波浪理论有助于更合适地"断"浪，划分柱状线属于哪个阶段。同样，红绿柱也有助于数浪，两者结合好，会有庖丁解牛，游刃有余的感觉。股价的波动性是投资者在投资生涯中的毕生研究课题，盈利的奥秘也就藏在波动中。

▷▷盘后阅读之七　"蜜蜂与苍蝇"的赚钱精神特性

人们常说性格决定命运，在股票交易中同样有决定投资命运的内在因素。在心理学上讲，性格的改变虽然很难，但还是可以通过后天影响慢慢改变的，而气质往往是不能改变的。这也正应了目前有些人是"富而不贵"这一说法。回到交易中来，我们不一定要有贵族气质，我们是要先富起来。所以我们要重塑交易性格，从而实现交易命运的转变！把赚钱变成我们每位投资者的精神特性！

来看一个由美国康乃尔大学的两位科学家做过的有趣试验：

他们在两个玻璃瓶里各放进5只苍蝇和5只蜜蜂。然后将玻璃瓶的底部对着有亮光的一方，而将开口朝向暗的一方。几个小时之后，科学家发现，5只苍蝇全都在玻璃瓶后端找到出路，爬了出来，而那5只蜜蜂则全都撞死了。

蜜蜂为什么找不到出口呢？通过观察他们发现，蜜蜂的经验认定：有光源的地方才是出口；它们每次朝光源飞都用尽了全部力量，被撞后还是不长教训，爬起来后继续撞向同一个地方。同伴的牺牲并不能唤醒他们，它们在寻找出口时也没有采用互帮互助的方法。

如果说蜜蜂是教条型、理论型，而苍蝇则是探索型、实践型。它们的思维中，就从来不会认为只有光的地方才是出口；它们撞的时候也不是用上全部的力量，而是每次都有所保留；最重要的一点是，它们在被碰撞后知道回头，知道另外想办法，甚至不惜向后看；它们能从同伴身上获得灵感，合作与学习的精神让它们共同获救。所以，最终它们是胜利者。

　　对这个试验有着不同的看法。有人会说蜜蜂是烈士，而苍蝇则苟且偷生。有人说苍蝇非常聪明，而蜜蜂有些愚蠢；有人干脆把目前社会上的人分为两种，一种是"苍蝇型"，二就是"蜜蜂型"。如果先摒弃原先的对于这两种昆虫的道德附加和好恶感，你需要考虑的问题是：看看自己在投资中，你到底是"蜜蜂"还是"苍蝇"？你想做"蜜蜂"还是"苍蝇"？

第七章

ZHEN DANG ZHI BIAO MACD: BO DUAN CAO ZUO JING JIE

市场研判

> "炒作就像动物世界的森林法则,专门攻击弱者,这种做法往往能够百发百中。"
> ——金融大鳄 乔治·索罗斯（George Soros）

本章主要内容

第一节　多空的分界

第二节　长期与短期操作

第三节　多空转折点

第四节　市场强弱研判

第五节　左侧交易与右侧交易

盘后阅读之八　21天养成盈利投资习惯

"不可太过于乐观，不要以为股市会永远涨个不停，而且要以自有资金操作。"

——日本股神 是川银藏

第一节　多空的分界

《易经》上说："易有太极，始生两仪，两仪生四象，四象生八卦。"其中两仪是指阴阳，阴中有阳，阳中有阴。在投资中，阴阳哲学同样随处可见，比如，打开股票软件，行情图表大部分已经在使用阴阳烛，也就是K线图。市场又分多方和空方，就像是阴和阳一样，多头市场和空头市场互相转化。

MACD指标的一个重要作用就是判断市场的多空分界，在多头市场中操作风险较低而回报较高；在空头市场中操作风险较高，而回报较低。

MACD指标是以0轴为中心上下振荡的振荡指标，它利用0轴将指标分为多与空两个部分。在0轴之上就定义为多方，在0轴之下就定义为空方，因此0轴是一条多空分界线。

MACD指标由DIF线、DEA线和MACD柱线这三部分组成，其中DIF线与DEA线表示中长期走势，MACD柱线表示中短期走势。我们借助MACD指标、收盘价（CLOSE）和移动均线（MA）可以研判出多头与空头走势，以此作为操作依据，增加成功率。

中长期多头趋势

利用DIF快线，配合60日移动平均线（MA60），可以研判中长线多空。

当市场同时满足以下三个条件时，如图7-1，我们认为市场处于中长期多头趋势中。

（1）CLOSE＞MA60，收盘价在60日移动平均线之上。

（2）MA60＞MA60［1］，60日均线大于前一天数值，即向上移动。

（3）DIF＞0，DIF线在0轴之上。

图 7-1 是 2006 年 10 月到 2009 年 2 月期间的上证指数日 K 线图,包括了 2007 年 11 月的牛市顶点 6124 点和 2008 年 10 月的熊市底点 1664 点,借此图可以看出一个中长期牛熊市的全貌。我们重点讨论图中从起点 1547 点到 1664 点的行情区间。其中,行情图中的阴影部分表示 MA60 线下的区域,MACD 指标图中的阴影部分表示 0 轴之下的区域。按照中长期多头的三个条件,可以以此过滤出最适合中长线操作的多头行情区间。

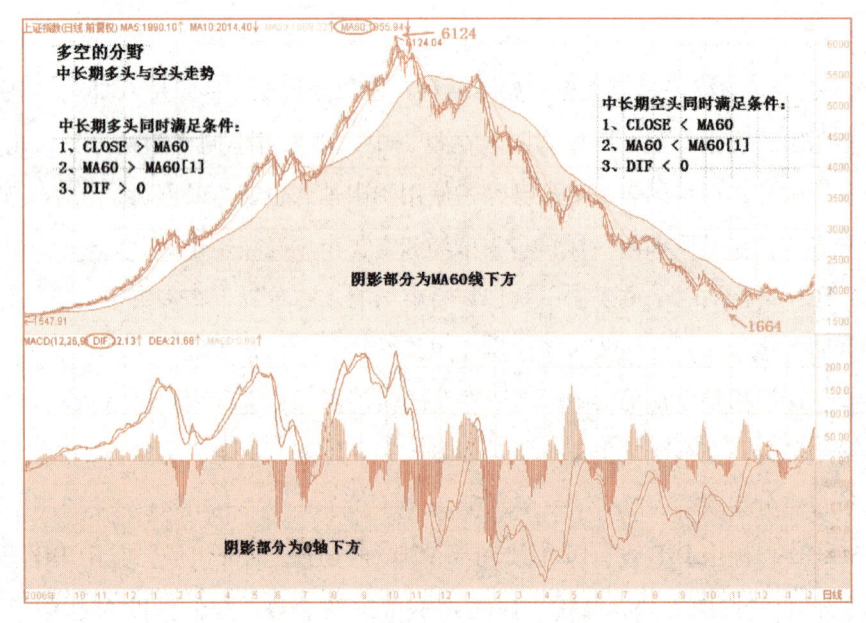

图 7-1 中长期多头与空头趋势

首先,要满足第一个条件,即收盘价在 MA60 线之上,是图中阴影部分之上的 K 线,可以看出,图中 6124 点前的大部分上涨行情在 MA60 线之上。

其次,再看第二个条件,即 MA60 向上。从 2008 年 12 月之后到 1664 点之前的 K 线都处于 MA60 向下的部分。这样,又过滤掉了 6124 点之后的那次反弹,这次反弹到了 MA60 线之上但 MA60 线仍向下。最后,只剩下了 2006 年 10 月到 2007 年 11 月期间的主要上升行情。

最后,再看第三个条件,即 DIF 在 0 轴之上,最后在满足第二个条件的行情中又有两部分被过滤掉了。剩下的部分为同时满足三个条件的多头行情区间。

从图中可以很明显地看出，三个条件过滤掉了下跌行情，只剩下大涨行情，在这样的多头区间操作，盈利也便易如反掌。

中长期空头趋势

当市场同时满足以下三个条件时，图7-1所示，我们认为市场处于中长期空头趋势中。

（1）CLOSE＜MA60，收盘价在60日移动平均线之下。

（2）MA60＜MA60［1］，60日均线小于前一天数值，即向下移动。

（3）DIF＜0，DIF线在0轴之下。

在A股市场中，目前只能做多，只要划分出中长期的多头市场，其余剩下的部分都可以看作是中长期的空头市场。中长期的多头市场才是中长线投资者需要重点把握的操作区间，空头市场时投资者应耐心等待，切勿盲目进场。其他人在中长期的空头市场中忙进忙出时，是在为有经验的投资者创造机会。

中短期多头趋势

利用MACD柱状线，配合20日移动平均线（MA20），可以研判中短线多空。

当市场同时满足以下三个条件时，如下图7-2，我们认为市场处于中短期多头趋势中。

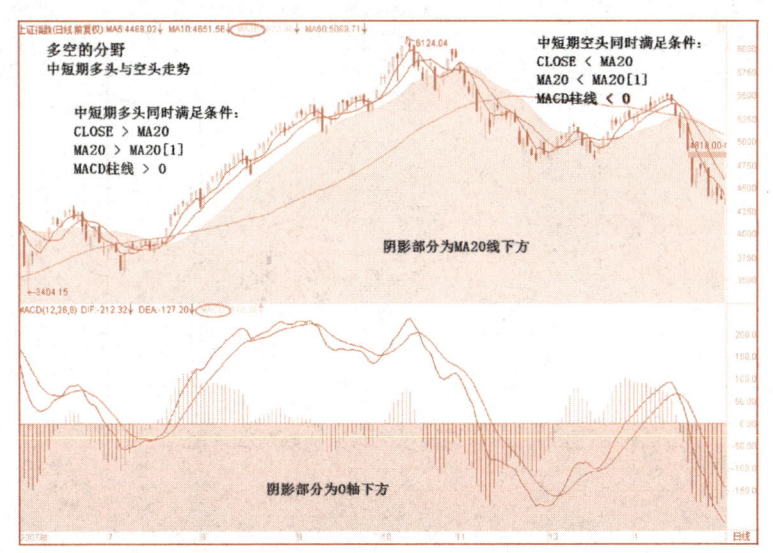

图7-2 中短期多头与空头趋势

(1) CLOSE > MA20，收盘价在 20 日移动平均线之上。

(2) MA20 > MA20［1］，20 日均线大于前一天数值，即向上移动。

(3) MACD 柱状线 >0，MACD 柱状线在 0 轴之上即为红柱线。

上图 7-2 是 2007 年 7 月到 2008 年 1 月期间的上证指数 K 线图，包括了 2007 年 11 月的牛市顶点 6124 点两侧的中短期多头和空头走势，借此图可以看到一轮中短期的多头到空头的转换。其中，行情图中的阴影部分表示 MA20 线下的区域，MACD 指标图中的阴影部分表示 0 轴下的区域。按照中短期多头的三个条件，可以依据其过滤出最适合中短线操作的多头行情区间。

首先，要满足第一个条件，即收盘价在 MA20 线之上，是图中阴影部分之上的 K 线。其次，再看第二个条件，即 MA20 向上。最后，再看第三个条件，即 MACD 柱状线在 0 轴之上。同时满足三个条件的中短线多头趋势区间，如下图 7-3 所示。

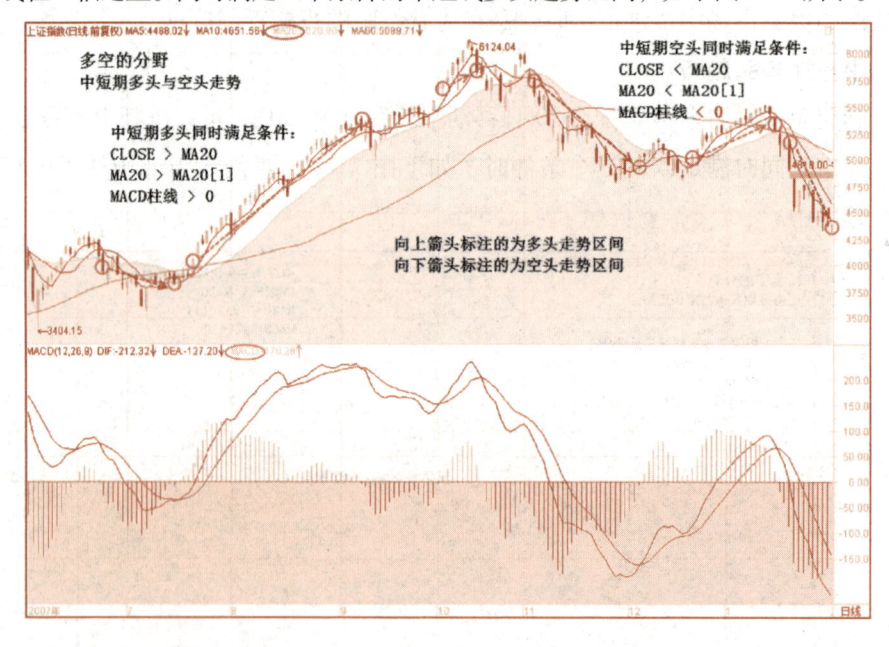

图 7-3　中短期多头与空头趋势标注图

从图 7-3 中可以看出，通过三次过滤，可以去掉短线调整行情，只剩下主要的上涨行情。图中用向上的箭头标注的是中短线多头趋势，用向下的箭头标注的是中短线空头趋势。这样，很清楚地区分出了操作区间，在这样的中短线多头区间操作，能极大地提高短线成功率。

中短期空头趋势

当市场同时满足以下三个条件时，如图7-2所示，我们认为市场处于中短期空头趋势中。

（1）CLOSE＜MA20，收盘价在20日移动平均线之下。

（2）MA20＜MA20［1］，20日均线小于前一天数值，即向下移动。

（3）MACD柱状线＜0，MACD柱状线在0轴之下即为绿柱线。

在中短期空头市场中要注意较大周期的中长期市场的多空情况，若中长期市场同时在多头中，可以适当轻仓操作；若中长期市场同时在空头中，应绝不参与。

"股票永远不会太高，高到让你不能开始买进，也永远不会太低，低到不能开始卖出。"

——投机奇才 安德烈·科斯托兰尼

第二节　长期与短期操作

我们知道，周期的长短是相对的。我们通常把MA20线和MACD柱状线作为中短线的操作依据，把MA60线和DIF线作为中长线的操作依据。这样的划分是以行情波动的特点以及投资者的操作习惯来确定的。如果是更短线的投资者可以用MA10线作为操作依据。

各周期的多空在不断发生着转化，对于用MA60线操作的投资者来说，市场可能处于一个大熊市之中，而对于用MA10线操作的投资者来说，市场可能处于一个MA10线的牛市之中。市场的牛与熊（多与空）如同周期的长与短一样是相对的。而且不同周期的多空在相互影响，不断转化，这就像"两仪生四象，四象

生八卦"一样，一个简单的阴阳（多空）在不同周期的作用范围内千变万化。

周期可以长到用 60 日均线操作，也可以短到用 60 分钟均线操作。甚至在一天的行情 K 线图中，也可以用 1 分钟 K 线划分出牛市与熊市的循环。投资者需要有这样一个概念，周期的长短是相对的，市场的牛熊也是相对的。所有技术分析方法均可以运用在不同周期，不可能说，会分析日线上的行情却不会分析分钟线上的行情。一天 240 分钟的交易时间，就是 240 根 1 分钟 K 线，这和日线上的 240 根日 K 线一样可以进行技术分析。

半年线是 MA140，即半年有 140 个左右的交易日，年线是 MA250，即一年有 250 个左右的交易日。如果我们有两张图表，一张是包括 250 根 K 线的日线图表，一张是包括 240 根 K 线的分钟线图表，把这两张图表放在一起，对于技术分析者来说，他们没有多大差别，只是相差了 10 根 K 线而已。细心的投资者一定会遇到过这种情况，有时在盯盘或复盘某日的 1 分钟 K 线时，会发现它与某个时段的日 K 线十分的相似。可以说，投资者操作的周期越短，经历的牛熊循环就越多。

所以说，在不同周期内操作的技术是相通的，投资者只需根据自己的操作风格确定适合自己的那两三个参考周期。下面将要讲到的是多空在长短周期内的转化分析，具体见图 7-4。

长多兼短多

"长多兼短多"的意思是长期看多并且短期也看多。

把前面讲到的中长期多头与中短期多头要满足的条件合并就是"长多兼短多"的条件。具体如下：

（1）CLOSE > MA20 > MA60，收盘价在 20 日移动平均线之上，20 日移动平均线在 60 日移动平均线之上。

（2）MA20 > MA20［1］&& MA60 > MA60［1］，20 日均线大于前一天数值并且 60 日均线大于前一天数值，即向上移动。

（3）DIF > 0 && MACD 柱状线 > 0，DIF 线在 0 轴之上并且 MACD 柱状线也在 0 轴之上。

这时的指数或个股大多处在主升浪中。

长多兼短空

"长多兼短空"的意思是长期看多而短期看空。

把前面讲到的中长期多头与中短期空头要满足的条件合并就是"长多兼短空"的条件。具体如下：

（1）MA20 > CLOSE > MA60，收盘价在 20 日移动平均线之下，但收盘价在 60 日移动平均线之上。

（2）MA20 < MA20［1］&& MA60 > MA60［1］，20 日均线小于前一天数值并且 60 日均线大于前一天数值。

（3）DIF > 0 && MACD 柱状线 < 0，DIF 在 0 轴之上但 MACD 柱状线在 0 轴之下。

这时的指数或个股大多处在主升浪之后的调整浪中。

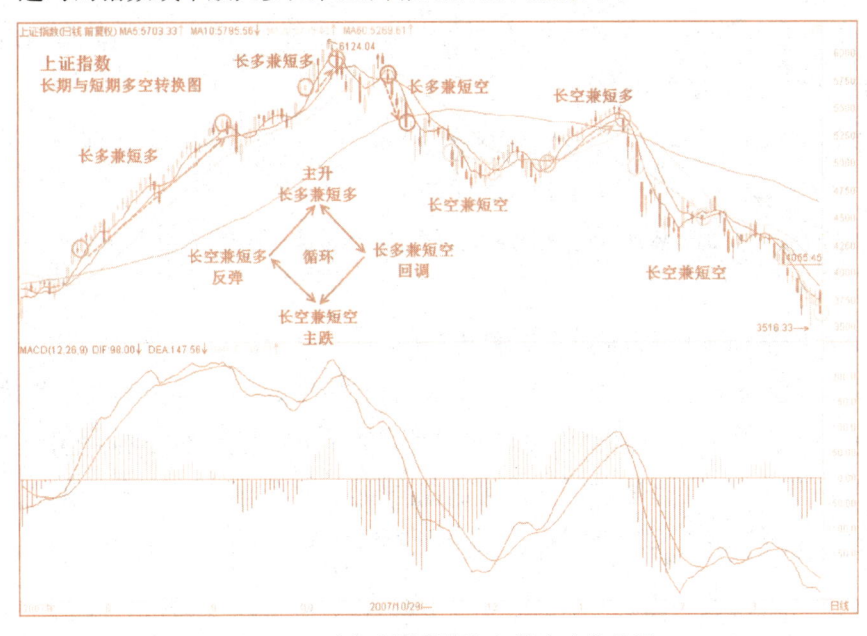

图 7-4　上证指数长期与短期多空转换图

长空兼短多

"长空兼短多"的意思是长期看空而短期看多。

把中长期空头与中短期多头要满足的条件合并就是"长空兼短多"的条件。具体如下：

（1）MA60＞CLOSE＞MA20，收盘价在20日移动平均线之上，但收盘价在60日移动平均线之下。

（2）MA20＞MA20［1］&& MA60＜MA60［1］，20日均线大于前一天数值并且60日均线小于前一天数值。

（3）DIF＜0 && MACD柱状线＞0，DIF在0轴之下但MACD柱状线在0轴之上。

这时的指数或个股大多处在下跌浪之后的反弹浪中。

长空兼短空

"长空兼短空"的意思是长期看空并且短期也看空。

把中长期空头与中短期空头要满足的条件合并就是"长空兼短空"的条件。具体如下：

（1）CLOSE＜MA20＜MA60，收盘价在20日移动平均线之下，且20日移动平均线在60日移动平均线之下。

（2）MA20＜MA20［1］&& MA60＜MA60［1］，20日均线小于前一天数值并且60日均线小于前一天数值。

（3）DIF＜0 && MACD柱状线＜0，DIF在0轴之下并且MACD柱状线也在0轴之下。

这时的指数或个股大多处在主跌浪之中。

在这四种状态中，短周期带动长周期进行趋势转变，长周期内的短周期多空之间可以双向转化，"长多兼短多"与"长多兼短空"之间可以双向转化，"长空兼短多"与"长空兼短空"之间可以双向转化，但"长多兼短多"不会跳跃转化为"长空"状态，"长空兼短空"不会跳跃转化为"长多"状态。

"股市是谣言最多的地方，如果每听到什么谣言，就要买进卖出的话，那么钱再多也不够赔。"

——日本股神 是川银藏

第三节　多空转折点

"临界点"是有些历练的投资者会在某个阶段开始注意到的一个问题。这需要对多空、周期和波动性有一定的认识。我们说，市场的阴与阳、多与空是矛盾的统一体，两种力量此消彼涨，当两种力量达到平衡时就是处于临界状态，这时某一方稍强过另一方就会打破平衡从而突破临界状态，这个平衡点就成了多空转折点。

前面提到过周期的概念，由于时间是连续而无限的，这就可以构成多个时间周期，在这些时间周期中都会有多空力量之间的较量。当多个时间的周期同时达到临界点时，那么行情马上会有快速的波动。利弗莫尔说过"价格总是沿阻力最小的方向移动"，一旦市场突破临界点，平衡被打破，投资者在一个短时间内达到短暂的共识，这时的突破是凌厉迅猛的。做对突破，盈利会快速增长，相反，做错突破，也会迅速陷入亏损，所以说，如果能把握好这样的转折点，总能找到"阻力最小的方向"，这就是做到了顺势。

《孙子兵法·势篇》写道："故善战人之势，如转圆石于千仞之山者，势也。"意思是说，善于指挥军队作战所造成的态势，就如同将圆石从万丈高山滚下来那样，这就是所谓"势"。在投资中，普通投资者不能制造"势"，但能做到读懂"势"与借助"势"。在上涨"势"来的时候，要知道"有风驶尽帆"，做到让利润奔跑；在下跌"势"来的时候，要谨记"覆巢之下，安有完卵"，做到善于认错，耐心等待下次机会的到来。"顺势、扩利、止损"是在投资中胜出的不二法门。

多空转折点一向是投资者们研究的重要课题，其可分为两类：

(1) 由空转多

(2) 由多转空

在 MACD 指标中，0 轴是多空分界点，DIF 线与 MACD 柱状线分别是中长期和中短期的参考指标，通过这三个方面的研究，就可以判断出市场的多空转折点。

由空转多

中长期价格趋势由空转多

当 DIF 线在 0 轴之下，自下而上突破 0 轴时，即由负值转为正值时，中长期的价格趋势定义为"由空转多"，如图 7-5 所示。

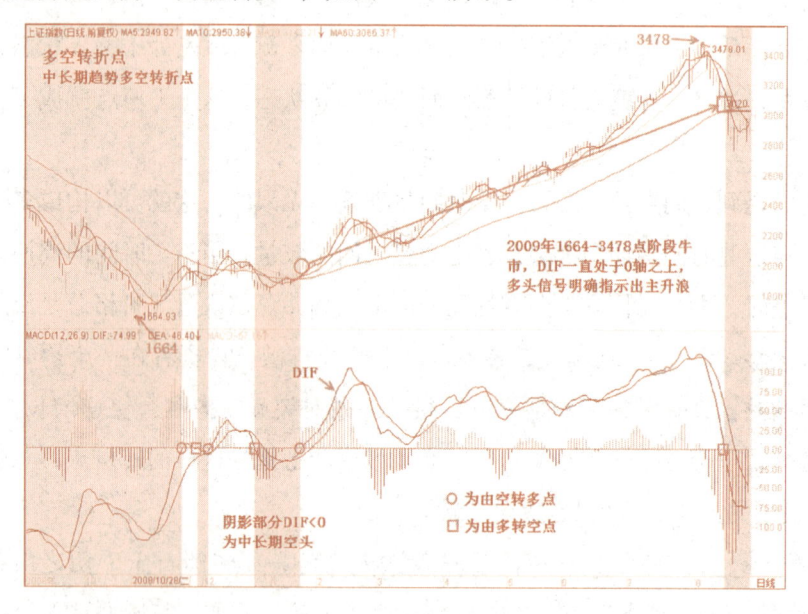

图 7-5　中长期趋势多空转折点

上图 7-5 所示的是 1664 点前后的中长期多空转折点。可以看出，当 DIF 线在 0 轴之上时，价格总是在中长线上涨或反弹中，当 DIF 线在 0 轴之下时（图中阴影部分），价格总是在中长线下跌或调整中。因此，中长线依据 DIF 线操作，能抓住大牛市的主升浪。

中短期价格趋势由空转多

当MACD柱状线在0轴之下，自下而上突破0轴时，即由负值转为正值时，也是由绿柱线变为红柱线时，中短期的价格趋势定义为"由空转多"，如图7-6所示。

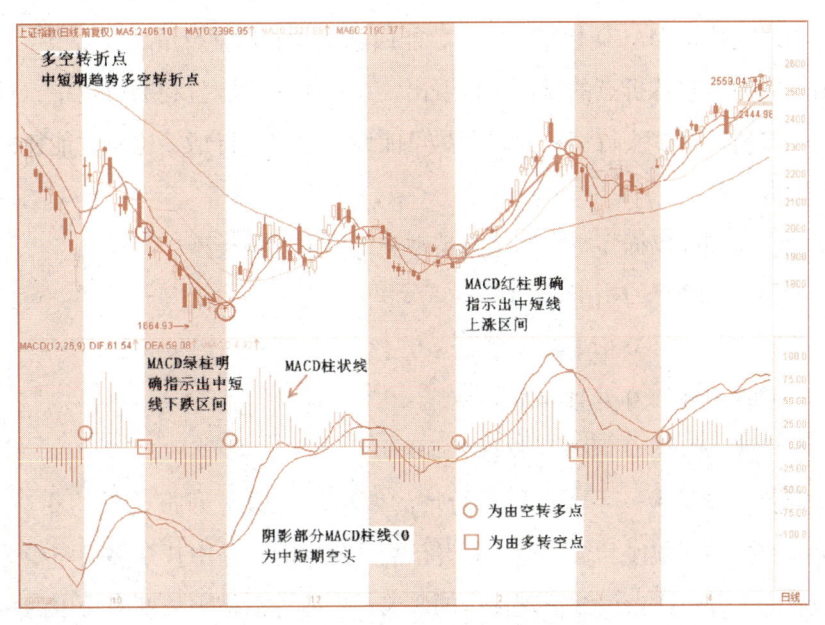

图7-6 中短期趋势多空转折点

2008年10月28日是一个特别的日子，自历史大顶6124点以来的大跌在这一天见底，达到最低点1664点。上图7-6所示的是1664点前后的中短期多空转折点。可以看出，当MACD柱线在0轴之上（红柱）时，价格总是处于短线上涨或反弹中，当MACD柱线在0轴之下（绿柱）时，价格总是处于短线下跌或调整中。因此，中短线依据MACD柱状线操作，能极大提高成功率。

由多转空

中长期价格趋势由多转空

当DIF线在0轴之上，自上而下突破0轴时，即由正值转为负值时，中长期的价格趋势定义为"由多转空"，如图7-5所示。中长线依据DIF线操作，能回避大部分的下跌行情。

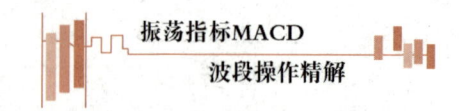

中短期价格趋势由多转空

当 MACD 柱状线在 0 轴之上，自上而下突破 0 轴时，即由正值转为负值时，也是由红柱线变为绿柱线时，中短期的价格趋势定义为"由多转空"，如图 7-6 所示。中短线依据 MACD 柱状线操作，能回避短线的调整行情。

由前面的多空转折点的讨论可以看出，在靠做多才能盈利的市场中，投资者应尽可能多地抓住多头行情，同时要尽可能地回避空头行情，这样才能使概率和空间都倾向于有利。

我们因此可以依据多空原则把行情划分成以下四种类型：

A 类行情：DIF > 0 并且 MACD 柱线 > 0

B 类行情：DIF > 0 但 MACD 柱线 < 0

C 类行情：DIF < 0 并且 MACD 柱线 < 0

D 类行情：DIF < 0 但 MACD 柱线 > 0

投资者可以思考一下，这四类行情的效用（风险与回报比）的相对大小，然后给他们排一下顺序。很显然，A 类行情是最好的，是中长期多头与中短期多头，一般为主升浪或者说波浪理论中的 3 浪；B 类行情是中长期多头中的短线空头，一般为上升浪之后的回调，是波浪理论中的某级别第 2 浪或第 4 浪；C 类行情是最差的，是中长期空头与中短期空头，一般为主跌浪或者说 C 浪中的下跌；D 类行情是中长期空头中的短线多头，一般为下跌浪之后的反弹，是波浪理论中某级别的 b 浪。

因此，在做多操作的效用排序上，A 类应该排在首位，最容易获利；C 类应该排在末位，获利的可能性最小；B 类可以持股，处于调整之中但可以持股待涨；D 类可以轻仓操作，但获利也比较困难。一般来说，A > B > D > C。

对于中长线投资者来说，C、D 类的行情都可以放弃，只把握住 A、B 类的行情就能取得不错的收益。下面我们统计一下，上证指数在 2006 年 1 月到 2010 年 7 月期间的 A、B 类行情区间，如图 7-7 所示，投资者可以通过下面的数据分析，认识到多头操作的重要性和实用性。

图 7-7 中的阴影部分表示 DIF 指标值小于 0，即在 0 轴之下，市场处于空方。

正常显示的部分表示 DIF 指标值大于 0，即在 0 轴之上，市场处于多方。可以很明显地看出，正常显示的部分是做多的可操作区间（A、B 类行情）；而阴影部分是以下跌和调整为主的高风险区间（C、D 类行情），投资者应尽量回避这些位置，少参与甚至不参与。我们经常听说的"吃鱼吃鱼身，把头尾刺多的地方留给别人"就是这个道理。

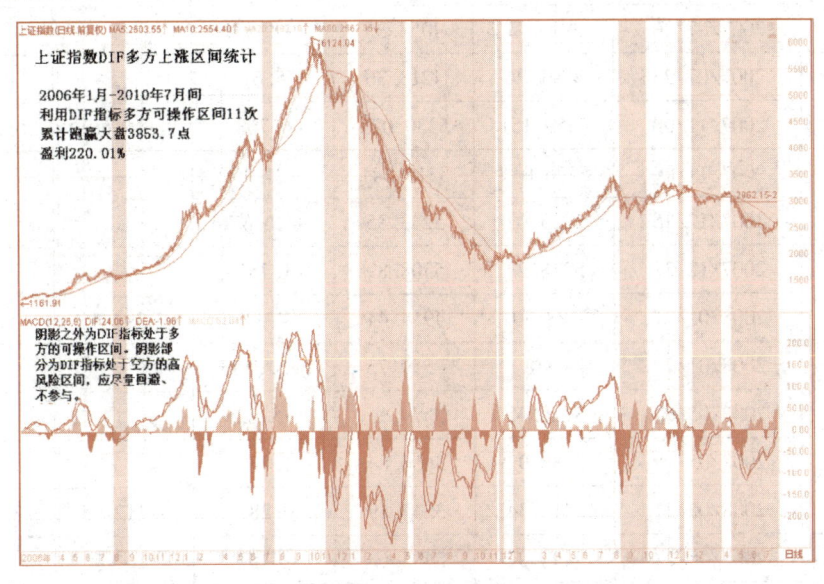

图 7-7　上证指数 DIF 多方上涨区间统计

表 7-1 是对图 7-7 中可操作区间与高风险区间的数据统计表，表中按时间顺序统计了每次可操作区间和阴影区间的起始位置和获利情况。序号标明的是可操作区间的次序，阴影部分是与可操作区间相邻的高风险区间。

表 7-1　　　　　上证指数可操作区间与高风险区间的数据统计表

序号	起止时间	开盘	收盘	DIF 指标值	获利点数	获利比例
1	2006/01/04	1163.88	1180.96	0.344		
	2006/07/31	1659.539	1612.729	3.288	431.769	36.56%
阴影	2006/08/01	1619.639	1600.609	-2.126		
	2006/08/28	1627.119	1650.439	-2.374		

续表

序号	起止时间	开盘	收盘	DIF 指标值	获利点数	获利比例
2	2006/08/29	1652.669	1651.019	0.575		
	2007/06/29	3824.29	3820.7	4.636	2169.681	131.41%
阴影	2007/07/02	3800.23	3836.29	-10.115		
	2007/07/20	3918.41	4058.85	-8.657		
3	2007/07/23	4091.24	4213.36	15.615		
	2007/11/08	5559.151	5330.021	6.763	1116.661	26.50%
阴影	2007/11/09	5276.011	5315.541	-21.172		
	2007/12/26	5209.04	5233.35	-16.576		
4	2007/12/27	5248.22	5308.89	1.755		
	2008/01/21	5188.791	4914.44	4.11	-394.45	-7.43%
阴影	2008/01/22	4818	4559.75	-51.123		
	2008/05/07	3716.45	3579.15	-8.226		
5	2008/05/08	3538.92	3656.84	1.479		
	2008/05/21	3414.34	3544.19	0.285	-112.65	-3.08%
阴影	2008/05/22	3493.07	3485.63	-6.572		
	2008/11/19	1889.351	2017.471	-5.643		
6	2008/11/20	1977.211	1983.761	1.164		
	2008/11/25	1925.251	1888.711	0.071	-95.05	-4.79%
阴影	2008/11/26	1890.331	1897.881	-1.317		
	2008/12/03	1903.431	1965.411	-0.222		
7	2008/12/04	1992.721	2001.501	6.912		
	2008/12/24	1873.581	1863.801	1.097	-137.7	-6.88%
阴影	2008/12/25	1865.721	1852.421	-7.577		
	2009/01/16	1928.921	1954.441	-5.668		
8	2009/01/19	1971.001	1986.671	0.846		
	2009/08/14	3138.151	3046.971	11.396	1060.3	53.37%

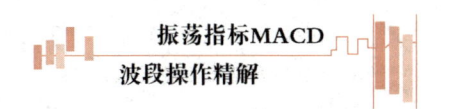

续表

序号	起止时间	开盘	收盘	DIF 指标值	获利点数	获利比例
阴影	2009/08/17	2994.871	2870.631	-18.338		
	2009/10/16	2992.751	2976.631	-4.915		
9	2009/10/19	2974.641	3038.271	5.113		
	2009/12/21	3108.072	3122.972	0.008	84.701	2.79%
阴影	2009/12/22	3126.612	3050.521	-12.996		
	2009/12/30	3211.832	3262.602	-5.171		
10	2009/12/31	3265.002	3277.142	2.313		
	2010/01/20	3252.041	3151.851	1.461	-125.291	-3.82%
阴影	2010/01/21	3154.191	3158.861	-3.006		
	2010/03/26	3017.221	3059.721	-0.063		
11	2010/03/29	3076.051	3123.801	6.221		
	2010/04/20	2980.081	2979.531	0.075	-144.27	-4.62%
阴影	2010/04/21	2984.621	3033.281	-4.615		
	2010/07/23	2566.852	2572.032	-3.187		
累计					3853.701	220.01%

2006 年 1 月到 2010 年 7 月，三年半的期间里，累计跑赢大盘 3853.70 点，盈利幅度 220.01%。也就是说，按照简单的 DIF 多空为依据进行操作，目前的大盘相当于在统计结束日 2010 年 7 月 23 日的 2572 点再加上累计的跑赢大盘的点数 3853.70 点，即 6425.74 点的位置，盈利区间得到大幅提升。

投资是风险与回报的概率游戏，在高风险低回报的区间，一定要头脑清醒，比如前面讲到的 C 类行情，是长期空头中的短期空头，这样的行情一定要不参与。对于稳健的投资者来说，DIF 线在 0 轴下的机会都可以放过，这样做虽然错过了一些机会，但从长期来看错过的会比做错的少，不参与是合理的。

这正是波段操作的真谛，避免下跌行情，只做主升行情。如果把图 7-7 中的阴影部分去掉，把其余部分 K 线拼接起来，那么，我们利用 DIF 区分可操作区间后的上证指数，总体来看是向上的，在这样几乎是绝对上涨的区间里操作，成功率会大大提高，甚至想亏钱都难。

"古之欲求长生者，非闻道难也，悟道难矣。非悟道难也，行之难矣。非行之难也，终之难矣！"

——《抱朴子》

第四节　市场强弱研判

在多头市场中，DIF、DEA、MACD 柱状线等均在 0 轴之上表示强势；而在空头市场中，DIF、DEA、MACD 柱状线等均在 0 轴之下表示弱势。

MACD 指标描述的市场价格的强弱如下：

指标超强

满足条件：DIF > DEA > 0

释义：指标超强表示市场价格处于中长期多头趋势中，可能形成凌厉的逼空行情，见图 7-8。

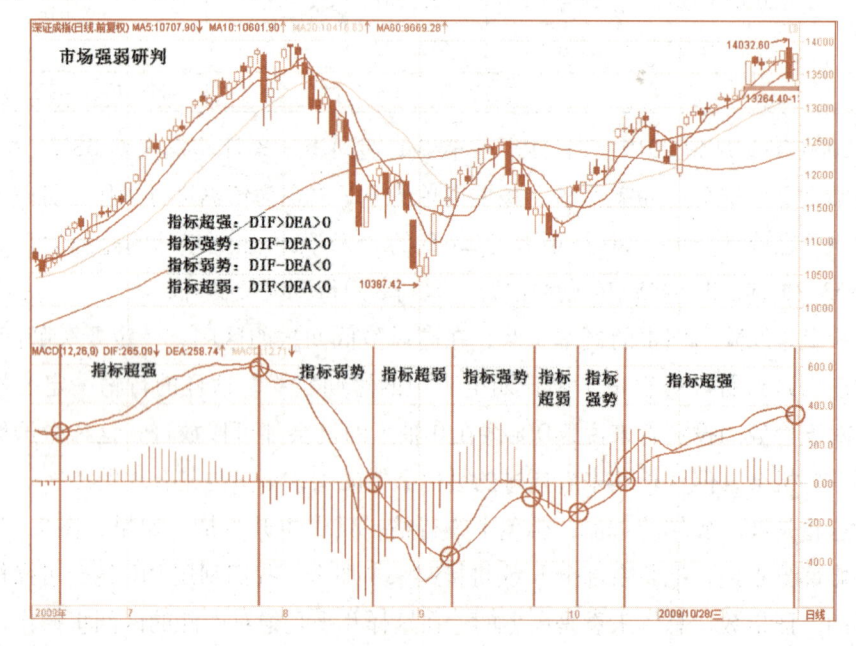

图 7-8　深证指数市场强弱研判

指标强势

满足条件：DIF－DEA >0（MACD 柱线 >0）

释义：指标强势表示市场价格处于中短期多头趋势中，价格涨多跌少，通常是反弹行情，见图 7－8。

指标弱势

满足条件：DIF－DEA <0（MACD 柱线 <0）

释义：指标弱势表示市场价格处于中短期空头趋势中，价格跌多涨少，通常是回调行情，见图 7－8。

指标超弱

满足条件：DIF < DEA <0

释义：指标超弱表示市场价格处于中长期空头趋势中，可能形成杀多行情，见图 7－8。

"在长达 80 年的证券交易中，我至少学到一点，即投机是种艺术，而不是科学。"

——投机奇才 安德烈·科斯托兰尼

第五节　左侧交易与右侧交易

左侧交易与右侧交易是技术分析者首先要明确的策略问题之一，鱼与熊掌不可兼得，"鱼"还是"熊掌"只能选择其中的一个。

左侧交易是指在一个既定的操作周期内，在一波下跌行情的波谷的左侧买入，在一波上涨行情的波峰的左侧卖出的操作策略；而右侧交易是指在一个既定的操作周期内，在一波下跌行情的波谷的右侧买入，在一波上涨行情的波峰的右侧卖出的操作策略，如图 7－9 所示。

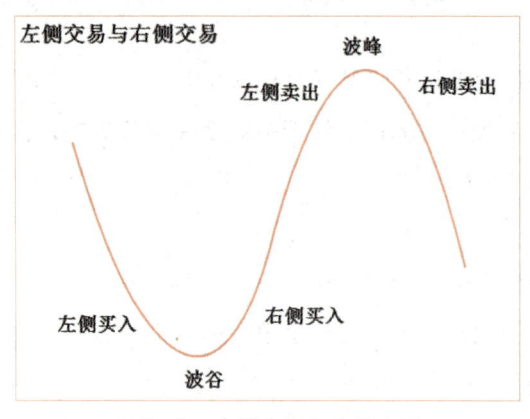

图7-9 左侧交易与右侧交易

左侧交易买点和卖点都比右侧交易要提早。在下跌时，在价格还没到谷底时，左侧交易者就预判可能见底的位置，在波谷形成前，在股价下跌中买入；而右侧交易者要等到波谷形成后，在股价上涨时买入。在上涨时，在价格还没到峰顶时，左侧交易者就预判可能见顶的位置，在波峰形成前，在股价上涨中卖出；而右侧交易者要等到波峰形成后，在股价下跌时卖出。

在两种交易策略之中哪种更好呢？我们认为，没有绝对的答案。选择哪种交易策略，要考虑操作的品种、操作风格、资金量、投资者性格、操作周期、风险偏好等多种因素。但是根据道氏理论和波浪理论，我们一直建议顺势操作，跟踪趋势，所以作为趋势交易者最好选择右侧交易。

左侧交易的优点是，在把握准节奏时，可能获得比右侧交易更多的利润，极端情况就是买在最低点卖在最高点。但是，也有相应的缺点，如果判断失误，可能买或卖在"半山腰"，买在下跌的"半山腰"则要承受继续下跌的风险；卖在上涨中的"半山腰"则要承受踏空的风险。因此，左侧交易对操作者的主观判断水平要求比较高。

右侧交易的优点是，可以较"客观"地看待行情，所有操作依据是等市场发出信号，不依据"主观"猜测。缺点是，在头部要承受眼看着利润缩水的折磨；遇到震荡行情时，可能两头挨打；难以抓到行情头尾的空间。

左侧交易与右侧交易相比较来看，左侧交易受个人判断影响较大，更适合震荡行情中的操作；而右侧交易更忠实于市场，更适合趋势行情中的操作。

左侧交易与右侧交易在不同周期中可以产生相同的买卖点，他们只有放在同一周期里观察才能明确区分。

左侧交易更激进，右侧交易更稳健。对于行情的把握程度方面，根据经验来看，假设有一波上涨100%的趋势行情，那么，左侧交易最多能做到90% - 100%的涨幅，但这个概率很低，右侧交易通常能做到60% - 80%的涨幅，这个概率应该大于50%。

中短线左侧交易与右侧交易

我们以 MACD 柱线作为中短线的操作依据，制定如下两组简单的买卖条件，应用在上证指数中对中短线左侧交易与右侧交易进行比较。

中短线左侧买入条件：最低 MACD - 当前 MACD < -5，即柱状线明显抽脚。

中短线左侧卖出条件：最低 MACD - 当前 MACD > 5，即柱状线明显缩头。

中短线右侧买入条件：MACD > 5，即首个明显红柱。

中短线右侧卖出条件：MACD < -5，即首个明显绿柱。

需要着重说明一下，这里的买卖条件是应用在上证指数中的，投资者可根据操作品种的具体情况对买卖条件进行调整。为什么 MACD 柱线之间的比较值取 5 呢，例如条件中用 MACD > 5 表示首个明显红柱，而不是用通常的 MACD > 0 这个条件，这是因为，理论上只要 MACD 大于 0 就会出现红柱，但是在实际应用中，会遇到在 0 轴附近上下徘徊的情况，设置 MACD > 5 是为了过滤掉一些不显著的信号。对于 10 元左右的个股可以用 MACD > 0.02 来起到过滤信号的作用，这个取值受到股价高低和股性活跃程度的影响。总之，目的是为了过滤不显著的信号。

图 7 - 10 是分别按左侧交易与右侧交易的两次中短线操作，买卖依据是 MACD 柱状线，我们已经知道，柱状线表示中短线的趋势。图中用圆圈标出的是左侧交易信号产生的柱线，用方框标出的是右侧交易信号产生的柱线，并且用字母 B（Buy）表示买入点，用字母 S（Sale）表示卖出点，如，B1 表示第一次买入点，S1 表示第一次卖出点。因此，B1 - S1，B2 - S2，是两次左侧交易波段操作；B3 - S3，B4 - S4，是两次右侧交易波段操作。

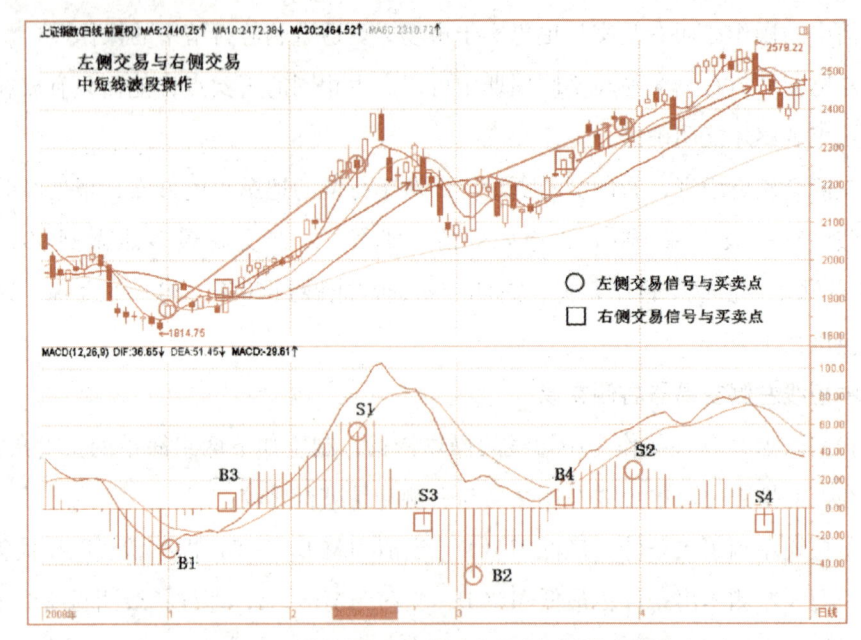

图 7-10 左侧交易与右侧交易中短线波段操作

先来看第一次上涨行情中的左侧交易（B1-S1）与右侧交易（B3-S3）的区别，从图中可以看到，B1 较 B3 提早进场，B1 在波谷的靠左侧位置，B3 在波谷的靠右侧位置，B1 是在行情稍有可能转折的地方就进场（绿柱线抽脚），而 B3 是在行情有很大可能转折的地方进场（首个明显红柱线）。卖出点也是同样道理，S1 较 S3 提早出场，S1 在波峰的靠左侧位置，S3 在波峰的靠右侧位置，S1 是在行情稍有可能转折的地方就出场（红柱线缩头），而 S3 是在行情有很大可能转折的地方出场（首个明显绿柱线）。左侧交易是"早到早退"，右侧交易是"迟到迟退"，在这次上涨中，左侧交易的盈利比右侧交易的稍微多一些，但要说明的是，右侧交易是比左侧交易更稳健的操作策略。

再来看第二次上涨行情中的左侧交易（B2-S2）与右侧交易（B4-S4）的区别，与第一波上涨的操作原理相同，但在这次上涨中，右侧交易的盈利要比左侧交易的更多一些。这次左侧交易盈利少的原因，就是前面提到过的卖在了"半山腰"，退出得有些过早了。

因此，左侧交易是靠主观判断，在一波下跌（上涨）行情即将结束的位置逆势买入（卖出）。右侧交易是依据行情的客观走势，在一波上涨（下跌）行情开始的位置顺势买入（卖出）。左侧交易是未见底部猜（测）底部，右侧交易是看见底部做底部。

中长线与中短线右侧交易

我们以 DIF 指标线作为中长线的操作依据，以 MACD 柱状线作为中短线的操作依据，制定如下两组简单的买卖条件，应用在上证指数中对中长线与中短线的右侧交易进行比较。

中长线右侧买入条件：DIF＞0，即进入多方。

中长线右侧卖出条件：DIF＜0，即进入空方。

中短线右侧买入条件：MACD＞5，即首个明显红柱。

中短线右侧卖出条件：MACD＜－5，即首个明显绿柱。

同样，这里的买卖条件也是应用在上证指数中的，投资者可根据操作品种的具体情况对买卖条件的过滤取值进行调整。

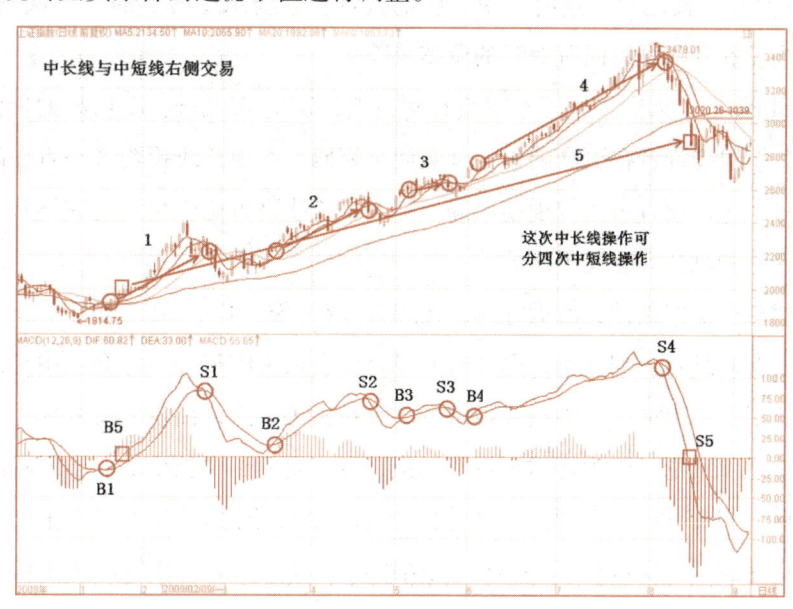

图 7-11　上证指数中长线与中短线右侧交易

上图 7-11 是右侧交易的中短线与中长线操作记录，中短线的买卖依据是 MACD 柱状线，中长线的买卖依据是 DIF 线。图中用圆圈标出的是中短线交易信号产生的位置，这次我们标注在了 DIF 线与 DEA 线的交叉位置处，这与标在 MACD 柱线上是相同的。用方框标出的是中长线交易信号产生的位置，依然用字母 B（Buy）表示买入点，用字母 S（Sale）表示卖出点。因此不难看出，B1-S1、B2-S2、B3-S3、B2-S4 是四次中短线波段操作，B5-S5 是一次中长线波段操作。

我们从头开始分析这波行情操作中的中短线与中长线右侧交易的区别，在 B1 点处，DIF 上穿 DEA 产生满足条件的中短线右侧买点，这是在一波中短线下跌行情的波谷右侧；随后，在 B5 处，DIF 线上穿 0 轴，产生满足条件的中长线右侧买点，这是在一波中长线下跌行情的波谷右侧。直到 S1 处，DIF 下穿 DEA 产生满足条件的中短线右侧卖点，这是在一波中短线上涨行情的波峰右侧，到此完成了一次 B1-S1 的中短线右侧波段操作。而这时，中长线的卖点还没有出现，DIF 线一直在 0 轴之上。这时，中长线的投资者就要承受必然的短线调整风险，而中短线投资者则可以回避短线的调整风险。

直到 B2 处，再次产生了中短线右侧买点，这里 B2 是较 S1 稍高的价位，也就是说，短线投资者在更高的价位又买回了筹码，而中长线投资者一直在跟踪更大的趋势，所以没有被短线震荡出局，那么中长线是否比中短线更有优势呢，我们继续往后看就会有答案了。

继续执行操作条件，后面连续出现 S2、B3-S3、B4-S4，可是中长线的信号一直没有被触发。到这里，可能有些投资者会认为中长线一定会比中短线操作更有优势了，因为你看，中长线投资者一直在坐等上涨，而没有反复操作。这里还不能就此下结论，因为行情还没有结束，我们要等到中长线卖点出现后再说。

最后，到 S5 处，DIF 线下穿 0 轴，中长线的右侧卖点终于出现了，中长线投资者也完成了一次操作 B5-S5。从图中可以看到，中长线右侧卖出信号出现时，行情已经回撤了很大幅度，这时的中短线投资者早已经出场观望，而中长线投资者却要承担必然的短线调整风险，这也是一种心理上的压力。中长线的右侧卖点是在大波峰的右侧,这要等到中长期趋势的波峰形成以后才能出场。在头部看着失去到手的部分利润,这是中短线投资者不能忍受的心理压力。看到这里,可以再思考一下中长线与中短线右侧交易孰优孰劣。

从图中可以看出,四次短线波段操作都是避免了短线的调整行情,他们是一波中长线中去掉调整行情后的"净上涨"行情。而一次中长线操作只要抓住主要的上升波段即可,在波段中的小回调是必然要承担的风险,而相应得到的好处是跟随大趋势,不会被小的震荡震出局。

这五次波段操作的买卖点详细统计,见下表7-2。

表7-2　　　　上证指数中长线与中短线右侧交易买卖点统计表

序号	日期	收盘	DIF	DEA	MACD	盈亏点数	盈亏比例
B1	2009/01/14	1928.87	-13.30	-15.94	5.28		
S1	2009/02/24	2200.65	75.92	81.99	-12.13	271.78	14.09%
B2	2009/03/19	2265.76	19.83	15.40	8.85		
S2	2009/04/23	2463.95	64.66	71.50	-13.70	198.19	8.75%
B3	2009/05/07	2597.45	54.73	50.42	8.61		
S3	2009/05/21	2610.62	59.41	61.97	-5.12	13.17	0.51%
B4	2009/06/03	2778.59	58.52	52.96	11.11		
S4	2009/08/06	3356.33	110.59	117.23	-13.28	577.74	20.79%
B5	2009/01/19	1986.67	0.85	-10.26	22.21		
S5	2009/08/17	2870.63	-18.34	47.25	-131.19	883.96	44.49%

我们来看统计结果,四次中短线操作共获利44.14%,而一次中长线就获利44.49%,两者相差不多,但在具体操作中会因为手续费和误差而使结果存在一定的差别。选择中长线还是中短线右侧交易,也需要考虑风险偏好、资金量、品种、手续费、操作风格、个人性格等因素。

盘后阅读之八　21天养成盈利投资习惯

投资者在有了系统化的交易观念以后，需要一个很漫长的过程和艰难的努力来控制自己的投资行为，我们提出如下方法帮助投资者形成良好的系统化交易习惯。所谓，思想决定行为，行为决定习惯，习惯决定命运。

习惯是有意识的选择，如果我们能将好的思维方式，把好的行为、好的交易系统固化成习惯，那我们就会很轻松地获得成功的投资与快乐的人生。

行为心理学研究表明：21天以上的重复会形成习惯，90天的重复会形成稳定的习惯，即同一个动作，重复21天就会变成习惯性的动作。同样道理，任何一个想法，重复21天，或者重复验证21次，就会变成习惯性想法。所以，一个观念如果被别人或者自己验证了21次以上，它一定已经变成了你的信念。

习惯的形成大致分三个阶段。

第一阶段：1至7天左右。此阶段的特征是"刻意，不自然"。你需要十分刻意提醒自己改变，而你也会觉得有些不自然，不舒服。

第二阶段：7至21天左右。不要放弃第一阶段的努力，继续重复，跨入第二阶段。此阶段的特征是"刻意，自然"。你已经觉得比较自然，比较舒服了，但是一不留意，你还会回复到从前。因此，你还需要刻意提醒自己改变。

第三阶段：21至90天左右。此阶段的特征是"不经意，自然"，其实这就是习惯。这一阶段被称为"习惯性的稳定期"。一旦跨入此阶段，一个人已经完成了自我改造，这项习惯就已经成为他生命中的一个有机组成部分，它会自然而然地不停地为人们"效劳"。

做一个系统化的成功交易者，去有计划地为自己塑造良好的交易习惯。当然，因为与之相对应的坏习惯已经十分顽固，因此要形成某些好习惯，你可能需要花更多的力气同时去克服坏习惯。中国有句古话：江山易改，本性难移。这句话的涵义有两层：人的本性是很难改变的；人的本性虽然很难改变，但并非改变不了，只是难了一点而已。

　　改掉一个坏的交易习惯为什么会这么困难呢？只是因为你的思想意识处在矛盾中，任何一种习惯的形成，都是有诱因的，可能是会得到一时的快感，也可能是使你一时心理上更舒服，而且这种快感有无比的诱惑力，使它变得难以抗拒。经验证明，在投资中使人心理上舒服的决策往往是错误的，比如被"套牢"而选择回避的策略，往往使投资者错过好的退出时机，而最终越套越多打乱投资计划。

　　所以要改掉一个坏习惯，首先，你就要激发自己的欲望，让要改掉一个坏习惯的欲望，比想坚持它的欲望更强烈，这样你就已经成功了一半。

　　我们说，人的天性是不适合做投资，人天性中有一些阻碍成功交易的因素。我们如果不改变，岂不是注定要失败？如果你对改变人的劣根性没有信心，裹足不前，请扪心自问：我是要快乐与成功，还是要痛苦与失败？不改变，就意味着失败。要快乐，要成功，就别无选择，只有立即改变。

　　重复的行为训练就能形成习惯，良好的习惯就能导向成功。为什么在牛市的时候很多新手会被市场训练成牛市思维而一直看涨呢，就是因为大盘一直在重复上涨动作，在强化他的多头观念，使他的思维形成了惯性。我们投资者也要学习市场给我们的启示，市场是最好的老师，用重复的行为来主动培养更易于盈利的良好投资习惯。所以说，成功交易也就是简单而正确的事情反复做，如此而已！

第八章

ZHEN DANG ZHI BIAO MACD: BO DUAN CAO ZUO JING JIE

MACD 交易系统

> "如果我有 8 小时的时间砍一棵树,我就会花费 6 小时磨利自己的斧子。"
> ——第 16 任美国总统 亚伯拉罕·林肯(Abraham Lincoln)

本章主要内容

第一节　系统交易与交易系统

第二节　对交易系统认识的误区

第三节　系统交易的优势

第四节　如何建立高胜算交易系统

第五节　交易系统建立中的误区

盘后阅读之九　"围棋十诀"博弈之道

第六节　交易系统实例之一——DIF 中长线交易系统

第七节　交易系统实例之二——MACD 中短线交易系统

第八节　波段之秘——个股测试比较

第九节　对过滤条件和交易品种的选择

第十节　"善输、小错"是成功的关键

第十一节　从感觉交易到系统交易

第十二节　投资之道

盘后阅读之十　足球与交易——献给 19 届南非世界杯

"我从未见过能准确预测股市走势的人。"

——"股神"沃伦·巴菲特（Warren Buffett）

第一节 系统交易与交易系统

MACD 指标被称为"指标之王"，MACD 指标的操作经验和运用原理适用于绝大多数的指标。我们一再提到过，指标只是历史行情数据的统计工具，它能帮助投资者更方便地研究和把握市场发展的规律。投资者通过研究指标，从而不断加深对市场的认识，逐渐完善投资观念与投资策略，最终形成一套依据指标建立的操作策略。这个策略是投资者的成果，它是所有投资经验的总结。指标作为工具只是起到辅助作用，操作的"人"才是主导，运用指标的思想才是制胜关键。

依据指标形成的一整套操作策略，就是我们将要讨论的"交易系统"。举一个具体交易系统的例子，以便使投资者有一个更直观的认识。比如按照以下几个条件操作：1. 以 MACD 指标的 DIF 与 DEA 的黄金交叉和死亡交叉作为主要操作依据。2. 以账户可用资金的 50% 开仓与加仓，并且只在盈利上加仓。3. 以收盘价计算，亏损大于 10% 止损清仓，盈利大于 30% 止盈半仓并用余下仓位跟踪趋势卖点。这一整套规则就构成了一个简单但完整的交易系统，以它的买点命名我们可以把它称为"金叉系统"。在"金叉系统"的框架上，加入投资者自己的一些限定条件，比如黄金交叉发生的位置，或者均线与 K 线的形态条件等，这样就可以发展出更有效的交易系统。

对于刚刚开始接触系统化交易的投资者来说，系统交易与交易系统是比较容易混淆的两个概念，他们从名称上看起来很相似，这两个概念到底有什么区别呢？

系统交易（System Trading）是指运用交易系统（Trading System）进行交易。系统交易是一种理念，它也可以称为系统化交易。而交易系统是具体的方案、原则、计划，是系统交易思维的物化。我们可以说，利用前面举例提到的"金叉系

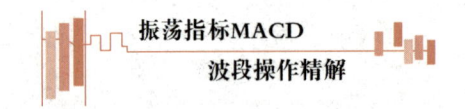

统"进行系统化交易。系统化的交易思维是"道","道"的物化则是"器"。

与系统交易类似的概念还有：策略交易、机械交易、一致性交易、计划交易等。在交易领域，这些概念基本和系统交易表达的是相同的意思，我们都称为系统交易。其中机械交易更强调在执行交易系统上的一致性操作。总之，只要是有计划的交易我们都叫系统交易，交易的计划都叫交易系统。所谓"计划你的交易，交易你的计划"，这样概念就更加明确了。

我们知道，股票投资的分析可以分为两大阵营，即基本面与技术面分析，而对于中小投资者来说，很难具备分析基本面的所有知识以及真实快速获取基本面信息的来源，无论从哪个方面来说，广大的中小投资者都应该注重技术分析。所有的信息都反映在价格上，我们不必过度关注基本面，仅把握基本面的宏观方向即可。

从技术分析开始，到指标研究，最终到系统化交易，这是一位技术派投资者要走过的历程。为了消除在实际交易中情绪波动的负面影响，克服人性的弱点，有相当多的投资者开始研究并建立各种各样的交易系统，期待通过系统化交易来达到执行的一致性，实现稳定盈利的目标。相比没有系统化思维的投资者，系统交易者在风险控制、持续性盈利等方面会有更深入的认识。可以说，系统化交易是一位投资者走向成熟的重要标志，也是走向稳定盈利的必经之路。

系统化交易的理论基础

（1）价格波动不是完全随机的，其非随机部分（趋势）是存在的并且是可以追踪识别的。

（2）在既定风险水平上实现正期望的交易系统是存在的。

（3）交易系统可以相对固定地捕捉具有同类特点的行情，交易系统可以被清晰地描述出来并且可以被量化。

（4）系统化交易能够克服人性弱点，实现既定风险收益水平下的持续稳定盈利。

系统化交易的特点

（1）风险收益可以预期：交易系统经过几年甚至十几年历史数据的测试，各项风险控制指标及参数都经过测试，如预期利润率、可能遭受的最大亏损、最多连续亏损次数、胜率与盈亏比等都可以提前预知，使得风险可以控制，收益可以预期。

（2）顺势交易：趋势系统采用趋势追踪技术，动态跟踪市场趋势，不断调整持仓方向使之与目前市场方向保持一致。

（3）客观性：交易系统的全部规则和参数完全明确化，交易信号由系统触发，完全排除了交易者的主观判断，从而有效解决了交易者的情绪对交易的负面影响。

由此可见，交易系统在理论上可以说无懈可击，如果能够将理论百分之百付诸实践，无疑可以实现确定性盈利目标，问题在于交易者能否找到合适的交易系统并持续一致地执行。

交易系统三大因素

交易系统本身由三大部分组成，即技术分析、资金管理和交易心理。这些是决定系统交易成功的三大关键因素。

（1）技术分析

技术分析是交易系统的基础，它指交易者的技术分析方法和技术分析理论，它主要解决"在哪里买，在哪里卖"的问题。常见的技术分析方法和理论有：

经典的K线形态分析，如头肩顶（底）、双重顶（底）、三重顶（底）、圆形顶（底）、V形顶（底）、楔形、三角形、旗形、缺口、趋势线等等。

指标分析，如MACD、KDJ、RSI、MA、BOLL、VOL等等。

日本蜡烛图形态分析，如启明星、射击之星、十字线、孕线、刺透形态、吞没形态、红三兵、三只乌鸦等等。

技术分析理论，如道氏理论、波浪理论、江恩理论、亚当理论等等。

这些技术分析方法和理论是从不同角度对市场的解读，是交易者认识市场的途径，最终要领会市场波动的本质规律，形成自己认识到的"市场秩序"。

（2）资金管理

资金管理是交易系统的重要组成部分，它包括仓位管理和风险控制两部分，它主要解决"买多少，卖多少"的问题。顾名思义，资金管理就是对投入本金

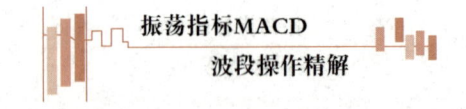

的使用计划,其中的仓位管理是指开仓、加仓、减仓、清仓策略;风险控制是指止损、止盈的策略。

资金管理是被很多交易者忽略的问题,很多人一出手就满仓或重仓,这样是没有计划的操作,很容易使风险失去控制。

(3)交易心理

交易心理是交易系统的上层建筑,它包括交易者的综合素质和交易习惯的训练,它主要解决"如何做到"的问题,也就是执行的问题。交易心理看似简单,可是有些人一旦进入市场,心理状态就完全不一样了,像"着了魔"一样。所以说,交易者的心理控制是系统化交易最后要面对的关键问题,它决定稳定盈利的成败。

"系统就是谁都不重要;系统又是谁都很重要;系统就是一个都不能少。"然而,人都是有情绪的,由于每个人的自身条件、实践经历以及理解能力的差异导致了他们对系统各个组成部分重要性的不同认识。对于成熟的交易者而言,在交易系统三大组成部分中(技术分析、资金管理、交易心理),从重要性来看,技术分析最低占20%左右,资金管理占30%,而交易心理最重要占50%。技术分析所占比重最低,但它是另外两部分的基础,没有技术分析,其他两部分则无从谈起。三大部分组成一个体系,哪个部分有问题都会影响整个系统的绩效,交易者在哪部分有短板,就应该多加重视哪部分,短板是首先要解决的重点。

"KISS原则(Keep It Simple,Stupid),即尽量简单。"

——著名的期货专家 斯坦利·克罗(Stanley Kroll)

第二节 对交易系统认识的误区

对首次接触真正的交易系统的人来说,一般会有一些认识上的误区。我们总结为如下几点:

误区一　交易系统就是电脑程序

这种认为交易系统是电脑程序的看法，其实是指交易系统的程序化。交易系统是一整套交易计划、策略、方法。人工手动完全可以执行。如果把交易系统编成程序代码，通过电脑来执行，那么就是程序化交易。程序化交易是以系统交易为前提。但并不是说交易系统一定要由电脑来自动执行。电脑可以代替人重复执行交易系统，电脑是比人工更有效率的执行方法而已。

交易系统的程序化是系统化交易中的更高阶段。一般是比较专业的交易者或投资机构会用到程序化交易。比如，期货中有一些短线交易系统可以非常频繁地以每秒几次的频率发出交易指令，这个速度就不是人脑和人工所能企及的了。但对于普通交易者来说，有些中长线交易系统可能会相隔很久才会发出交易信号，这就不一定需要自动交易了。

使用电脑确实可以极大地改善交易系统运行效率，可以及时地将系统制作者的思想体现出来。而且，将交易系统放到电脑上，由电脑给出各个信号，这样的信号更加客观，可以促使交易者更好地执行交易系统，避免人为情绪的波动对投资产生影响。在交易系统建立好了以后，有能力的交易者可以尝试交易系统的程序化。

误区二　指标就是交易系统

在网上经常看到有人声称发现了一个如何好的指标，好像用了这个指标就能赚钱一样。首先要说的是，指标没有好坏之分，只有用的好坏之分，我们一再提到，指标只是工具，而运用工具的人才是关键。绝大多数的指标都是由价格的不同算法演变过来的，对于有经验的交易者来说，看价格就能猜到指标的形态，指标只是价格的"外衣"，其本质还是反映价格。

指标可以作为交易系统建立的依据，不排除有一些好的算法，使用由这些算法得出的指标更便于观察和总结价格波动规律。但指标是没有思想的，指标即使加上操作策略也只是解决了技术分析的出入场点的问题，还有交易系统中另外两个更重要的问题（资金管理和心理控制）没有解决。

误区三　交易软件就是交易系统

市面上卖的交易软件，一般只是技术上的交易信号，提示交易者何时买进、

何时卖出。这些交易软件严格来讲，是一种技术指标或是指标的组合，只是表现形式可能更直观一些，有些还做的比较花哨。

目前，通过常用的股票行情软件，如：通达信、同花顺、大智慧等，交易者已经可以自己做出交易软件中的自动提示买卖信号的功能。只要把指标加载到行情软件上就可以了。而且常用的行情软件上一般也会自带很多指标供使用者选择，有些系统性指标均可以提示买卖点。总之，交易软件多是指标的表现形式，没有形成交易策略，更没有资金管理，也谈不上交易者的心理控制。

误区四　交易系统就是为了节约时间

有些交易者之所以想用交易系统，是认为交易系统省去了看盘时间。这种看法是有些舍本逐末了，交易系统的确能减少看盘时间，但这只是交易系统诸多优势中的一项附加好处。比起省时省力来说，交易系统更重要的作用是为了客观地执行交易策略，实现稳定盈利目标。

有了交易系统，交易者不必再受盘中情绪波动的干扰，可以尽量避免冲动性交易，所有问题都应该在交易系统中有相应对策。交易者只需要按照既定的交易系统丝毫不差地执行即可。不需要在盘中思考，在盘中要做一个没有思想的交易者。相比节约时间来说，交易系统更重要的目的是使交易者能稳定盈利。

误区五　交易系统是一个预测系统

交易系统的技术分析部分是解决进出场信号的。每一个买入卖出信号必然对应的是对未来行情的研判。一个买入信号意味着交易系统发现行情的走势符合一个既定的特征，这个既定的特征表示行情倾向于向上发展。因而，交易系统认为可以买入，但这一信号并不意味着行情将有 100% 的可能性发生转变，有时候信号也会出错。如果交易者按照这一信号大举买入，重仓甚至满仓操作，其风险将不能得到控制，很可能使交易者损失惨重。

对未来行情的预测功能是基于历史数据的，它是交易系统的一部分。交易系统还有其他两个重要的组成部分：资金管理和交易心理。这三个部分是相辅相成的，缺少任何一部分，交易系统都是残缺的。如果只把交易系统作为一个预测系统，不注重风险控制和执行，交易者即便有较高胜率的买卖信号，也可能最终会

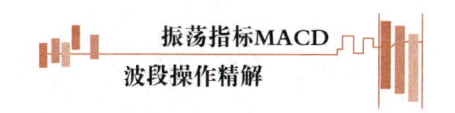

亏损出局。交易系统应该是一个整体，如果把它比作一部汽车的话，汽车不应只有动力系统，它还包括转向系统、制动系统等。

误区六　交易系统就是"圣杯"

很多人认为，交易系统可以大大提高交易的稳定性和成功率，里面一定包含了不为人所知的"秘诀"。交易系统就是"圣杯"吗？尤其是一些售价很高的交易软件，有的号称是稳赢的交易系统，而当交易者买来后就会大失所望。事实上，交易系统只是我们交易方法、经验、原则的集合。要想取得稳定的收益，有了交易系统可以说已经有了半个圣杯，而另一半就是——你自己！一定要记住，完整的圣杯中最重要的是你自己。

在市场中每过一段时间就会有一些传说流传，比如某人做股票一年赚了200%的利润，某人做权证一周盈利80%，某人做期货两天赚了50%等等。我们相信这些的确会真实的发生。因为只要市场上有大行情，一定会有暴利的可能。但我们认为，稳定比暴利更重要。交易系统是控制盈利和风险比的，不是来挑战暴利的。那些财富故事往往是来的快，去的也快。我们只能"相信暴利的存在，但千万不要奢望它发生在自己身上"。我们强调的是稳定和执行，实现复利增长才是正道。这个市场永远不缺明星缺的是寿星。

还有一种错误的想法是，通过自建或者购买得到一套能赚钱的交易系统，然后就可以一劳永逸，靠它发大财了。我们说，交易系统并不是建立好了之后就永远不变了，它的细节还是需要根据市场变化而做相应的调整，不过大的框架可以不用变，除非是交易观念上的彻底转变，否则不会重建交易系统。

"世界的第八大奇迹是复利。"

——爱因斯坦

第三节　系统交易的优势

"凡事预则立，不预则废。"系统交易能提高盈利稳定性是毋庸置疑的，具体有哪些优势呢，我们总结如下几点：

优势一：有助于控制风险

这是首要的好处！我们在操作中经常会遇到出局难、止损难的问题。止损在操作中的重要性是不言而喻的。交易者如同高速公路上的驾驶员，如果遇到紧急情况不知道或不会刹车，那么危险性将是致命的。因为交易系统使交易过程更加明确化、标准化和机械化，交易者从由情绪支配的冲动性决策，转变为定量的数量化的决策，交易指令只有在交易条件得到满足时才会被触发。当交易者能够一贯地执行系统的全部操作信号时，可以说该交易者已经走上了成功交易的康庄大道。

交易系统之所以能控制风险，关键在于其控制风险的有关参数。交易者根据历史数据可以事先计算出合理的止损、止盈幅度以及仓位大小等系统参数。事实证明，不使用交易系统或是不能有效执行交易系统的交易者，是很难准确而系统地控制风险的，这也是多数交易者亏损的主要原因之一。

优势二：有助于树立正确的交易理念

系统化交易有助于厘清一些交易理念，并且由于内心认同而遵守这些交易理念。系统化交易对行情的把握是可复制的，这样使得交易者看待交易的眼光能够放得更高一些。有助于摆脱"盲人摸象"的阶段。

系统化使得行情能够被清晰地区分出来，使得交易变得井然有序。一波行情对应着一组信号，从等待信号，到触发信号，再到接受信号、执行信号，这样就保持了交易的一致性和稳定性。

随着系统日积月累地捕获那些"片断行情",最终你会拼出稳定复利增长的资金曲线。试想,一个三十岁的年轻人现在以 10 万元为本金,年利润率以许多股市高手看不起的 20% 进行复利计算,十年后,他的财富将会是 62 万,如果是二十年后呢?这正是股神巴菲特让所有人称赞的秘密。在某个阶段你的成绩可能会远远超过巴菲特、索罗斯这样的交易大师,可是你失去的却是最重要的东西:一致性、持续性和稳定性。这也是几乎所有交易者无法成为巴菲特的一个重要原因。巴菲特之所以伟大,不在于他 75 岁时拥有 450 亿财富,而在于他年轻时候想明白了很多事,并用一生的岁月来坚守。

优势三:一致性的执行有助于扩大盈利

系统交易能在剔除众多情绪干扰的同时,舒缓交易者的心理压力。交易者在操作时只需依照既定的交易系统执行即可,这样的交易过程尽可能地避免了情绪的干扰,也不会产生较大的心理压力。

用多次的眼光来看待交易,这能让我们更容易保持执行的一致性。只有连续地使用同一系统,概率才能发挥作用。比如,某一位置的黄金交叉买点,它在一定盈亏比下的胜率是 70%,如果按照信号买进一次,我们可能不确定结果是盈是亏,但如果按照信号买进 100 次呢?这时概率会让胜率趋近于 70%。

系统化交易能帮助我们有计划地实施交易策略,不会因为某次的失误而错过大的行情。交易系统像一张"鱼网",组织其各部分发挥系统性的作用来捕捉"大鱼"。我们通常在事后才能看出来的大行情,在合适的买点出现时总是因为没有计划而错过好的时机,尤其是逐波创出新高的股票。系统化交易是一个概率的思维,能在控制亏损的基础上捕获大的行情。这也就是资金管理中说的大 R(R 乘数,指盈利对亏损的比值)。交易系统不但有助于骑上"黑马",还有助于骑得住"黑马",使我们把注意力从关注波动上,转移到具体的执行上。这样,能很好地调节我们在盈利中的心态,从而获得更多的收益。

优势四:有助于正确地分析市场

交易者有了交易系统之后,看行情的心态和眼光都会变得不一样,不会再随着股价的波动而产生太大的情绪起伏,能够更加客观地观察市场波动规律。在靠

感觉操作的投资者们头昏眼花辛苦看盘，绞尽脑汁猜测庄家的时候，系统交易者则在从容不迫地执行着自己的交易系统。盘中的那份淡定来自于盘后的不断总结。

"盘后诸葛亮，盘中猪一样"，有时我们自己会犯错，有时我们会看到他人犯错。系统化的交易思维有助于交易者跳出盘中的情境，以系统的眼光看待盘中的行情，这会让我们更客观地做出判断。你的交易系统是处于最佳状态的你，你的交易系统比你更"聪明"。

优势五：有助于交易知识和经验的积累

一套完备的系统是所有指向稳定盈利的交易规则的集合。把交易规则系统化，有助于交易者将市场经验和知识进行积累、整合和修正。交易系统的改进过程就是学习交易的过程。在形成稳定的交易系统之前，每一次系统的升级都是交易思维的升级。我们保存下来各阶段使用过的交易系统，就是我们学习成果的体现。

经过"为学日益，为道日损"这样一个过程，我们最终会建立一套适合自己的交易系统。它可能是"无名利剑"也可能是"重剑无锋"，它是交易者与市场共同修炼出来的神器，它是主观与客观的统一体，它是你所认知的市场秩序的集合。

"赌博和投机的区别在于前者对市场的波动压注，后者则等待市场不可避免的升和跌，在市场中赌博是迟早要破产的。"

——华尔街传奇大作手 杰西·利弗莫尔（Jesse Livermore）

第四节　如何建立高胜算交易系统

"知己知彼，百战不殆"，交易者在建立交易系统前要先明确一下自己的各种"参数"。先做到知己，多问自己几个问题，比如：

（1）我的风险偏好如何？是倾向积极策略还是倾向保守策略？

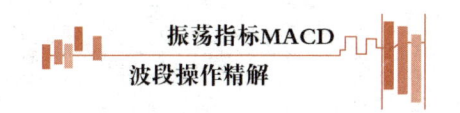

（2）我的看盘时间有多少？每天有多少时间盯盘？还是每天只看收盘价？关注股价有多频繁？

（3）我想投入多少本金？是闲置不用的钱还是需要随时取出的？我能承担的最大风险有多大？每次亏损的底限是多少？

（4）我一年的期望收益率是多少？一年中我肯定不能忍受亏掉多少比例的本金？

（5）我一年操作多少次比较合适？

诸如此类的问题，这好比是我们想买一辆汽车，总要根据经济承受能力、车的用途、主要是谁使用、在哪使用、对动力的要求、安全性等各方面要有个认识。这样再去选择合适的汽车。

做完"知已"的准备工作后，就可以开始建造我们的交易系统了。建立交易系统的过程是认识市场的过程，最终是要达到"知彼"。做到了"知已知彼"离"百战不殆"就不远了！还要知道"胜可知而不可为"。我们只要建立了正期望的交易系统，盈利就在我们的系统概率内，只要坚持执行即可，让概率去发挥作用。

交易系统是保证盈利的一个工具，拥有交易系统是稳定获利的必要条件，但并非充要条件。拥有一个好的交易系统只是取得成功的良好开端，要想最终取得成功还需要对系统的严格执行。在交易过程中最难把握的还是人的心态，有句话说得好，"性格决定命运"，交易者的性格决定了对交易工具的选择以及最终的成败。

建立交易系统的原则

交易系统相当于赛车手的赛车，自然是动力越足、速度越快越好。但也要看其适用性和稳定性。不能一味追求暴利而忽略潜在的风险！一般好的交易系统要满足以下几点：

（1）具有完整性和客观性。交易系统应该有明确的、量化的进场点和出场点。

（2）简单原则。越简单的系统适用性越强。

（3）毋需过度优化。过度优化的系统会增加特性，而减少普遍性，容易被市场淘汰。

（4）捕捉趋势。任何系统都有优势和弊端，好的系统应能把握住主要趋势，想做到面面俱到，往往事与愿违。

（5）概率作用。交易系统应该做顺应趋势的大概率交易信号。并且系统化交易强调持续一致地执行，只要是经过足够多测试的正期望系统，一定要坚持执行，让概率发挥作用。

建立高胜算交易系统

为了更清楚地说明建立交易系统的相关问题，我们制作了如下两张表格，一目了然！

建立交易系统需要回答的策略上的问题如下表8－1。

表8－1　　　　　　　　　　　系统策略问题表

系统相关问题	影响因素
系统理念？	趋势还是震荡
操作频率？	周期（日线、周线、其他）
选股条件？	板块、流通盘大小、价格高低、其他
预期收益？	胜率、R值、数学期望

建立交易系统需要回答的具体问题如下表8－2。

表8－2　　　　　　　　　　　系统具体问题表

技术分析（20%）		资金管理（30%）		交易心理（50%）
问题	系统参数	问题	系统参数	执行情况
首次买入条件？	入场点	买多少？	开仓量	
再次买入条件？	加仓点	买多少？	加仓量	
亏损了怎么办？	减仓/出场点	卖多少？	减仓/止损量	
加仓亏损怎么办？	止损/止盈点	卖多少？	止损/止盈量	
盈利如何离场？	止盈点	卖多少？	止盈量	

我们看到，在交易系统的三个组成部分中，按重要性来说，技术分析最低占

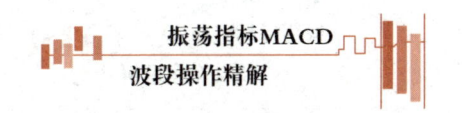

20%左右，资金管理占30%，而交易心理最重要占50%。这里要再次强调一下执行的重要性。交易者只要明确交易系统所需参数，便能很容易地建立起交易系统的雏形。

交易系统测试

建立了一个交易系统之后，要对其进行严格的历史测试。有人形容建立交易系统的过程就是测试、测试、再测试。是否进行科学严格的历史测试，是系统交易者与感觉交易者的一个明显区别。心理学家告诉我们，人类的心理存在着选择性记忆和选择性理解的现象，简单来说，就是对于过去的事情，人们总是只记住好的，例如记住了某只个股形成某个形态之后成为了大牛股，而忽略其他很多个股在同样的形态下却没有上涨表现。另外，视觉误差也是一个导致判断失误的常见因素，例如在电脑屏幕上看到某只个股的K线升势十分强劲，但实际上可能它只涨了5%。科学的历史测试可以彻底消除这些因素的影响。

对于测试方法，视工作量而定，如果数据量小，用手工或EXCEL表格足够完成测试。如果操作周期较短，又要测试较长时期的系统绩效，这时最好要用比较专业的交易软件。国内的股票软件一般只能测试进出场信号的成功率，还不能测试整个交易系统的盈利效果。在测试这方面对广大交易者来说会有一个瓶颈，因为比较专业的软件还是国内的期货软件或国外的外汇软件比较好，这需要有一定的软件应用能力，以及一定的外语能力和计算机编程能力。国内的行情数据可以导入到其他专业软件平台中进行测试，平台如：TradeBlazer、MultiCharts、TradeStation、MT4等等。

在初期不必用到如此专业的软件进行测试，最重要的是先建立系统化的交易思想。成为一个系统交易者不是简单轻松的事，需要不断地学习和积累，我们认为，这些辛苦比起无谓的大量亏损来说还是相当值得的。有了系统就有了优势，至少比80%甚至90%的中小投资者有更多赢的机会。

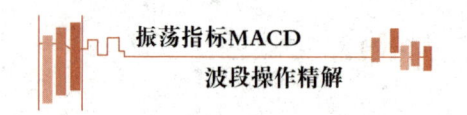

"优异的判断来自于经验,而经验来自于拙劣的判断。"

——《海龟交易法则》

第五节 交易系统建立中的误区

误区一:交易系统过度优化

提高交易系统的胜率,这几乎是所有交易者都会追求的目标之一。胜率与盈亏比之间有一个平衡关系,当一个方法的胜率超越平衡值之后,盈亏比必然会降低。好的交易系统应使胜率与盈亏比之间达到一个相对合适的平衡区间,从而使盈利效果达到最佳。

寻找胜率与盈亏比的最佳匹配就需要对交易系统进行优化,但难以避免的是,很多人都会陷入过度优化的误区。过度优化的结果是使系统越来越贴近历史行情,却使系统对未来行情的适用性不断降低。交易者一定要清醒地认识到,在实战中不能使用过度优化的交易系统。优化要注意度的把握,并不是越优化,系统的绩效越好,系统的各个参数之间是一个动态的不精确的"方程式",当按一种理念设计的系统优化到一定程度后,再调整参数个数或参数值,都可能会使系统的绩效开始不升反降。

当系统达到理论的峰值后会过犹不及,这也是月盈则亏、水满则溢的道理。交易者不应太过执着于系统优化,应该做到适可而止。任何系统都有"盲区",我们要做的是尽量发挥优势,避免劣势,而不要追求绝对完美的系统。过度优化的系统很容易失效。

误区二:正期望交易系统仓位越重盈利越多

有些交易者认为,既然正期望的系统可以实现稳定获利,那么仓位越重,盈利岂不是越多,每次都满仓进场,岂不是能获得最大收益。交易者如果真正按系统测试过一段时间,就会发现这是一个明显的错误。交易系统正因为是整体才能发挥作用。如果按主观来加大仓位,这和没有交易系统已经没有多大区别了。

每个系统都有连续亏损的时候。如果在较大的盈利出现之前出现了连续的亏损，一旦亏损的金额超过了交易者所能承受的范围，或者是亏损了本金的很大比例，那么对于这个交易账户来说，原来的交易系统就失效了。

对于一个成熟的交易系统来说，所有参数都处在了一个优势的平衡状态，这时再调整其中的仓位设置会打破原来的平衡，这个系统可能因此变成负期望的系统。主观加仓是想在系统运行的一段时期内试试运气，如果正好赶上系统的"收获期"那么盈利会按加仓成比例提高，如果正好赶上了"投入期"那么亏损也会按加仓成比例提高。这相当于使用了资金杠杆，一旦运气不好造成在坏时期加倍亏损，系统很可能在好时期到来之前就不能正常运行了。

交易者可以通过仓位控制来保证系统的正常运行。通常，胜率较高的系统，它的单次回撤也会较大；胜率较低的系统，它的回撤次数会相应较多。交易者要想使系统发挥它的概率作用，就要保证系统有抵抗致命的亏损的能力。

误区三：看重总盈利不看重盈利分布

交易系统的盈利总额确实是衡量交易系统好坏的重要依据，但绝对不是最重要的。如果交易次数少，而盈利又集中在少数几笔大盈利（暴利）上，那么这个系统的可靠性就会降低。足够多次的交易与足够多次的盈利能够保证系统的稳定性和可靠性。

过于偏向以获取最大利润为目的，测试历史数据得出的系统，在实践应用时可能会遇到很多问题。

首先，这一利润总额与测试的时间有关，可能有少数两三次大盈利导致这一期间的利润总额高到了失真的地步。如果这些发生在某一年中，如果随机换另外一个年份，使用同样的系统，结果可能有很大的差别。

其次，与高利润相对应的资金回撤幅度是否可以接受。高利润通常来自于宽止损和重仓，当未来行情不适合这个交易系统的时候，系统是否能够控制住亏损，这是交易者应该注意的问题。

从经验来看，良好的资金曲线应该包括足够多次的交易并保持在一定角度的上升通道之内。可能有横盘出离上升通道的情况，但不能出现过大的回撤。这样

的资金曲线表示，系统能够适应不同的行情，能够度过不利行情，也能抓住盈利区间。

误区四：理论上的利润，实际中做不到

对于一些短线或 R 值较小的交易系统确实会碰到这些问题，这些交易系统大多数是盘中出现信号的交易系统。在实际操作中，这些信号出现后如果不能及时下单，就会产生一定的滞后，而且成交价格也可能不利，因而在实际操作中的利润总是没有测试时的利润高。但出现这种问题的根源并不在于交易系统实现的利润是理论化的，而是在于这些交易系统的设计存在问题。

有一些是成交不到的价格。比如一些追涨停的方法或者开盘挂单的方法，在盘中价格剧烈运动时触发交易信号的价格都可能是理论上的，在实际操作中成交不到。

系统设置的价格还可能是事后的价格。常见的是由含有未来函数的指标触发的信号。还有一些由于交易者对触发信号的条件定义不清或不合理所造成的误差，比如"DIF 突破 0 轴并且为阳线时买入"这个条件，可能 DIF 在盘中突破 0 轴并且正好是阳线时触发了信号，但到收盘时价格又回落变成了阴线。如果按照虚假信号进行操作，将会与预想的结果产生误差。

我们可以通过更合理地定义条件来保证信号的真实性。比如，使用某一周期的收盘价触发信号，在买进与卖出价位分别加入滑点以使系统的测试结果更接近真实结果。

高明的交易系统

简单来说，一个完善的交易系统应该具有以下特征：

（1）稳定性。表现为收益的稳定性，有可能有大起，但决不会有大落，一切可能造成重大损失的交易都不能存在，哪怕这种可能性微乎其微。

（2）枯燥性。盈利没有乐趣可言，系统的执行过程一定是枯燥的，交易系统经过验证可行以后，每天只是枯燥地去执行，具体交易不需要掺杂任何的个人情感。

（3）简单性。交易计划的制定和执行全部加以程式化，人需要做的只是去付诸实施并加以监控。简单的往往最有效。

一个交易者建立一个合适的高明的交易系统，相当于一个好的赛车手找到了一部适合他的赛车。高明的交易系统一般包括以下几个方面的涵义：

（1）正确的操作理念。交易系统必须符合价格的运动特征，能够区分有利的参与位置和方向，包括合理的进出场策略，资金管理策略以及风险控制策略。交易系统使得交易者在操作中始终具有概率上的优势。

（2）反映交易者的人性特征。交易系统反应了交易者的眼光，交易本身是科学的艺术，也是具有艺术性的科学。交易系统必然具有其制作者的文化、性格、经验等个性特点。常说"文如其人"，那么在交易上就是"系统如其人"。

（3）能够满足实战的需要。交易系统要具有明确、量化、唯一的交易信号。并且已经通过历史数据测试，即检验该系统在过去的盈利分布情况达到预期。并且通过一段时间的实战能够验证该系统符合之前的预期，实践是检验真理的唯一标准。

（4）能够持续一致性的执行。在执行系统信号时应不折不扣，不心存犹豫。充分信任交易系统，信任来自于成绩。我们应认识到交易系统的亏损期属于正常现象。

（5）交易系统通过足够多次的交易能够实现稳定盈利，使资金曲线保持在一个上升通道之中。在每轮行情中都能捕捉到符合条件的行情，能够抓住大部分明显的趋势行情。

实践证明，能承受交易系统亏损期的交易者通常是市场中的赢家，因为他们知道正常的亏损是系统化交易的一部分，没有任何人的系统能做到100%的胜率。接受小的亏损，正是这些小的亏损增大了系统的适用性，大的盈利才能被系统捕捉到。交易者往往在静态的图表上能够客观地对待已经发生的系统信号，知道依据交易信号进出是最合理的选择，但一旦交易信号发生在盘中，就很难再现盘后的那种客观，这时的主观看法成了影响系统绩效的最大潜在风险。因此，"历史的眼光"在系统应用中显得尤为重要，作为一个系统化交易者，不应该再担心"买入后会是否会涨"，"会涨多少"这类预测性的问题，而应该是以对策为主，最关心的是"做对了怎么办"，"做错了怎么办"这类策略性的问题。

盘后阅读之九　"围棋十诀"博弈之道

王积薪是唐朝著名的围棋大国手，出生在武则天当政时期，是贫苦农民的儿子，从小就上山砍柴。由于他非常勤劳，砍的柴总是堆积如山，故以"积薪"为名。王积薪才思敏捷，聪明好学。他上山砍柴时，经常看山林里寺庙的僧人弈棋，很快就掌握了围棋的奥妙。僧人们见他聪明绝顶，棋艺高强，在山乡里已没有对手，就凑了些银两，还送他一匹好马鼓励他到太原尉的府里去参加围棋擂台赛。

这时，在太原尉陈九言的府第金谷园设擂的是国手冯汪，棋艺号称天下无敌。一时各路围棋名将都闻风而来，但大都不堪一击，只有年轻的王积薪却一枝独秀，与冯汪连弈三场九局棋，以五比四取胜，载誉而归。这就是历史上有名的《金谷园九局图》。这九局棋盘盘跌宕起伏，下得非常激烈，非常精彩。所以唐末诗人韩偓在一首诗中曾说"眼病休看九局棋"。可见双方厮杀得多么惊心动魄。王积薪战胜冯汪后，又胜了一些其他国手，于是声名大振，被推荐到翰林院，当了棋待诏．并经常陪唐玄宗下围棋。

有一天王积薪正在和皇帝下棋，高僧一行前来求见皇上，又不便打扰只好站在旁边观看棋局的发展，一行高僧是当时有名的数学家和天文学家。棋局结束后一行高僧兴致勃勃地邀请王积薪对弈一盘，结果难分高下，皇帝惊讶地说道："大师平日里不见下棋，为何今日如此神威？"一行答道："我刚才从王积薪的行棋走法中悟出些规律，化成四句口诀默念于心，才能勉强和国手抗衡。"这话提醒了王积薪，他心中思量起来，"金角银边草肚皮是围棋的价值理论，我可以把中盘作战方法总结成要诀，变成一种学问留存于世，让更多的人能掌握围棋规律，学有所用。"之后王积薪请教了一行高僧的四句口诀，结合自己长年积累的经验创造出《围棋十诀》。

"围棋十诀"

一、不得贪胜；二、入界宜缓；

三、攻彼顾我；四、弃子争先；

五、舍小救大；六、逢危须弃；

七、慎勿轻速；八、动须相应；

九、彼强自保；十、势孤取和。

这"十诀"词精意深而又通俗易懂，概括了围棋的基本原理。其在围棋理论上影响极其深远，被棋家奉为金科玉律，广传海内外。

围棋是影响深远的对弈活动，已有两千多年的历史，是人类博弈的精华所在，对我们投资的投资活动同样有重大的借鉴意义。我见过的很多投资高手和好的交易员都是围棋或象棋高手。投资说到底是人与人之间的博弈，尤其是当今的操盘，已经不像我国股市刚成立时那样有明显的庄家，现在的投资品种多样化，市场在不断完善、透明、公平。庄家就是大资金投资者或投资机构，现在的投资机构数量也大大增多，庄家也并不是稳赢的，一切投资都是利益的博弈！

下面我们来逐句解读"十诀"在投资中的意义。

第一句，"不得贪胜"，下棋和投资都讲一个输赢，"贪胜"意思是说执着于胜负，投资者都想在股市中赚钱，但若是过于偏执于赚钱，过了一定度，达到"贪胜"的程度，那么结果往往是事与愿违。投资需要冷静、客观地分析，过于看重结果就容易做出错误的决策。在股市中人们常听到这样一句话"贪字出头得个贫"。

第二句，"入界宜缓"，意思是攻击敌方阵地的时候要有进度地缓慢进行。这句话运用在投资中，对资金管理有重要的指导价值。我见过很多投资者在股市中都是重仓甚至满仓杀进杀出，而且偏重短线操作。这样操作的结果是，没几个回合下来，账户资金就极度缩水，或直到套牢为止，再想赢回本金已经很困难。所以说，投资者应该像过马路一样做到"一停二看三通过"，买股票时也要分批买进，先买入一部分，看有没有危险，一旦亏损就止损出局，只在有盈利的时候再加仓。这样"小亏大赚"，才能最终从股市中赚到钱。

第三句,"攻彼顾我",是指进攻对方的时候要兼顾自己的阵线。这种思维在投资上是非常重要的,风险与收益成正比,投资活动没有人保证100%会赚钱,如果买入股票后,一直看多,认为肯定会涨,这种思想是很危险的。很多新手只有一种思维就是做多,在他的头脑中没有空仓的概念。这样就成了"死多头",股市中有话说的好"不做多头,不做空头,只做滑头",这就是说,在股市中始终要权衡多空双方的力量,只站在胜出的那一方,哪边力量强就站在哪方,做一个股市的滑头!

第四句,"弃子争先",和《棋经》中"宁失数子不失一先"是一个意思,意思是必要时宁愿放弃小利益而赢得先机,即保持主动地位。这很像是投资中的"止损"。止损就是止住亏损,如果任由亏损扩大,往后面是越来越难出局,最后不是深度"套牢"就是以"割肉"出场。不在最小的亏损时出局,相当于放弃了主动权,而被动地等待解套,这种思维在投资中是很要命的,要清醒地知道亏了就是亏了,正确的操作不一定都是赚钱的操作,在起初亏损时"弃子"掌握投资的主动权才是正确的操作,虽然是亏损,但这是小亏,总比最后大亏要强很多。

第五句,"舍小就大",意思是着眼于大局,不能太计较局部的战斗,而要有大局观,看重整个战场。在投资中,同样可以看成是"亏小赚大"的思想,但还有另一个重要思想就是"顺大势",我们操作一定要顺大势操作,在明显的空头市场肯定不能做多,这是原则性问题。同样,在明显的多头市场一定要握紧筹码,做足波段。

第六句,"逢危须弃",意思是处于危险境地时,必须懂得放弃。这是第二次出现"弃"字了,第四句中出现过"弃子争先"。"弃"即是"舍",有舍才有得,有些机会是一定要错过的,投资中讲"宁可错过,也不做错",就是这个道理,把不好的机会自动舍弃掉,这样会加大投资成功率。如果是已经出手了,而行情朝对自己不利的方向发展时,同样"须弃",要知道按计划操作,一次错误会增大下次成功的概率。

第七句,"慎勿轻速",是指对待棋局时,不要轻易落子,要三思而后行。

"股神"巴菲特说过"在错误的方向上停止就是前进",速度不是最重要的,方向才是最重要的。新手最容易犯的错误就是盲目地追涨杀跌,想赚"快钱",这是很危险的操作方法。

第八句,"动须相应",意思是下棋时要有全局观念,明白局部和全局的关系,所落下的棋子前后要有呼应。这句话运用在投资中,更侧重于投资计划,也就是我们说的系统化交易。在哪里买,买多少,如果盈利了在哪里卖,卖多少,如果亏损了又在哪里卖,卖多少。对这些问题都应该有一个明确的计划。这样的投资是一个体系,不会使人感觉很多"意外"情况。投资最大风险就是不会控制风险!

第九句,"彼强自保",意思在对方势强,自己势弱时所采取的对局方针,赶快求活或赶快将孤棋走畅,不要以弱击强。这也是契合止损的意思,比如在买进后,遇到空头的强势,行情回调时,应以"自保"为主,亏损就证明方向做错了,先卖掉部分仓位,控制住亏损是首要的。赚多少是投资者不能控制的,而少亏或不亏钱是容易做到的。

第十句,"势孤取和",这一句和第九句意思差不多,处于劣势状态下,不要抱有不切实际的想法,不要心存侥幸,寄希望于对手出错误,而是争取减少损失,不输就是胜利。在投资上是说,赚钱好于亏钱,而小亏好于大亏。千万不要有保本出局的定式思维,因为市场并不知道你的成本。哪里做错了,就从哪里结束错误,但这是一次正确的止损操作。

规则一：只持有正确的仓位。

规则二：无例外地正确地对你的赢利股加码。

规则三：巨量即是套现良机。

——《幽灵的礼物》

第六节　交易系统实例之一——DIF中长线交易系统

交易系统的建立原则可以简要概括为"合理、简单、明确、可行、可控"。我们为了便于说明还是以表格的形式做实例。

表 8-3　　　　　　　　　　系统相关问题表

系统相关问题	影响因素或选择范围	明确选择结果
系统理念	趋势、震荡	
投入本金数额	N 元	
使用期限	N 年 N 月 N 日止	
预期收益比例	胜率、R 值、数学期望	
亏损底限	N%	
操作频率	周期：日线、周线、其他	
选股条件	板块、流通盘大小、PE 值、换手率、价格高低、其他	
股票池	熟悉的股票 3-5 只	
操作股票数量上限	N 只	
技术理论、指标	波浪理论、江恩理论、量价理论、MACD、KDJ、均线、其他	
左侧右侧交易	左侧交易、右侧交易	
仓位控制方法	正金字塔加仓、均匀式加仓、其他比例	
其他问题	……	

具体参数如下表。

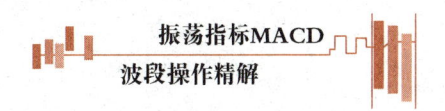

表8-4 具体参数表

技术分析		资金管理	
系统参数	明确条件	系统参数	明确数值
入场位		开仓量	
加仓位		加仓量	
减仓位		减仓量	
止损位		止损量	
止盈位		止盈量	
其他参数			

我们讲过，一个高明的交易系统要始终站在大概率的一边。在股票交易中，赚钱的大概率就是在上涨的时候，这是毋庸置疑的。因此，在适合的周期内，我们要在牛市中多进行操作，尽量减少参与熊市。牛市也就是多头市场，在MACD指标中可以用DIF来判断中长期的多头趋势。利用均线或者通道线也可以判断多头市场，我们的目的都是为了区分出主要的升浪。顺势交易能让我们取得优势。交易系统的判断条件越简单越有效。

对于用MACD指标的DIF线来判断多头市场，交易者已经应该能够熟练运用了。DIF>0为中长期多头市场，这是一个简单又明确的判断条件。在第六章市场研判的内容中，我们已经讨论和统计过多方可操作区间，交易者可以回顾与图7-7相关的那部分内容。

图8-1是上证指数2006年1月到2009年9月期间的日K线图，我们用统计软件标出了满足DIF>0的多头区间，如图所示。图中用向上箭头在K线下方标注出了处于多头区间中的K线。由此可以看出，上证指数图上的多头区间就是我们要找的那个上涨大概率集中出现的区间。

从图8-1中看，6124点就像一座山顶的至高点。如果不是系统交易者，那么即使他在上山坡的行情中赚到了钱，在下山坡的行情中也会有极大可能如数返还给市场。若再没有好的资金管理策略，上山坡时在高位加仓的话，其结果成了"倒金字塔加仓"，行情稍有回调就会陷入亏损的被动局面。没有止损思维的交

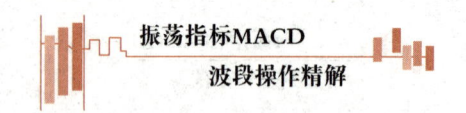

易者容易在高位"站岗"。

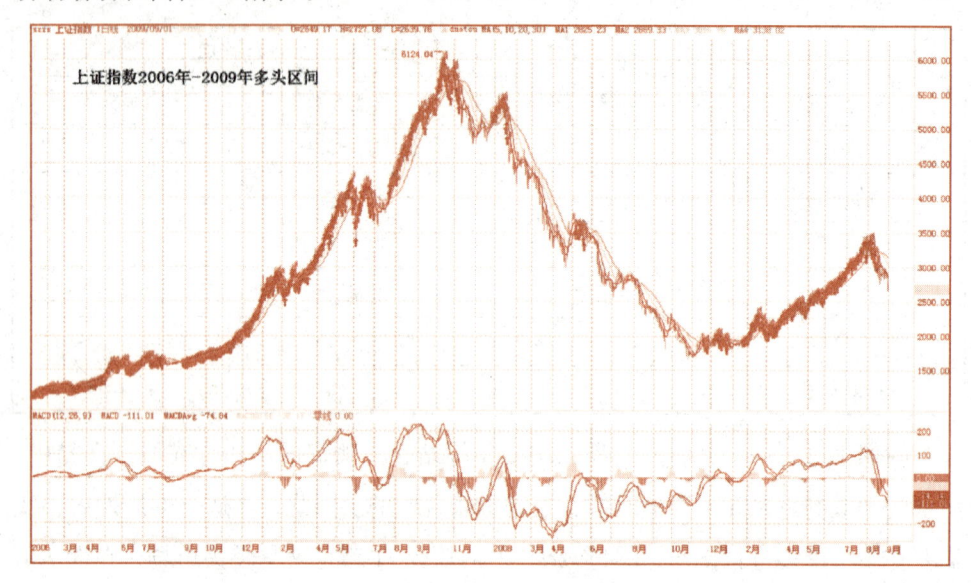

图 8-1 上证指数 2006 年-2009 年多头区间标示图

图 8-2 是上证指数 6124 顶部附近的多头区间，这个图放大了顶部区间，能更清楚地看到标注的 K 线情况。

图 8-2 中，用向上箭头标出的都是 DIF>0 区间内的 K 线，这些信号集中的区间是我们主要参与的高胜率区间。

想要建立一个交易系统，先要有一个理念。我们提倡以趋势跟踪为主进行系统化交易，所以我们将要建立的是趋势跟踪交易系统。MACD 系统可以根据 MACD 指标的不同指标线与操作周期演绎出很多种交易系统。有经验的交易者可以加上自己掌握的一些过滤条件，这样就能建立更具个性化的交易系统。

建立 DIF 中长线交易系统范例

下面我们要建立一个范例系统——DIF 中长线交易系统。DIF 线是 MACD 指标中的重要参考指标，同时也具有简单明确的特点。别看它简单，但如果能按这个系统来执行的话，所取得的收益至少会好于七成以上的交易者。我们常说市场参与者遵循"7 亏 2 平 1 赚"的比例，那么，我们下面将要建立的这个 DIF 交易系统应该属于那3成不亏钱的系统之一。至于赚多少，还要看交易者自己的运用。在建立交易系统完成之后，会有将其运用在上证指数和个股上的测试报告，交易者可以到时验证其效果。

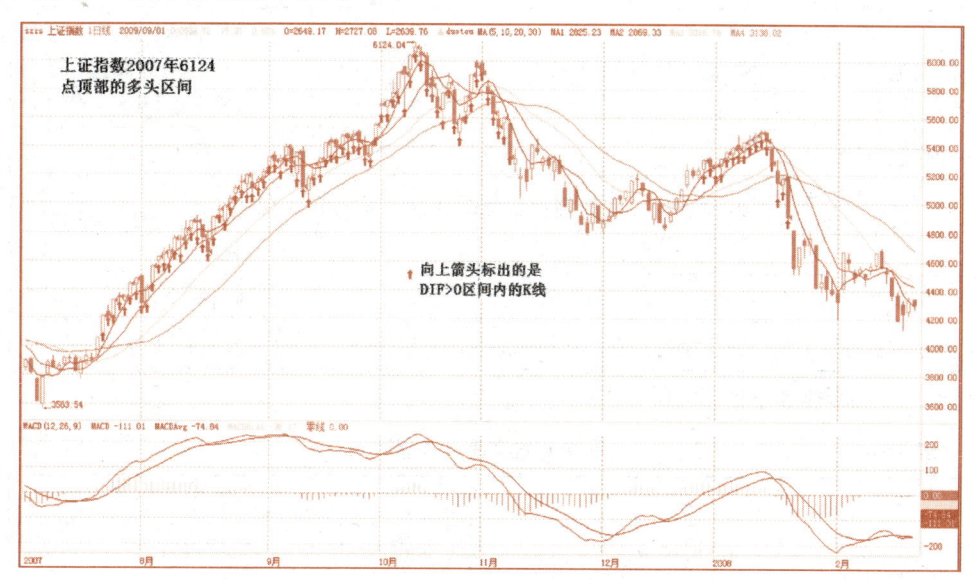

图 8-2 上证指数 2007 年 6124 点顶部的多头区间

马上开始建立交易系统的第一步，回答我们在之前列出的问题。

表 8-5　　　　　　　DIF 中长线交易系统相关问题表

系统相关问题	影响因素或选择范围	明确选择结果
系统理念	趋势、震荡	趋势
投入本金数额	N 元	1 万元
使用期限	N 年 N 月 N 日止	4 年
手续费率	1‰ - 3‰，分单向或双向	3‰
预期收益比例	胜率、R 值、数学期望	胜率 50% - 70% R 值 3 - 8
亏损底限	N%	10%
操作频率	周期：日线、周线、其他	日线
选股条件	板块、流通盘大小、PE 值、换手率、价格高低、其他	做熟悉的股票即可

续表

系统相关问题	影响因素或选择范围	明确选择结果
系统理念	趋势、震荡	趋势
股票池	熟悉的股票 3–5 只	招商银行、开滦股份、包钢稀土、上海能源、180ETF 等
操作股票数量上限	N 只	3 只
技术理论、指标	波浪理论、江恩理论、量价理论、MACD、KDJ、均线、其他	MACD 指标 DIF 线
左侧右侧交易	左侧交易、右侧交易	右侧交易
仓位控制方法	正金字塔加仓、均匀式加仓、其他比例	4∶4∶2 比例加仓

具体参数如下表 8–6。

表 8–6　　　　DIF 中长线交易具体参数表

	技术分析		资金管理
系统参数	明确条件	系统参数	明确数值
入场位	(1) DIF>5，明显向上突破 0 轴 (2) MACD 红柱线发散 (3) 收阳线	开仓量	40%
加仓位	(1) 满足买入条件 (2) 大于前一次买入价	加仓量	第一次加 40% 第二次加 20% 止损而有持仓时，又满足开仓条件则按上次止损量加仓，使总持仓量回到止损前的水平
减仓位	跟踪止损，同止损位	减仓量	同止损量
止损位	(1) DIF<-5，明显向下突破 0 轴 (2) 或低于买入价 5% (3) 或总亏损达 10%	止损量	第一次止损持仓量的一半，连续第二次则清仓
止盈位	跟踪止损，同止损位	止盈量	同止损量
其他参数	无		

解释一下上面回答的几个重要的问题：

(1) 数学期望

这个系统预期的胜率（P）在50%-70%之间，R值在3-8之间，我们来算一下数学期望是否为正。根据公式：EP = P1 × W - P2 × L，我们算出下面的胜率和R值的分布表（表8-7）：

表8-7　　　　　　　　　　　数学期望表

P/R	1	2	3	4	5
30%	-0.40	-0.10	0.20	0.50	0.80
40%	-0.20	0.20	0.60	1.00	1.40
50%	0.00	0.50	1.00	1.50	2.00
60%	0.20	0.80	1.40	2.00	2.60

胜率P大于50%并且R值大于3的系统肯定符合正期望，我们在表8-7中用下划线标出了这些数值。按较为保守的数值计算，当P=60%，R=3的时候，从表中可以查到EP=1.4>0，可以确定这个DIF交易系统符合正的数学期望，也就是赚钱的，之后我们将通过测试结果来看一下具体值是多少。

(2) 开仓与加仓数量

根据仓位控制中讲到的神奇的KELLY公式F=（(R+1)P-1)/R，我们算一下在P=60%，R=3的时候，F=((3+1)×60%-1)/3=47%。所以我的开仓数量定在了占总资金比例的40%。由于加仓的时候，随着行情的上涨，在高位的风险会加大，胜率会降低。所以我们在第一次加仓用40%，第二次加仓用20%，这样避免在顶部加重仓。

对于止损后再满足买入条件的情况，这一次加仓需要包括两部分。首先要把上次止损的仓位补上，其次再按计划加仓。比如，在第一次买入40%后，由于行情回撤触发了止损位，这时应止损卖出开仓量的一半即20%。如果行情继续下跌，再次满足止损条件则卖出另外的20%清仓出局。如果行情只是震荡洗盘之后又重新进入升势，当价格满足加仓条件时，应首先加上前面止损的20%仓位，再按计划加仓40%。简单来说，在有止损而未清仓的时候，加仓量为持仓量与计划加仓量之和（20%+40%）。

(3) 选股条件

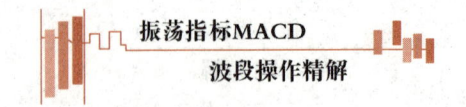

只做熟悉的几只股票，对于系统交易者来说，不必费精力去寻找黑马。因为板块是轮涨的，熟悉的个股是在几年的操作中根据经验选出来的优质股，一般会高于平均的涨幅。还有一种观点是，做指数型基金也能收到不错的回报，如50ETF、180ETF、创业板（159915）等。所以说，无系统交易者看来很重要的选股，在系统交易者看来并非那么重要。

(4) 入场位

DIF＞0 是多头入场的基本条件，我们进一步增加了三个过滤条件。第一个，DIF＞5，表示 DIF 线拐头向上明显突破 0 轴，这样可以过滤掉一些不明显的突破行情。这里 DIF 取大于 5 仅适用于上证指数，当用在个股中时，应取更小的数值定义明显突破。第二个，MACD 由绿柱变为红柱线发散，这是短线上涨的信号，中长线的买点要精确到中短线的上涨。第三个，CLOSE ＞ OPEN，表示收阳线。在优化时还可以加入其他的过滤条件，这可以依据交易者的系统风格而定。

再次满足开仓条件且盈利的情况下才可以加仓。

(5) 离场位（止损、止盈）

我们采用跟踪止损策略，以 DIF ＜ −5 为出场信号，即 DIF 线向下明显突破 0 轴作为离场信号。此外，当买入后亏损 5% 或总亏损达到 10% 时都无条件离场。

按持仓数量分两次离场，每次卖出持有数量的一半。

(6) 手续费

手续费常规包括三部分：1. 印花税：成交金额的 1‰，有时按双边收，有时按单边收，目前是单边收取。2. 证券监管费（俗称三费）：约为成交金额的 0.2‰，实际还有尾数，一般省略为 0.2‰。3. 过户费（仅上海股票收取）：每 1000 股收取 1 元，不足 1000 股按 1 元收取。4. 券商交易佣金：最高为成交金额的 3‰，最低 5 元起，单笔交易佣金不满 5 元按 5 元收取。目前，很多券商把佣金已经调至了 0.8‰−1‰。这样一般单边的手续费平均在 2‰ 以下。我们考虑到滑点或一些其他误差，把手续费定为相对较高的双向 3‰。

上证指数测试报告

此时，我们已经有了一个基本的 DIF 中长线交易系统。

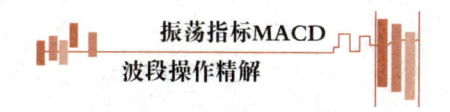

为了证明一般性，我们先在图 8-1 的上证指数上测试一下运行效果。交易信号标志如图 8-3，这些完全是根据交易系统由计算机程序判断触发条件发出的交易信号，可以做到对交易系统的严格执行。

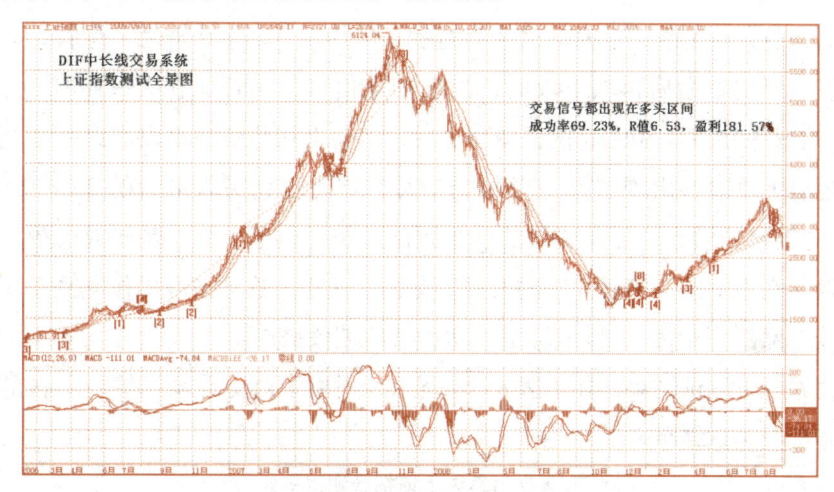

图 8-3　DIF 交易系统上证指数测试全景图

将图 8-3 与图 8-1 进行对比，不难发现，用数字标出的买入信号都出现在多头区间内。图中显示在 K 线下方的向上箭头表示买入；显示在 K 线上方的向下箭头表示卖出，数字表示交易数量。由于测试时间较长，全景图上看上去可能不太清楚，下面再看一幅最后一波操作的放大图，如下图 8-4 所示。

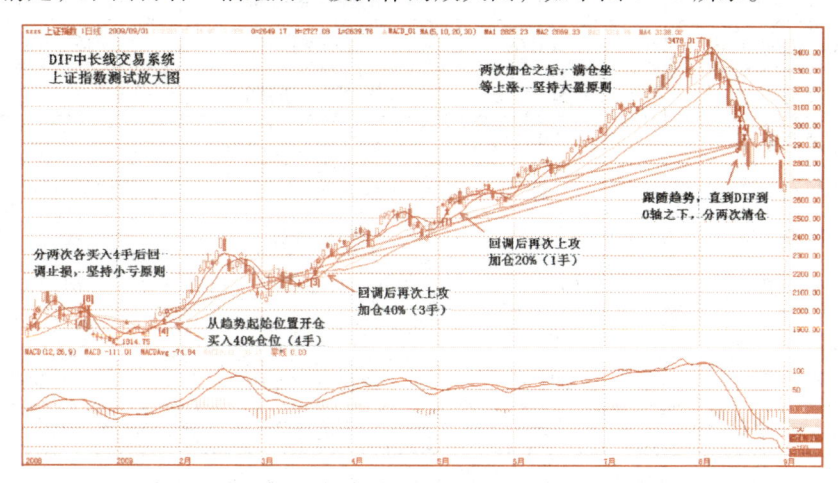

图 8-4　DIF 交易系统上证指数测试放大图

图 8-4 中，可以看到在一波趋势的开始位置，在两次买进之后，因为调整行情小亏出局，这也是我们坚持的小亏原则，绝不放大亏损。经过调整之后，指数再次重新回到多头市场，这时我们再次开仓，首次开仓买入 40% 仓位（4 手）；买入后指数开始上涨，这时候已经有盈利了，DIF 一直在 0 轴之上运行，多头趋势不变，当调整之后再次上攻时，出现加仓信号，这时加仓买入 40% 仓位（3 手），这时一共持有 80% 仓位；加仓之后，多头上涨趋势还是没有改变，当再次调整过后上攻时，出现了又一个加仓信号，这时加仓买入最后的 20% 仓位（1 手），这时已经满仓，后面要做的就是跟随趋势，坐等上涨，坚持放大盈利的原则。最后在 DIF 向下突破 0 轴的时候，分两次卖出，这样波段操作吃到了一大波中长线上涨的"中段"，圆满完成一次中长线波段操作。

再看一下测试结果，如下表 8-8 所示，列出了对交易系统绩效考核的主要参考指标及测试结果。

表 8-8 DIF 交易系统上证指数测试报告

测试报告			
统计指标	全部交易	统计指标	全部交易
净利润	18157.38	最大盈利	4355.3
总盈利	19483.92	最大亏损	-485
总亏损	-1326.54	平均持仓周期	89
总盈利/总亏损	14.69	平均盈利周期	121
交易次数	13	平均亏损周期	17
盈利比率	69.23%	最大持仓数量	8
盈利次数	9	最大使用资金	18212.76
亏损次数	4	佣金合计	0
平均利润	1396.72	收益率	181.57%
平均盈利	2164.88	总交易时间	1337 天
平均亏损	-331.63	持仓时间比率	64.24%
平均盈利/平均亏损	6.53	年度比率	32.66%

测试的日期是从 2006 年 1 月 1 日至 2009 年 9 月 1 日，即从 2006 年第一个交

易日1月4日收盘的1180.96点到2009年9月1日的2683.72点这段时期内。

测试指数是为了说明测试结果的一般性，因为指数反应了多数股票的行情走势，如果在指数上测试的效果良好，那么在实战中选择股性好的个股操作时，实战效果会大大好于在指数上的运行效果。交易者经常听说的"看大盘，做个股"就是这个道理，指数代表了整体股票的趋势。

在测试中以指数点位为每手价格，本金为1万元，比如，在2000点，最多可买入10000/2000＝5手。指数测试没有加入手续费，在后面的个股测试中会加入手续费。

下面来分析测试结果。

从测试报告中可以看到，按照DIF中长线交易系统操作，中长线交易一共出手13次，盈利9次亏损4次，成功率69.23%，成功率接近70%高于之前60%的预期。总盈利为19483.92元，总亏损为1326.54元，净盈利18157.38元，我们用了1万元的本金，所以很容易计算出收益率为181.57%。

再来看另一个关键指标R值（平均盈利/平均亏损），R＝6.53。这反映了中长线交易的特点，出手次数较少，盈亏比R值较高。成功率大于50%且R值大于2的系统是肯定赚钱的系统，但我们还是要计算一下这个系统的数学期望。通过数学期望公式 EP＝P1×W－P2×L＝69.23%×6.53－（1－69.23%）×1＝4.21＞0，结果符合正期望的系统，这表明，使用这个系统，每一次出手时1元本金的平均收益是4.21元，只要按这个系统执行当然会赚钱！

通过以上分析，可以知道这个DIF系统是小亏大盈并且成功率较高的系统。年度平均收益率可达32.66%，要知道多数的基金经理平均年回报率才是20%－30%。股神巴菲特的投资业绩，一种说法是在20年中平均收益率在20%左右，另一种说法是平均年收益在28.6%。当然，巴菲特的资金庞大也影响了他的整体回报率。巴菲特之所以是大师，主要是因为复利的持续增长，他的稳定性是普通人不能比的。普通交易者只要能坚持一个正期望的交易系统坚决地执行下去，也能达到大师的投资回报水平，因为我们有资金规模较小，操作灵活的优势。我们一直强调稳定比暴利更重要！稳定就是暴利！

"交易法则只是成功交易的一小部分。成功交易的最重要的方面是信心、连续性和纪律。"

——《海龟交易法则》

第七节　交易系统实例之二——MACD 中短线交易系统

MACD 指标的柱状线是中短线的重要参考依据，我们在 DIF 中长线交易系统的基础上，可以更进一步建立起以柱状线为主要操作依据的 MACD 中短线交易系统。

我们还是以问题表格的形式来明确交易系统的各个条件和参数设置，MACD 中短线交易系统需要明确的相关问题如下表 8-9 所示。

表 8-9　　　　MACD 中短线交易系统相关问题表

系统相关问题	影响因素或选择范围	明确选择结果
系统理念	趋势、振荡	趋势
投入本金数额	N 元	1 万元
使用期限	N 年 N 月 N 日止	4 年
手续费率	1‰~3‰，分单向或双向	3‰
预期收益比例	胜率、R 值、数学期望	胜率 60%~70%　R 值 3-5
亏损底限	N%	10%
操作频率	周期：日线、周线、其他	日线
选股条件	板块、流通盘大小、PE 值、换手率、价格高低、其他	做熟悉的股票即可
股票池	熟悉的股票 3~5 只	招商银行、开滦股份、包钢稀土、上海能源、180ETF 等
操作股票数量上限	N 只	3 只
技术理论、指标	波浪理论、江恩理论、量价理论、MACD、KDJ、均线、其他	MACD 指标
左侧右侧交易	左侧交易、右侧交易	右侧交易
仓位控制方法	正金字塔加仓、均匀式加仓、其他比例	5：5 比例加仓
其他问题	……	

具体参数如下表 8-10。

表 8-10　　　　　　　　MACD 中短线交易具体参数表

技术分析		资金管理	
系统参数	明确条件	系统参数	明确数值
入场位	(1) DIF>5，明显向上突破0轴 (2) MACD 红柱线发散 (3) 收阳线 (4) MACD>5，明显向上突破0轴	开仓量	50% 仓位
加仓位	(1) 满足买入条件 (2) 大于前一次买入价 (3) MACD 红柱再次发散	加仓量	加仓一次 50% 仓位 止损而有持仓时，又满足开仓条件则按上次止损量加仓，使总持仓量回到止损前的水平
减仓位	跟踪止损，同止损位	减仓量	同止损量
止损位	(1) MACD<-5，明显向下突破0轴 (2) 或低于买入价 5% (3) 或总亏损达 10%	止损量	第一次止损持仓量的一半，连续第二次止损则清仓
止盈位	跟踪止损，同止损位	止盈量	同止损量
其他参数	无		

解释一下上面回答的几个重要的问题：

(1) 数学期望

我们还是按偏稳健的资金管理策略，当 P=60%，R=3 的时候，从表中可以查到 EP=1.4>0，这个 MACD 交易系统是正的数学期望，也就是赚钱的，之后我们将通过测试结果来看一下具体值是多少。

(2) 开仓与加仓数量

开仓数量定为占总资金比例的 50%。由于中短线的上涨空间要比中长线的小，所以中短线交易系统我们只加一次仓，加仓用余下的 50% 仓位。

(3) 选股条件

中短线交易需要选择流通股本适中的优质股来做，还是只做几只熟悉的个股即可，将经常关注的主要板块的龙头股建立一个股票池。推荐的操作板块如，有色金属、能源煤炭、建材、券商、医药等等。各板块的龙头股通过历史行情很容易找出来。特别关注股性活跃每年都有好的表现的中小板个股。

(4) 入场位

前三个买入条件与 DIF 中长线交易系统一样，MACD 交易系统在此基础上增加了第四个买入条件，即 MACD＞5，表示红柱线发散并首次明显向上突破 0 轴。这是把条件逐渐严格化的过程，由长及短，最后精确到最严格的条件。由于指数价格远高于个股，MACD＞5 这一条件同样只适用于上证指数，在个股中需要定义更小的数值来判定红柱线明显开始发散。

(5) 出场位（止损、止盈）

还是采用趋势跟踪策略止损出场，以 MACD＜-5 为出场信号，即绿柱线明显向下突破 0 轴作为离场信号。这比中长线系统 DIF＜-5 的出场条件更加严格。此外，当买入后亏损 5% 或总亏损达到 10% 时都无条件离场。

按持仓数量分两次离场，每次卖出持有数量的一半。

(6) 手续费

还是把手续费定得相对较高，按双向 3‰ 计算。

上证指数测试报告

这样，我们已经建立了一个 MACD 中短线交易系统。

为了证明一般性，我们仍旧在上证指数上先测试一下的运行效果。交易信号标志如图 8-5 所示。

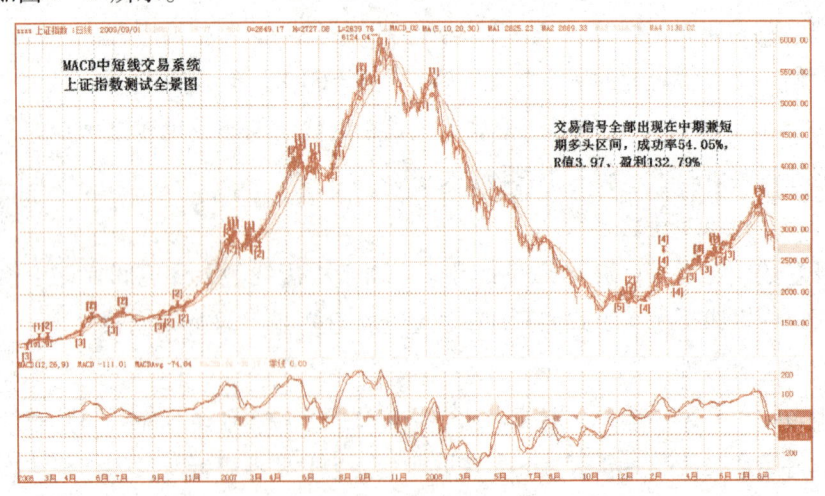

图 8-5　DIF 交易系统上证指数测试全景图

图 8-5 中，用数字标出的买入信号都出现在中期多头兼短期多头区间，是"涨中涨"的区间。图中显示在 K 线下方的向上箭头表示买入；显示在 K 线上方的向下箭头表示卖出，数字表示交易数量。下面再看一幅最后一波操作的放大图，如下图 8-6 所示。

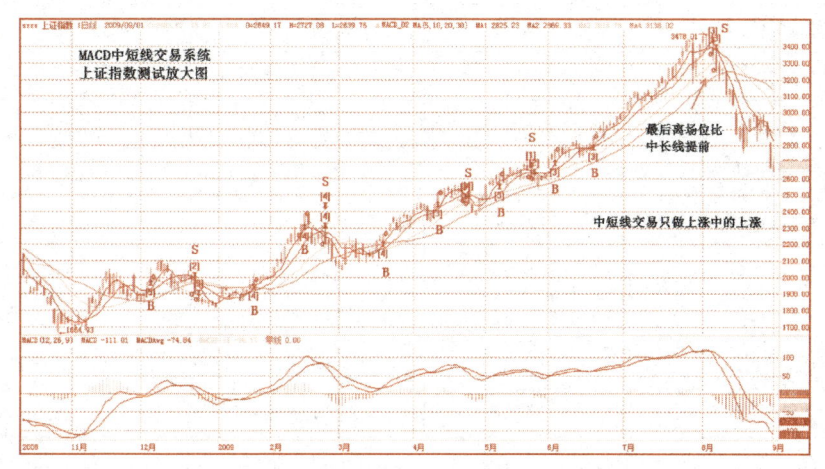

图 8-6　MACD 交易系统上证指数测试放大图

图 8-6 是与图 8-4 一样的一波上涨，对比两图就可以发现中短线与中长线操作的区别，在图 8-6 中，中短线只做上涨中的上涨，出现的信号较多，我们标注上了"B"表示买点，"S"表示卖点。从这一大波段的最后离场位可以看到，中短线的离场位要比中长线提前，这样的好处当然是保护更多的利润，但弊端是容易被震荡出局，这是无法避免的，选择了一种操作方法，就要承担相应的优势和劣势。

再看一下测试结果，如下表 8-11 所示，列出了对交易系统绩效考核的主要参考指标及测试结果。

表 8-11　　　　　　　MACD 交易系统上证指数测试报告

测试报告			
统计指标	全部交易	统计指标	全部交易
净利润	13278.55	最大盈利	2130.92
总盈利	16896.18	最大亏损	-755

续表

测试报告			
统计指标	全部交易	统计指标	全部交易
总亏损	-3617.63	平均持仓周期	23
总盈利/总亏损	4.67	平均盈利周期	36
交易次数	37	平均亏损周期	7
盈利比率	54.05%	最大持仓数量	8
盈利次数	20	最大使用资金	18192.88
亏损次数	17	佣金合计	0
平均利润	358.88	收益率	132.79%
平均盈利	844.81	总交易时间	1337 天
平均亏损	-212.8	持仓时间比率	43.50%
平均盈利/平均亏损	3.97	年度比率	25.94%

同样测试的是从 2006 年 1 月 1 日至 2009 年 9 月 1 日期间的上证指数，下面来分析测试结果。

从测试报告中可以看到，按照 MACD 中短线交易系统操作，中短线交易一共出手 37 次，盈利 20 次亏损 17 次，成功率 54.05%。总盈利为 16896.18 元，总亏损为 3617.63 元，净盈利 13278.55 元，我们用了 1 万元的本金，所以很容易计算出收益率为 132.79%。

再来看另一个关键指标 R 值（平均盈利/平均亏损），R = 3.97。中短线系统的 R 值比中长线明显地降低了，我们再来计算一下这个系统的数学期望。通过数学期望公式 $EP = P1 \times W - P2 \times L = 54.05\% \times 3.97（1 - 54.05\%）\times 1 = 1.69 > 0$，是正期望的系统，这表明，使用这个系统，每一次出手中的 1 元本金平均收益是 1.69 元，只要按这个系统执行也是会赚钱！

但是，从测试结果来看，MACD 中短线交易系统与 DIF 中长线交易系统相比，盈利较低，原因是什么呢？因为指数更具有趋势性！所以频繁的中短线虽然也能赚钱，但却不如减少操作次数的中长线效果更好。

到这里，我们已经建立完成了"一长一短"两个交易系统，并且在上证指

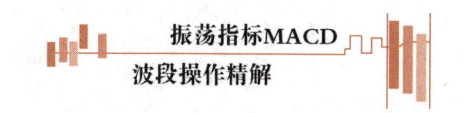

数上测试了普遍的适用性，证明它们都是盈利的系统，那么它们运用在个股中的表现会如何呢？我们说，在指数上测试盈利的系统，在个股中往往也会有不俗的表现，下面我们将对比两个交易系统在个股中的表现。

"有老交易员，也有无所畏惧的交易员，但却没有无所畏惧的老交易员。"

——《海龟交易法则》

第八节　波段之秘——个股测试比较

我们通过两个系统对指数的测试，证明了交易系统的一般适用性，可以说，如果交易系统在指数上测试不能稳定盈利，那么在个股上测试更加难以盈利。指数的表现更平滑，更具有趋势性。多数个股与指数的涨跌是同步的，只是个股会放大涨跌幅度。从经验来看，趋势性强，波动流畅的中小盘股较为适合操作。更简便的方法是选择流动性好的交易所基金进行操作。稳定性也是我们要考虑的一个重要因素。

除大盘股外，多数个股都比指数要活跃，尤其是中小盘股，在大盘向好时，再加上有概念的炒作，往往会一飞冲天！以技术为主的交易者也要关注概念，所有的消息表现在价格上，概念与股价一定是正相关的，概念产生的预期越大对应的涨幅也会越大。放量上涨的股票就是脱颖而出的"黑马"，右侧交易者只需要在个股初步露出"黑马"模样的时候，果断介入。借助交易系统的帮助，交易者更容易"骑得住黑马"。做股票最痛苦的事，莫过于骑上了"黑马"却在中途下马，眼看着"黑马"扬长而去。

下面通过一个例子来比较分析"DIF中长线交易系统"与"MACD中短线交易系统"各自的优势与劣势，看如何"骑得住黑马"，使利润达到最大化！下面来测试一下两个系统分别在同一个股开滦股份（600977）中的表现。

信号图对比分析

首先看"DIF 中长线交易系统"与"MACD 中短线交易系统"对开滦股份（600977）的测试结果，如下图 8-7 和图 8-8 所示。

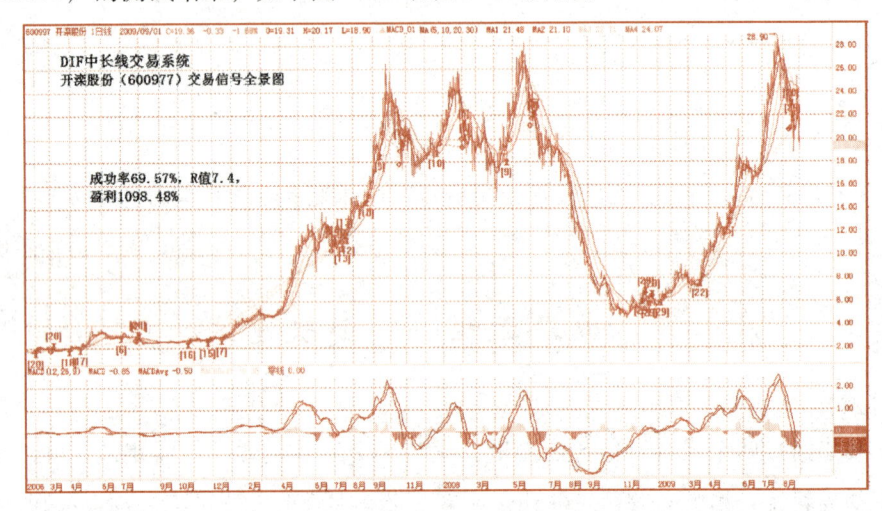

图 8-7　DIF 中长线交易系统开滦股价（600977）交易信号全景图

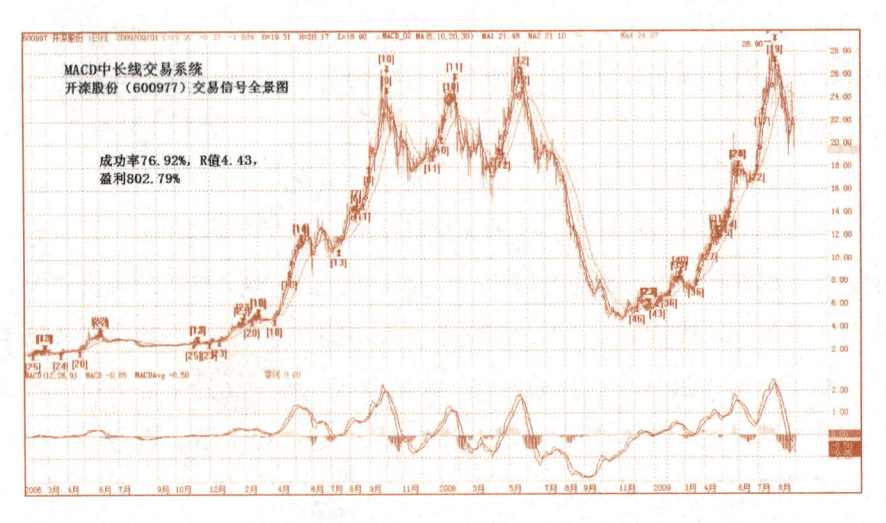

图 8-8　MACD 中短线交易系统开滦股价（600977）交易信号全景图

对比图 8-7 与图 8-8 两幅图，我们最直观的感觉是，图 8-7 上的交易信号要少于图 8-8。详细的测试报告见表 8-12 和表 8-13，在看测试报告之前，交易者可以大概猜测一下两个交易系统的关键绩效指标，然后对比测试报告来印证，想想哪些指标数值和预想的有出入，思考一下原因。

由于测试时间比较长，在全景图中的交易信号只能看个大概，下面我们通过两个交易系统在震荡市与趋势市中的表现对比来放大部分区间图来详细看他们的区别，同时带着这样一个问题，你自己在交易中，打算用哪种交易系统，有哪些理由？

两个交易系统在震荡市中的表现对比

图 8-9 和图 8-10 分别是两个系统在震荡市区间的交易信号。这个震荡区间发生在 2007 年 9 月到 2008 年 6 月，该股走出了"三重顶"形态的大头部。

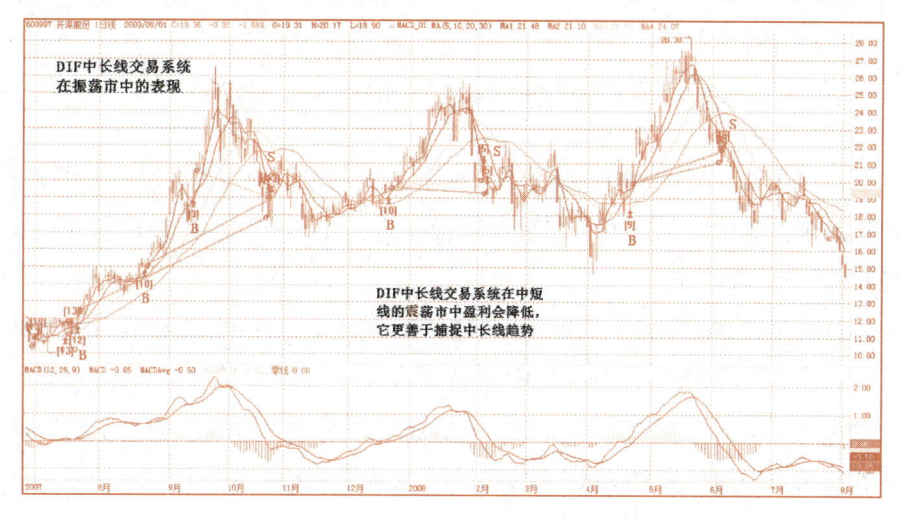

图 8-9　DIF 中长线交易系统在震荡市中的表现

图 8-9 是 "DIF 中长线交易系统" 在震荡市中的表现情况，从图中可以看到，在 "三重顶" 形态中，按该系统可做三次波段操作，在图中用 "B" 表示买点，用 "S" 表示卖点。第一波段出现了三次买入信号，有一定幅度的盈利，可是后面的两次波段操作盈利效果就不太好，第二波基本持平，第三波稍有盈利。从这里可以看出，有了交易系统就有了一大优势，只要你有一个经过足够多测试

的正期望的交易系统,并且严格的执行,那么就很难亏钱!

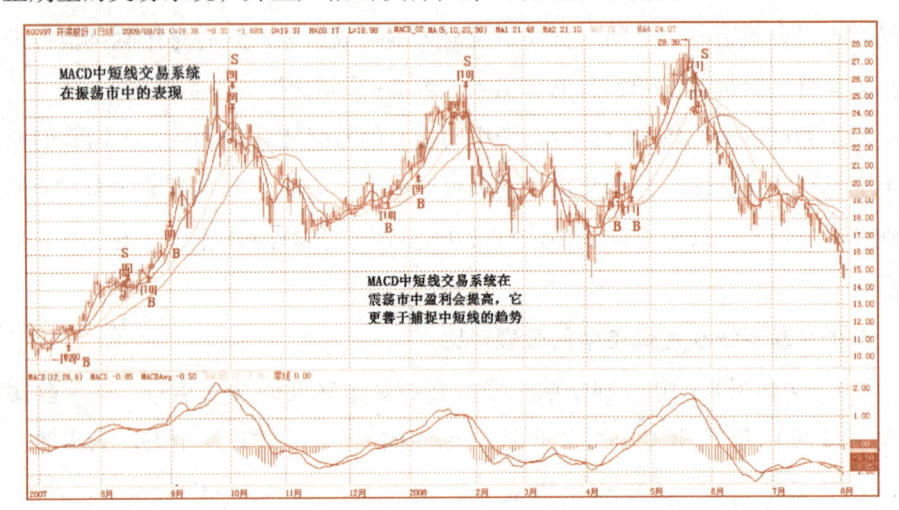

图 8-10 MACD 中短线交易系统在震荡市中的表现

下面再来看"MACD 中短线交易系统"在震荡市中的表现情况,从图 8-10 中可以看到,该系统对这个"三重顶"形态进行了三波完美的波段操作,堪称典范!

不难看出,在震荡市中的表现,"MACD 中短线交易系统"胜出了"DIF 中长线交易系统"。显然,"MACD 中短线交易系统"更善于捕捉中短线的趋势,在震荡市中的盈利会提高;而"DIF 中长线交易系统"更善于捕捉中长线的趋势,在震荡市中的盈利会降低。这是由两个交易系统的原始设计理念决定的,必定是各有所长!

两个交易系统在趋势市中的表现对比

图 8-11 和图 8-12 分别是两个系统在趋势区间的交易信号。这个趋势区间发生在 2008 年 11 月到 2009 年 8 月,该股走出了一波连续的上涨行情。

图 8-11 是"DIF 中长线交易系统"在趋势市中的表现情况,从图中可以看到,该系统在上涨趋势开始的位置有两次小的止损,这就是常说的试错,用较小的代价来寻找操作机会!

随后,在第三次出手时,靠系统把握到了起涨点,在之后的两次调整后,又

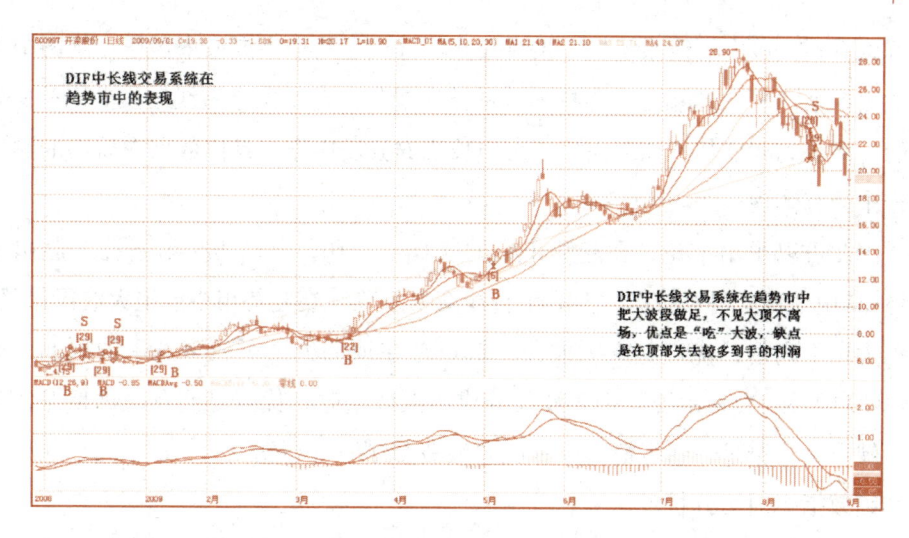

图 8-11 DIF 中长线交易系统在趋势市中的表现

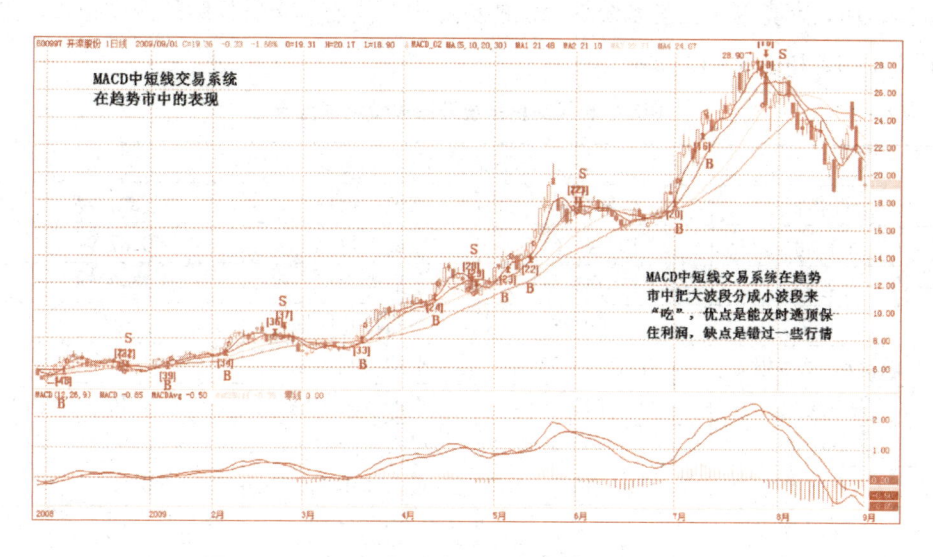

图 8-12 MACD 中短线交易系统在趋势市中的表现

有两次加仓机会,从低位买入 40% 仓位(29 手),在第二次上攻时加仓 40%(22 手),在第三次上攻时加仓 20%(6 手),之后满仓待涨,直到行情拐头再分两次卖出。这样一波中长线的操作可称为是经典之作!

下面再来看"MACD 中短线交易系统"在趋势市中的表现情况,从图 8-12

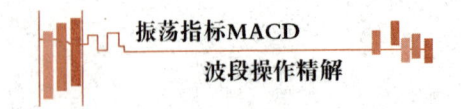

中可以看到，该中短线系统把中长线大波段分成了几个小波段来操作，从图中可以数出5个"S"，也就是5波中短线的波段操作。这5次中短线波段操作都是盈利的，但盈利幅度却不如前面那一次中长线的波段操作。具体数据在后面的测试报告中会有体现。

因此可以得出结论，在趋势市中的表现，"DIF中长线交易系统"胜出了"MACD中短线交易系统"。"DIF中长线交易系统"在趋势市中能把大波段做足，不见大顶不离场，优点是吃大波段，缺点是在顶部失去了较多到手的利润；而"MACD中短线交易系统"把大波段分成小波段来吃，优点是能及时逃顶保住利润，缺点是会错过一些行情，或者说"浪费"了一些行情。

绩效指标对比分析

通过两个交易系统在震荡市和趋势市的表现对比，可以说两个交易系统各有所长，那么究竟哪个交易系统综合性能更好呢？我们再来看详细的测试报告。如下表8-12和表8-13所示。

表8-12　　　　　DIF中长线交易系统开滦股份测试报告

测试报告			
统计指标	全部交易	统计指标	全部交易
净利润	109847.6	最大盈利	40287.94
总盈利	116745.41	最大亏损	-2343.58
总亏损	-6897.81	平均持仓周期	68
总盈利/总亏损	16.92	平均盈利周期	91
交易次数	23	平均亏损周期	16
盈利比率	69.57%	最大持仓数量	57
盈利次数	16	最大使用资金	60165
亏损次数	7	佣金合计	1510.4
平均利润	4775.98	收益率	1098.48%
平均盈利	7296.59	总交易时间	1328天
平均亏损	-985.4	持仓时间比率	64.83%
平均盈利/平均亏损	7.4	年度比率	97.91%

表 8-13　　　　　　　MACD 中短线交易系统开滦股份测试报告

测试报告			
统计指标	全部交易	统计指标	全部交易
净利润	80278.88	最大盈利	9604.78
总盈利	86116.77	最大亏损	-1847.9
总亏损	-5837.89	平均持仓周期	22
总盈利/总亏损	14.75	平均盈利周期	25
交易次数	39	平均亏损周期	10
盈利比率	76.92%	最大持仓数量	73
盈利次数	30	最大使用资金	86164
亏损次数	9	佣金合计	3092.12
平均利润	2058.43	收益率	802.79%
平均盈利	2870.56	总交易时间	1328 天
平均亏损	-648.65	持仓时间比率	42.87%
平均盈利/平均亏损	4.43	年度比率	83.08%

通过两个交易系统测试报告的比较，我们来分析一下，究竟哪个交易系统的综合表现更好。下面来详细的比较和解读几个重要的绩效指标。不特别说明情况下，则前者指"DIF 中长线交易系统"，后者指"MACD 中短线交易系统"。

（1）净利润：前者比后者多出 109847.60 - 80278.88 = 29568.72，多出近 27% 的利润。

（2）胜率：分别为 69.57% 和 76.92%，后者要高一些。

（3）交易次数：分别为 23 和 39，后者中短线的出手次数多于前者的中长线出手次数。

（4）R 值：分别为 7.4 和 4.43，前者明显大于后者，前者是大 R 的交易系统。

（5）数学期望：$EP1 = P1 \times W - P2 \times L = 69.57\% \times 7.4 - (1 - 69.57\%) \times 1 = 4.84 > 0$，$EP2 = P1 \times W - P2 \times L = 76.92\% \times 4.43 - (1 - 76.92\%) \times 1 = $

3.18＞0，EP1＞EP2，前者比后者每次出手的盈利要高些。

（6）最大盈利和最大亏损：前者的最大盈利为40287.94多于后者的9604.78，前者的最大亏损为2343.58也多于后者的648.65，中长线的盈亏范围要大于中短线。

（7）手续费合计：手续费按3‰计算，分别为1510.40和3092.12，后者由于中短线出手次数多，其手续费明显多于前者。

（8）收益率：分别为1098.48%和802.79%，年度收益率分别为97.91%和83.08%。前者收益明显好于后者，4年多的时间，本金将近翻了10倍。这也得益于运用"神奇"的KELLY公式，一直用科学的加仓方法实现了复利增长。

（9）持仓时间比率：分别为64.83%和42.87%，前者做大波段，持仓时间较长。

从测试结果上综合来看，"DIF中长线交易系统"要优于"MACD中短线交易系统"。这是否符合你当初的预期呢？！

从前面两个交易系统的交易信号对比图中来看，两个系统的盈利幅度应该相差不大，甚至给人的印象是"MACD中短线交易系统"要领先于"DIF中长线交易系统"，可是测试出来的结果却是截然相反，那么盈利差距产生于哪里呢？

下面将要讨论的可以说是一个关键的问题，也是一个容易被很多人忽略的盈利核心秘诀。

资产时间积累比较

下图8-13和图8-14是两个交易系统的资产随时间积累增长的面积图。

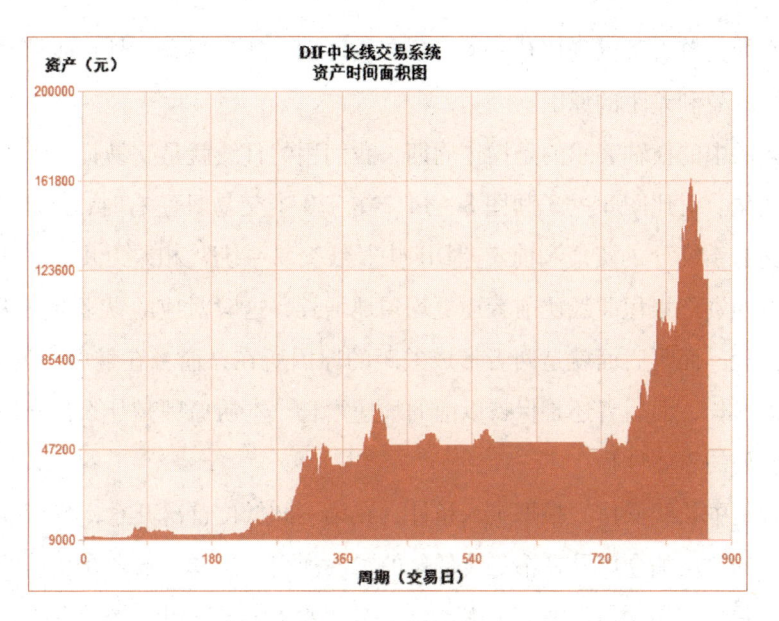

图 8-13　DIF 中长线交易系统资产时间面积图

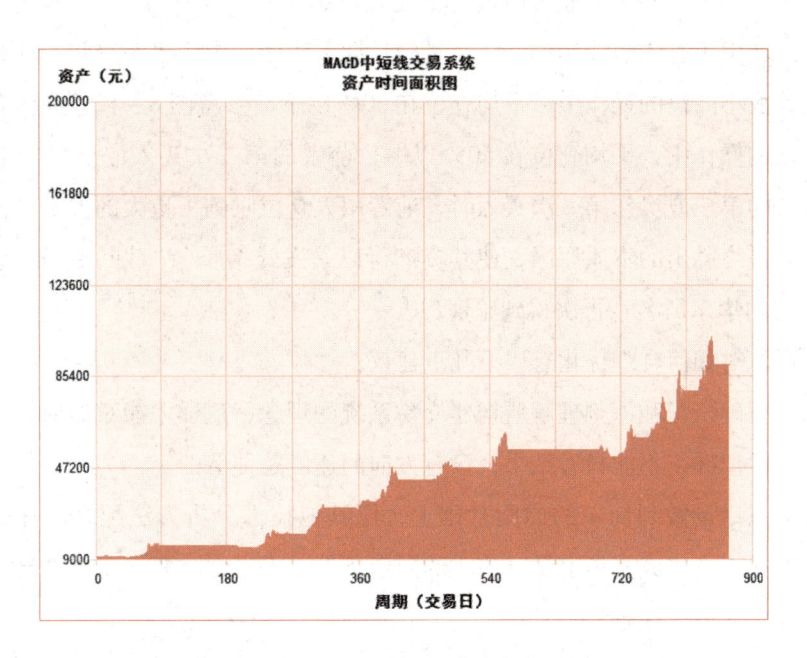

图 8-14　MACD 中短线交易系统资产时间面积图

细心的交易者可以先比较一下两幅图的区别，通过观察，是否能够看出导致两个系统的盈利差距的原因。

两幅图中的横轴表示的是操作周期，我们用的日线就是交易日，纵轴表示的是资产变化。对比图8-13和图8-14，在720个交易日左右时，后者"MACD中短线交易系统"的资产和前者"DIF中长线交易系统"相差无几，甚至稍有领先，后者的资产累积曲线比前者还更均匀地增长，这时对应的纵坐标在47200元上下的位置。而再后面就是两者形成差距的原因所在，前者在最后一波操作中，资产快速增长，而后者还是保持以前的均速增长。本质原因是什么？仓位！这就是资金管理的重要性！

前者是中长线操作，根据买入条件，在第一波低位首次开仓，然后经过在第二波低位的一次加仓以及在第三波低位的二次加仓至满仓。前者在盈利的基础上加至满仓并且享受了最后两波上涨，整个过程没有频繁进出，参考图8-11。图8-13中，资产上冲纵坐标161800那波正是在满仓持有该股的最后一波上涨时发生的。后者由于是中短线操作，一直是做长期多头中的中短多头趋势，在整个大波段的5次小波段的操作中，平均仓位在50%以下，参考图8-12。而前者在整个大波段的操作中，平均仓位在50%以上，前者的第二次买入增至80%仓位发生在后者的第三波操作第一次买入时，前者用大仓位吃到了更大的上涨波段，这就是前者最终胜出的本质原因，使其资产得以暴发式增长。"截断亏损，让盈利奔跑"这句华尔街名言再次得到验证！

最后，对如何合理优化有以下几点建议：

（1）正确认识和深刻理解所构建交易系统的理念，这样才能对如何优化有正确的方向性把握，不能只看结果，没有方向的速度是徒劳的。

（2）在尽量做到简单的原则基础上，用其他技术分析方法配合增加过滤条件。比如在价格或成交量上做一些小的限定条件，不必太过复杂。条件越苛刻的交易系统，其适用性越差。

（3）在资金管理上改进，不必只盯住技术分析不放。即使胜率平庸也可以靠高盈亏比实现良好的盈利状况。

（4）多复盘，多做测试，多积累经验。交易如博弈，需要实践去领悟。多动手，说不定下一次试验就会成功。还要在内力上提升对交易的理解，所谓"练武不练功，到老一场空"。

（5）再好的系统也会有亏损期，接受合理的亏损才能捕捉到系统内的行情。试图抹掉亏损也可能影响相应的利润。

"如果激情驱使你，让理智勒紧缰绳。"

——本杰明·富兰克林（Benjamin Franklin）

第九节　对过滤条件和交易品种的选择

过滤条件的选择

在进出场策略中，很重要的一点是对过滤条件的选择。好的过滤条件无疑可以让系统更有效。一个占优势的过滤条件可以对一个交易系统起到决定性的作用。

不同交易品种会表现出某种波动特性，有效的过滤条件能对这种波动特征起到很好的识别和区分作用。比如对于买点来说，当符合某个条件时，价格上涨的概率较大，并且能够很有效地区分行情。举两个具体的例子，比如DIF线的底背离之后的拐头买点，DIF线创新低之后的二次红柱发散买点等。

很多交易者在经过一定的实战之后，都会从行情中窥得一线天机。市场中会有相同的一群人看到同样的所谓的捡钱模式，并据此操作获利。要注意的一点是，它要有一定的区分度，能真正地识别优势位置。

具有优势的过滤条件是交易者的秘密武器，可以说，国之利器不可以示人。不过，这些技巧只有在具有一定的眼光和执行能力的人手中才能发挥效力。否则，即使是他人眼中的倚天剑、屠龙刀，但到了另一些不能把持它的人手里也会变成废铜

烂铁。

在交易者普遍使用的过滤条件中，主要从以下几个方面来提炼优势策略：

（1）指标的形态特征和约束条件。

（2）价格形态。

（3）价格与均线的位置和形态特征。

（4）K线和K线组合形态。

（5）成交量形态和数值。

（6）交易时间限制。

（7）多周期共振。

（8）其他一些统计指标，比如量比、换手率等。

我们建议交易者主要从量价方面入手，这是最根本的。还需注意，过滤条件不是越多越好，而是越有效越好，区分度越高越好。两个有效的过滤条件胜过十个无效的过滤条件。比如我们在书中提到过的用 DIF 线区分多头与空头市场，只在 DIF > 0 的区间操作，仅凭这一条就可以提高交易绩效。

最后，对书中的交易系统用到的 DIF > 5 这个过滤条件统一作一下说明。有一些交易者问到过 DIF > 5 的问题，因为在个股中 DIF 值不会达到 5。

DIF > 5 或者 MACD > 5，在书中的系统测试部分是用在指数中的，设置这个条件的目的是为了过滤掉在 0 轴附近反复出现的买卖信号。为了区分有效突破，指标值取 5，基本能达到这个目的。运用到个股上时，由于个股价格明显低于指数值，所以 DIF 值也较低。可以根据经验或计算来设置一个数值，起到过滤噪音的作用。如果要计算个股的适用数值，可以尝试如下方法。

我们在下面随机选取了上证指数和万科 A 在某段时间的 4 个交易日的 DIF 数值，然后计算每相邻两天之间的变动差值，这样求得三个差值，然后求和再除以 3，就得到一个近似平均的每天变动值。每只个股由于价格和波动幅度的不同，这个差值也会不同，例如，贵州茅台的价格在 300 元时，它的过滤值可能达到 0.5，而万科 A 在 20 元时，它的过滤值可能只有 0.02 的水平。目的是过滤微小波动。

以上证指数为例，见表 8-14。

表 8-14　　　　　　　　上证指数 DIF 均值计算表

日期	DIF 数值	差值
3 日	-8.87	
4 日	-15.48	6.61
5 日	-19.97	4.49
6 日	-23.94	3.97
总计		15.07
平均		5.023

这样就得到了一个每天波动的差值 5.023，所以上证指数可以近似取 5，起到过滤的作用。

再来看万科 A，见表 8-15。

表 8-15　　　　　　　　万科 DIF 均值计算表

日期	DIF 数值	差值
3 日	-0.03	
4 日	-0.05	0.02
5 日	-0.06	0.01
6 日	-0.07	0.01
总计		0.04
平均		0.013

这样就得到了适用于个股万科 A 的一个每天波动的差值 0.013，它可以起到过滤作用。有些行情软件上的指数值可能只精确到 0.01，这样的话可以修改一下数值精度，或直接把数值扩大到 0.02，总之，可以过滤掉一些微小的波动即可，此为目的。

交易品种的选择

使用 MACD 指标作为参考依据的交易者，他们的交易品种几乎覆盖了所有市

场品种，包括股票、基金、期货、外汇、现货等，当然也将包括即将推出的期权。

其中，主要的交易品种还是集中在股票和期货。对于具体的交易品种的选择上，交易者自己应该有一个自己的选择标准。

在 A 股中，不同的个股在相同时期内的表现可能相差很多。面对 2500 多只个股，很多人会感觉满眼都是机会，可自己买进的股票表现却乏善可陈。我们建议交易者要客观地面对机会，你所看到的在近期不断上涨的股票，也许只占到股票总数的百分之一。任何一次买入的选择都是在一定的概率之下。

通常来说，选时比选股更重要。我们建议采用自上而下的选股方式，按大盘——板块——龙头股这样一个顺序依次锁定目标。看大势做个股，这句话已经被强调了无数遍。先确定大盘的上涨时间窗口，然后选择强势的板块，最后选择该板块中的强势个股。

在我所遇到的很多经验丰富的交易者中，有很多人会选择做 ETF 指数型基金。这样做有很多优势，比如：

（1）省去大量的选股时间和精力。

（2）很少停牌。

（3）成交量大，波动流畅，规律性强，不易被操纵。

（4）价格低，有利于做变相的 T+0。

（5）享受市场平均涨幅，操作得当的话相当于选对强势板块。

在这里，我们也建议交易者多关注指数型交易基金，比如，50ETF（510050）、180ETF（510180）、深 100ETF（159901）、中小板 ETF（159902）、创业板 ETF（159915）、创业板 B（150153）、银华稳进（150018）等。

如果自己的选股能力较强的话，可以把资金分成两部分，分别用来做 ETF 和个股，经过一段时间之后，再对比一下交易成绩。多数情况下，做 ETF 不会逊于做个股。

在选择个股时，我们建议遵循以下一些原则：

（1）流通盘适中，股性活跃，波动流畅。

（2）没有很多毛刺，看上去漂亮。

（3）基本面良好，不是所谓的妖股。

（4）量价配合好，换手率适中。

（5）熟悉的，曾经做过的更好。

（6）有板块支持，群动的更好。

（7）留意创新高的个股，强者恒强，找好入场位置。

通过中小板与上证指数的走势比较，见图 8 - 15，以及中小板与上证指数的涨跌统计，见表 8 - 16，可以看出操做中小板个股或中小板 ETF 的一些优势。

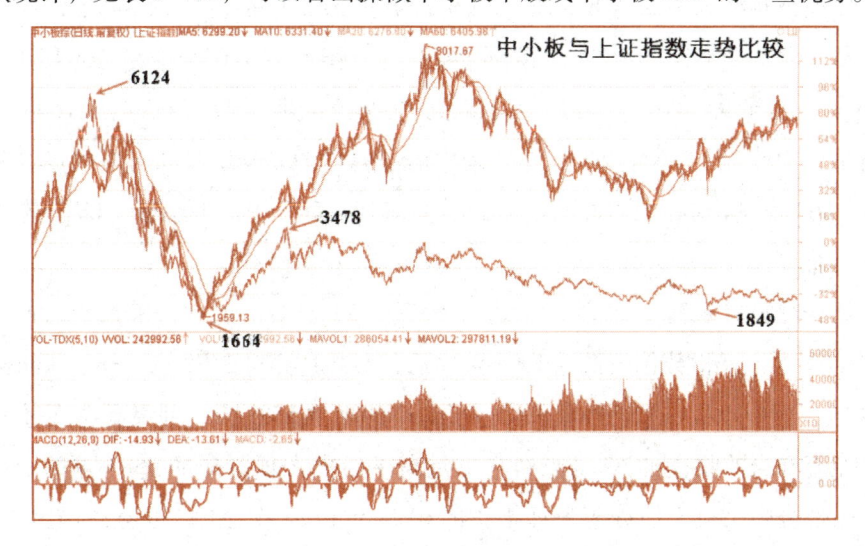

图 8 - 15　中小板与上证指数走势比较

在图 8 - 15 中，我们将上证指数与中小板综指（399101）叠加到了同一张图表上，并且在上证指数图上标出了标志性的点位：6124 点、1664 点、3478 点和 1849 点。可以看出，两个指数的涨跌节奏有一定的同步性，但中小板的上涨幅度远大于上证指数。在表 8 - 16 中列出了这几个顶点发生的日期、相对应的点位和涨跌幅度的统计结果。

表 8-16　　　　　　　　　中小板与上证指数涨跌统计表

日期	上证	涨跌幅	中小板	涨跌幅	50ETF	涨跌幅	中小板 ETF	涨跌幅
2007/10/16	6124		5583		4.483		2.662	
2008/10/28	1664	-72.83%	1959	-64.91%	1.105	-75.35%	0.920	-65.44%
2009/8/4	3478	109.01%	4924	151.35%	2.723	146.43%	2.270	146.74%
2011/11/11	3186	91.47%	8017	309.24%	2.175	96.83%	3.461	276.20%
2013/6/25	1849	11.12%	4645	137.11%	1.387	25.52%	1.882	104.57%
2014/4/23	2067	24.22%	6231	218.07%	1.505	36.20%	2.200	139.13%

以上证指数来看，表8-16中列出的数据的意思是，从6124点跌到1664点下跌了72.83%；从1664上涨到3478点上涨了109.01%；从1664上涨到3186点上涨了91.47%；从1664上涨到1849点上涨了11.12%；从1664上涨到目前的2067点上涨了24.22%。表中的涨幅指的是4个日期对应的点位分别对于1664点的涨幅。其他三组（中小板综指、50ETF、中小板 ETF）的统计以此类推。

结合图与表来看，上证指数的历史大顶6124点对应的中小板综指的点位是5583点。在上证指数创出低点1664点之后，最高达到过3478点，还从未再涨过6124点，而中小板综指已经数次涨过了对应的高位5583点，并最高达到过8017点，截至到当前收盘的6231点，它也是高于历史大顶对应的5583点的。这说明，大部分中小板个股处于上证指数的6124点位水平之上。很容易得出结论，做中小板会比做权重股更有优势。

对于期货品种，我们也建议选择那些参与人数众多的大品种，比如股指期货、橡胶、螺纹钢等。期货品种的选择，需要考虑的一个很重要的因素是，对品种波动性的熟悉程度。有些交易者更熟悉一些相对小的品种，对他们的波动更有把握，对他们有独到的见解。相对来说，30多个期货品种要比股票数量少得多，更容易熟悉他们的波动个性。选择适合自己的操作风格、资金规模、风险偏好、交易策略的品种。

对于现货和外汇，我们建议交易者首先要选择好交易平台。因为这方面的不正规平台比较多。交易者一定要擦亮自己的眼睛，不熟悉的不做。做交易首先要有分辨能力，分辨行情是一方面，分辨交易平台更加重要。务必选择受国家监管，资金接受正规渠道的第三方存管，可以随时出金的正规平台。注意，通过正规渠道做交易，收益才有保障。

最后提醒各位交易者关注即将推出的期权品种，包括中国金融期货交易所（中金所）的沪深300股指期权及上证50股指期权、上海证券交易所（上交所）的个股期权及ETF期权、大连商品交易所（大商所）的豆粕（或焦炭）期权、上海期货交易所（上期所）的铜期权和黄金期权以及郑州商品交易所（郑商所）的白糖期权。

对于技术派的系统交易者来说，所有的品种都只是代码和波动性的不同，他们都是做差价的工具。选择公平、公开、公正的平台，选择流动性、波动性适合的品种，利用优势策略持续获利，这就是我们要做的事情和要实现的目标。

"对任何事情，我和其他人犯同样多的错误，不过，我的超人之处在于我能认识自己的错误。"

——金融大鳄 乔治·索罗斯（George Soros）

第十节 "善输、小错"是成功的关键

在股市中想要稳定持续地获利，建立一套适合自己的交易系统几乎是唯一的途径。任何成功的交易者都有一套符合自己风格的交易系统。而系统化交易的关键则是"善输、小错"。交易是一个善输者的游戏，只有谦恭地对待市场，听市场的话才能有好的收益。

因此，我们提出一个经历大量实战的交易者才能真正认识到的问题，就是必须真正地接受亏损才能建立起自己的交易系统，并且才能一贯执行。只有构建属于自己的交易系统并且严格执行的交易者才能在市场上生存下去，才能获得持续

稳定的盈利。

很多交易者仅仅把接受亏损的概念停留在思维意识中，更有甚者还没有准备接受亏损。知道止损与接受止损并执行止损还有一定差距。很少有人能够做到连续按照条件果断止损，能够做到连续10次按照系统信号离场的人可能不到20%，能够持续严格按照既定系统执行的人可能不到1%。

市场好像有一种魔力在阻止人们下单止损，这是人们的"贪婪"和"恐惧"心理在起作用，人们害怕做出后悔的决定。在进场时，倾向于寻找更好的价位；在盈利时，倾向于等待更多的利润；在亏损时，倾向于等待市场反弹。而行情就是"在犹豫中上涨，在希望中下跌"。这些都是没有系统化观念的表现，不能客观地、果断地做出对策，最终的命运往往就是错失好的时机。

时机优先于价位，为了几个价位而错过一次操作时机，这是因小失大的表现。从价格与成交量上来看，恐慌性杀跌往往是由大亏的账户不顾成本地疯狂卖出造成的。剧烈的价格波动反应的是人们割肉时的慌不择路，而这时也往往是阶段底部，因为这时是大多数感觉交易者"绝望"的时候。

没有合理的离场计划，不仅会对账户资金造成损失，更主要的是对信心的打击。这是一个决定成败的关键，可很多人还是不能正视，甚至是不愿面对。其更大的损失是使交易者失去了构建自己的交易系统的机会，或者失去了继续使用交易系统获得利润来弥补亏损的机会。

客观上看，盈利其实就是要尽量做到上涨时在市场内，下跌时在市场外。如果在一次完整的上涨与下跌循环之后让你再做选择的话，你一定会选择在上涨之初进场，在下跌之初离场。躲过的下跌是在为以后的上涨积累空间。

交易系统并不神秘，大部分交易系统源于一个观念，"截断亏损，让利润奔跑"。高成功率的交易系统基本上很少，即使存在也因为选择了过于严格的限定条件，这会使得交易机会变得很少，或者靠缩短交易周期来换取高成功率但相应的获利空间也会变小，以至于一次大的亏损就将数次的盈利化为乌有。大部分的交易系统的成功率在50%左右，而捕捉大趋势的交易系统往往仅有40%左右的成功率，在这种低成功率的情况下，止损的作用就显得极为重要。尽量使每笔交易的亏损限制在5%到10%之内，而用捕捉到的大R（高盈亏比）的利润来弥补损失并获利。如果没有铁的纪律来执行止损，又怎么能持续执行交易系统，直到捕捉到大趋势呢？所以说，交易必须有一个大局观、策略观，输掉一次战争，赢得一场战役。

不"善输"的交易者多数死在了黎明前的黑暗而看不到第二天的太阳。抱着侥幸的心理拒不认错会对系统化交易者造成如下负面影响：

首先，容易对交易系统失去信心，背离成功交易的正确方向。交易系统本身造成的亏损是交易系统本身能预料到的，它是合理的用来换取更大利润的战略性亏损。所谓"欲想取之，必先予之"。"系统内的亏损是正确的亏损"，严格执行符合正期望的系统必然会获得回报。而抛弃系统，拒不认错的行为，往往会造成更大的亏损。有些交易者会认为亏损是由系统造成的，这种回避责任的想法是十分不利的。要知道，交易系统只是工具，它是交易者交易思想的物化。如果错也是交易者本身的交易思想或方法的错误。

其次，导致资金的大幅缩水，增加机会成本。做不到"善输、小错"不仅会使资金减少，而且会错过很多好的获利机会，这就是机会成本。如果先前能做到严格止损，那么后面就会有更多的资金来把握成功率较高的机会。这样一来一去，就会相差很多的获利机会和利润。

最后，重新进入只重技术分析的误区。交易者偏向于追求入场的准确率，而忽视离场的技术。由于不肯面对亏损，不能接受低于心理预期的胜率，因而不能使交易系统完成。最终摒弃系统化交易而重新进入以技术分析提高准确率的误区。这样，使刚刚出现的星星之火就熄灭在了萌芽中。

综上所述，"善输、小错"，乐于接受亏损是系统化交易成功的关键。我们的系统是为多次交易准备的，一次普通的战斗不足以影响一场大的战役的结果。如果有这样一个系统，其成功率为50%，盈利与亏损比为3R：1R，即R值为3，那么，一次操作的亏损会增加另一次操作的成功率，只要我们坚持这个交易系统，止损掉的1R不但会被下一次盈利的3R弥补，还会有2R的利润。我们为什么不用期待亏损的心态来做交易呢，这样会淡定很多！当然是在系统化交易的基础上。

> "从心所欲，不逾矩。"
>
> ——《论语》

第十一节　从感觉交易到系统交易

初入股市的交易者往往是靠自己的感觉进行交易，但这种感觉又常常是一种错觉，它是灵感的低级形式，不可能靠这种感觉持续获利。一个经历长期失败的交易者能够通过交易系统来规范自己的交易行为，从而转变为一个系统交易者，这是进步的表现，是一个失败的交易者走向成功的重要一步。

不可否认，直觉（灵感）是存在的，它是交易的高级形式，属于艺术范畴，投资大师眼中的交易永远是技术和直觉的完美结合，同时也是科学和艺术的结晶。可对于尚在通向成功交易之路上不断探索的交易者来说，不经过足够多次的实战操作很难获得像投资大师那样的直觉（灵感）。再者说，投资大师也不是只靠直觉成为大师的，直觉是在一定实力基础上的灵光乍现！

我们可以把交易者分为感觉交易者和系统交易者，前者是指按照非系统性的主观方法进行操作的人，后者是指按照交易系统进行操作的人。感觉交易者由于判断依据不是相对固定的，因此他的买卖点也不是相对固定的。系统交易者的判断依据是相对固定的，能够"复制"交易，而感觉交易者很难重复按照主观依据实现一致性的交易。

交易新手经常会与他人讨论行情，但很少能形成一致的观点。通常，市场中永远会存在对手盘，行情有涨有跌就会有人看涨或看跌。同为技术交易者，为何对行情的看法有如此大的差异呢？原因在于人们理念和方法的不同。有些人是趋势交易者，关心的是一段时期的价格变化；有些人是短线交易者，关心的是当天或明天的价格变化。由于长线与短线的周期不同，趋势与震荡的理念不同，左侧与右侧交易的选择不同，等等，这些造成了对同期行情的看法各不相同。

不同的交易理念就是不同的交易世界观。如果不能理解对方的理念，那么持有不同做股理念的人很难彼此说服。不过，时间和成绩可以说明一切。未来的行情最终会变成静态的图表，这对于所有人都是"客观"的，而相应的"对策"才是每个交易者应该重点关注的！不同类型的成熟交易者，尽管交易理念与手法不同却都能实现盈利。拥有完善系统的交易者已经过了猜行情的阶段，一切由市场说了算，让概率去发挥作用。"任他东南西北风，执行系统不放松"！

对于交易者而言，最大的遗憾是由于主观猜测而导致错失良机。在2007年的大牛市中，很多人最终并没赚到多少钱。"赚了指数不赚钱"，这是为什么呢？原因是很多人都会自然而然地产生恐高心理，主观认为低吸安全而恐惧买高。人们通常会倾向于兑现到手的利润，一拉升就认为价格涨得太快太猛要面临调整了，于是选择先卖出想等价格跌下来再买，不料大盘一涨就没回头，从3000点一直涨到了6000多点。

感觉经常会产生偏差，使交易者被市场误导。交易者在牛市中被训练成牛市思维，结果在熊市到来时，长线的交易者还不肯离场，短线的交易者还会不断追涨杀跌。熊市则会相反。市场情绪使交易者失去了对行情的客观判断。一些新手，包括一些没有吸取经验的老手，他们会不分行情阶段地长年在市场里厮杀。没有机会创造机会也要做，他们的感觉总是指向多头。

当多数人恐惧的时候应该贪婪，当多数人贪婪的时候应该恐惧。这话不假，但如何界定其中的度却是问题。在上涨的狂欢中，新手总感觉手里有股票不够强，好像股票总是别人的好一样。在下跌的绝望中，老手总感觉底部临近，实际上底部一直在降低。"新手死在追涨中，老手死在抄底中"。而成手却能审时度势，不是靠感觉，而是靠系统化交易来应变自如，处之泰然。

凡事预则立，不预则废。每个成功的交易者都会有一个交易计划。即使有些成功的交易者没有听说过交易系统，而实际上他们也是在按照系统化的方法进行交易。一些高手不会按照一组条件来真正一一对比是否满足开仓条件，因为他们已经把系统潜移默化到了骨子里，真正做到了手中无剑，心中有剑。

交易系统的概念在国内被众多交易者接受也是近些年的事情。越来越多的人开始重视系统化交易。也可以说，每个交易者都是系统交易者，只不过每个人在交易系统的完整性和合理性上存在着一些差别。好的交易系统是经过实践证明了的能够长期稳定盈利的系统，它是完整的、连贯的、前后一致的；差的交易系统是不完整的、间断的、前后矛盾的，因而不可能稳定地盈利。

有些交易者会听股评或者看网上的高手讨论，有专家推荐某只股票就会考虑买进。可是买入之后就再没了下文，倒不是专家跑路了，而是因为专家并不会一贯地点评某一只股票或连续地公开自己的交易。专家通常只会推荐买入不会推荐卖出。买入之后，如果涨了在哪止盈，如果跌了在哪止损，这些问题只能靠自己解决。

实现稳定盈利的最现实的途径就是独立的系统化交易。成熟的交易者应该建立起一套属于自己的完备的交易系统。交易系统因人而异，就像不同的人具有不同的性格一样，性格不能复制，系统也不能复制；有的人喜欢用K线，有的人喜欢用指标，有的人喜欢激进的方法，有的人喜欢稳健的方法。

市场总是偏爱有准备的人，谁犯的错误少谁就离成功更近一步。交易系统不但能够帮助我们积累交易经验，还能够帮助我们控制风险并实现盈利。系统是对主观经验的客观总结，容易形成对行情的客观认识。按照系统一致性操作，同样的获利模式可以为我们捕捉到同样的利润。

经过足够多次的一致性操作，系统的概率作用就会显现。系统有助于交易者排除自身情绪和主观愿望的干扰，从而避免过早或过晚地离场。市场处于非对称的循环中，也是相对平衡的。交易系统在付出必要的成本之后，一定会迎来收获期。对于感觉交易，这种概率作用就不会显现，因为不固定的方法在一次交易付出的成本并不会增加下次交易的胜率。

做交易的至高境界应该是"不赌"，因为久赌必输，高手会尽量把握不可避免的涨和跌。实现稳定盈利的交易者都是概率的信徒。

从感觉交易到系统交易是交易过程中的一大进步，很多交易者都是由系统交易开始实现稳定盈利的。只有系统交易才是可控的、可预期的，才能把不确定性

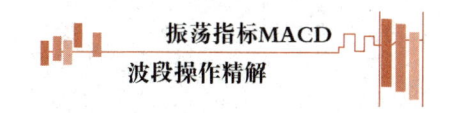

降到最低的程度。如果对交易结果没有一个合理的预期那么交易的结果就全靠运气了，这是对自己资金的不负责任。交易中的感觉并没有生活中的感觉那么美好，在交易中应该尽量做到没有感觉，只有纪律。我们只是策略的执行者，我们"只管等到有钱躺在墙角，走过去把它捡起来"。

"有道无术，术尚可求；有术无道，止于术。"

——《遥远的救世主》

第十二节　投资之道

平常心即道，道法自然，一切都在规律之中，复杂的不是行情，而是人心。交易之道，大道至简，小术无常，惟有用心感悟，身体力行，大胆假设，小心求证。服从趋势，坚守原则，倚仗概率优势。

行情总是朝阻力最小的方向行进。个人的资金只是市场这片汪洋大海里的一滴水，市场并不关心我们这些小水滴如何想，大海自有潮流，潮流并不以个人的意志为转移。市场很强大，我们只能顺应它，做一个随波逐流者。

不应对抗市场或尝试击败它。趋势来时，应之，随之。无趋势时，观之，待之。善胜者，无智名，无勇功。当无时无刻不在市场里操作的人忙进忙出时，它们在为我们创造机会。市场是博弈场，不犯错的人从经常犯错的人手里攫取利润。

盈利需要靠大大小小的很多次利润的积累，不能每一单都有暴利的想法。单边行情可遇不可求，坚持既定的操作原则，最终会以概率的形式收获单边行情。切勿急功近利，控制风险始终是第一原则。赚钱从来不是容易的事，下单持股如履薄冰，小心驶得万年船。

交易之道，先为不可胜，以待敌之可胜，胜可知而不可为。没有行情是创造

不出行情的,当你想挖掘行情时,一定是风险很大的时候。行情如四季一般循环,春生夏长,秋收冬藏。春天不是创造出来的,春天是时节的周期,是恒古不变的道理。不要总想着在冬天播种,这时候最该休息。

时机优先于价位,好的位置不必在意几个价位的得失。交易不是精确的科学,它更像是模糊的艺术。花费精力在追求买在最低点并卖在最高点是徒劳无功的。行情的转折位置是一个区间不是一个点。每一次进场都应想好出场策略。以最小的代价换取有利的位置,一旦行情未按预期发展应想办法尽早退出。

需要学会放弃,任何方法都有不适应的行情。能顺应趋势轻松地赚钱时,不会再执着于风险大而且获利有限的小区间。有时你只需暂时停止交易,而不是否定一个方法。用归纳的方法形成系统,这个系统应该具有一定的适用性。成交量是价格之外的另一个界定区间的重要依据。

交易最基本的原则是轻仓、顺势、止损和持长。截断亏损,让利润奔跑是每个成功交易者的秘诀。多头市场上,大多数股票可以不必担心暂时的回撤,调整之后会重回升势。做对的单子要拿得住,做到有风使尽帆。任他东南西北风,抱住盈利不放松。利润总是能很好地照顾自己。

最低的一档永远是最贵的一档,没有人能经常买到最低点并卖到最高点。做大概率的事,一种方法有80%的概率一单获得50%的利润,另一种方法有20%的概率一单获得100%的利润,我们应该选择前者。

人的天性不适合做交易,用盈利培养正确的交易习惯。用正确的下单提升获利信心,用合理的止盈保护超额利润,用合理的止损为下次开仓赢得更好的位置。在心理上追求单次交易的最大利润会损失多次交易的整体利润最大化。

卖出是比买入更难的技术。会买的是徒弟,会卖的是师傅。对持仓的处理能力是区分高手和低手的重要标志。重视对亏损单的处理能力。失去控制的单次大亏是对本金和信心的双重打击。最大回撤是对操盘手的重要衡量标准。

交易是输家的游戏,善输小错在空头市场中尤为重要。最早的亏损是最便宜的亏损。在一个明显的空头市场,如果因为害怕遭受小的亏损而拒绝出局,迟早会遭受更大的亏损。当持仓亏损时,切忌加码再搏。在不利的区间,多做多错,少做少错,不做不错。你不能决定盈利却能控制亏损,止盈靠行情,止损靠纪律。

做到截断亏损,让亏损消失在萌芽中。无论过去曾经有过多少个100%的盈利,现在只要损失一个100%,你就一无所有了。一个跌停10%的损失需要涨11%才能赚回来,一只股票从20元跌到10元只要跌50%,而从10元涨到20元却要涨100%,资金也是如此。

一只处于下降通道中的股票,任何时候卖出都是对的。重仓和大亏会造成心理压力,时间越久越难以下决心离场。陷入困局时先出场一半仓位,以减少心理压力。认识到波段的循环,分清波段的起止,有章有法地进退。学会让资金分批进场。一旦首次进场资金发生亏损,第一原则就是不能加仓。熊市下跌途中,做的是时间不是股票。

中小投资者不需要战略建仓,不要相信股评的长期价值投资,那多是给套牢者的自我安慰,而损失的金钱和时间却是实实在在的。明显下跌趋势中,在没有反转之前的价格回升都看作反弹,根本不值得兴奋和参与。有所不为才能有所为。有时什么也不做,就是一种最好的选择。不要担心错失机会,善攻者必善守,善猎者必善等待。等到符合盈亏比的升浪时机出现时再动手。

交易之道在于耐心等待。反弹不是底,是底不反弹。底是磨出来的,不要去盲目测底,更不要盲目抄底。没有买不到的股票,明天买与今天买对于趋势交易者来说并没有多大区别。要知道,底部和顶部都是最容易赔大钱的区域。新低与新高都可能是一座大山的半山腰。

耐心是一种美德。盈利单要持长扩利。成功的农夫绝不会在播种之后,每隔几分钟就把它们挖起来看看长的怎么样,他们会让谷物发芽,让它们生长。利润是对下单行为的肯定,每次出手都可能是单边的起点。把对亏损的忍耐多拿出一些放在盈利上面。

股市如战场，资金就是你的士兵。孤注一掷不可取，尽量保持系统的正常运转。你可以被市场打败，但千万不能被市场消灭。我们来到这个市场是为了赚钱，但是这个市场却不是全自动提款机。进入股市，就是要抢劫那些时刻准备抢劫你的人。永远不要满仓，在不知道电梯是向上还是向下时，最好先踏上一只脚试试。

资金管理是战略，技术分析是战术。在每 3 次交易中，即使有 1 次交易亏损了，但只要把这次亏损控制在本金的 10% 以内，用另外 2 次交易的其中 1 次小赚去弥补这次亏损，用 1 次大赚去扩大利润，长此以往可以画出漂亮的资金曲线。

市场如潮人如水，你无法控制市场的走向，所以不需要在自己控制不了的形势中浪费精力和情绪。不要担心市场将出现怎样的变化，要担心的是你将采取怎样的对策回应市场的变化。对策比预测更重要。进场后行情证明你正确你该怎么办，进场后行情证明你错误你该怎么办。每次在盘中的随机决定都是对以前积累的经验的否定。

市场具有分形的特性，同一品种在不同周期内可以出现相似的价格形态。市场的博弈又导致不同品种的价格波动具有一定的共性，他们可能在一些位置出现相似的价格形态。由于主力资金的博弈手法的不同以及价格波动性的不同，同一交易系统在不同品种上的应用效果会有差别。符合交易品种的波动秩序的系统更具有盈利能力。

胜率与盈亏比决定了你的成绩。进场的准确率并不是最重要的，重要的是当你正确时，你盈利了多少，当你错误时，你亏损了多少。开始交易之前，想想你凭什么赚钱，是否有占优势的系统方法，是否有强大的自控能力，是否有足够的资金支撑你在实现盈利前的试错。最大的风险来自于那些未知数，海底的沉船都有一堆航海图。

阳光下没有新鲜事。你现在所遇到的各种市场行情以及操盘心理，自从有交易市场以来就一直存在。成功的秘诀是明显而难以遵守的纪律。清晰地知道哪些行情该回避，哪些行情该抓住，你的利润主要来源于哪些行情。面对诱惑产生的

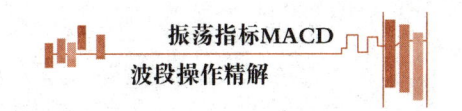

贪心是所有错误的根源。合理的预期能让你更加客观。

交易比的不是谁活的惊心动魄，而是比谁活的更长久。要知道，稳定就是暴利。市场从来不缺少明星缺的是寿星。在错误的方向上跑的再快也是徒劳，在错误的方向停止就是前进。知止而有得，一个成熟的方法足以让你笑傲股市。股票和交易不是生活的全部，生活中还有更美好的事情！

盘后阅读之十　足球与交易——献给19届南非世界杯

在本书的写作过程中恰逢南非世界杯如火如荼地进行，写下此文作为纪念，也作为全书的结尾。希望所有投资者都能享受生活，享受交易！

本届世界杯首次在非洲大陆举办，却是最近几届比赛中质量不算太高的一届，最终西班牙与荷兰闯进决赛，足球新贵西班牙人捧走了大力神杯。赛前看好的巴西和德国队表现尚可，荷兰足球也再创了一次辉煌，但个人感觉荷兰人踢的并不漂亮，在决赛中的表现更是乏善可陈，破坏了足球原来的味道。足球本来就是游戏，总能带给我们一些乐趣和体验，这就足够了！

不再赘述观感，谈一些与足球相通的博弈之道。足球比赛和证券交易有可比性吗？答案是肯定的，因为足球也是博弈游戏。很多竞技体育项目都是博弈的，它们与交易之间存在着相通的道理。在博弈中的一些优势是通用的，比如，在技术上更占优势的一方容易赢，有纪律有战术的一方容易赢，少犯错误的一方容易赢。

先从阵型说起，看球的人都知道，足球讲究排兵布阵，比如常见的4-4-2、5-3-2、4-3-3等，它表示后场——中场——前场阵线的球员数量，再加上1名守门员，正好是11名队员。对于职业球队来说，阵型不是一成不变的，可以根据对手的变化而变化，甚至同样一种阵型都可以有不同细节上的变化，比如 5-3-2 阵型，把两个边后卫提前就变成了 3-5-2。世界名帅里皮可以根据场上形势改变打法，可以由打 3 后卫改打 4 后卫或者 5 后卫，正如兵法所讲的"阵而后战，兵法之常，运用之妙，存乎一心"！

那么，这些对交易有何借鉴意义呢，交易也需要"排兵布阵"吗，当然如此！交易中的阵型就是资金管理。在球场上，每一方有 11 名上场球员，其中有一名球员作为守门员是通常不参与进攻的，这就像"永远也不满仓"一样，一定要有部分资金处于"防守"状态，以备不时之需。

其余 10 名球员组成的足球阵型与开仓比例十分相似。我们可以把"资金阵型"看成按一定比例分三批买进，4-4-2 就是 40%-40%-20%，5-3-2 就是 50%-30%-20%，其中的 5-3-2 更像是"金字塔式加仓"，从底部往上按一定比例递减加仓，避免在顶部重仓，防止稍有回调就陷入大亏的被动局面。

再来看"教练"的作用，"教练"就是球队的策略制定者，这在交易中对应的是"人"的主导因素。交易者经常把自己看作是球员而不是教练员，他不是从一个更高的角度去看待这场博弈，这就少了一些策略性多了一些盲动性。"教练"应该制定出一套战略体系，应主要包括攻防策略（出入场策略）、阵型（资金管理）、体能与心理训练（交易心理控制）等三大方面，可以看出，两种博弈在战略方面非常相似！

足球场上的技战术体系如同交易中的交易系统一样，对于职业球员来说进攻与防守都是有"模式"可循的。两三名球员之间可以借助一定的模式进行跑位和传球，打出精妙的配合，突破防守形成射门。对于足球大师来说已经把这些"模式"内化了，这与投资大师把一些技术理论都内化了是同样的道理。在大师的眼里，不管是足球还是交易都已成为了博弈的艺术！

再来看一个关键问题，这里还是回避不了中国足球，中国男足的水平一直落后，那么差距在哪里呢？我们不讨论大环境的问题只讨论在场上球员和教练能改变的事情。足球竞技水平在球员身上的影响因素无非有三个：一、体能、身体素质；二、技战术素养，脑子要好使；三、心理综合素质，临场发挥要好，适应能

力、解读与掌控比赛的能力要强。

中国的球员在身体素质上可以说不逊于亚洲的任何对手，差距基本在于有球运动中对细节的处理上。那么在交易之中低手与高手的差距在哪里呢？同样，在于动态行情中对"持仓"的处理上，而并非很多人以为的"开仓"上！有经验的交易者应该会赞同这个观点。

球员在高速运动中，身体处于高强度对抗时，竞技水平立分高下。速度和强度每提升一个等级，球员的水平差距就会越加明显，比如梅西在高速的强对抗中，可以在很短的时间内完成停球、转身、摆脱，而绝大多数中国球员光是停球就要好几下，然后再观察对手，再处理球，这时有威胁的进攻机会早已消失。同样在防守时，国内球员经常犯低级错误，这也是由于在细节上处理得不好造成的。

交易中的细节问题，在短线操作中显得尤为重要，很小的误差都可能使整个短线交易系统失效。股票交易短线是在T+1制度下进行的，我们建议尽量少做盘中的变相T+0，因为对中小投资者来说，这是在交易制度限制下的劣势交易，大资金或机构在T+1规则下进行T+0才会有优势。

对于在T+0规则下的期货或期权交易，我们建议交易者防止过度交易，因为交易一旦过度，就会使成功率降低，容易"做的越多错的越多"。适当减少交易，能提高你的成功率，特别是对于日内比较"妖"的品种，波动快速，波动幅度大，在交易时更要注重细节。坚决按计划执行，不要盘中临时凭感觉追涨杀跌。计划外的盈利往往会伴随着计划外的亏损。

交易者可以思考一下，在自己所善长的博弈游戏中，经常赢的人是如何做到的，这些成功的方法同样适用于交易中。没有正式足球比赛经历的人可能对上面说的细节不容易理解，但交易者一定有自己善长的领域，比如围棋、象棋、乒乓球、篮球等等，只要是博弈游戏就可以。

要想成为一个行业的高手，都要经历由新手到熟手再到成手的过程。"功夫"是需要时间和阅历的，成手做交易就像经验丰富的驾驶员开车一样，知道按"路况"选择"驾驶策略"看见"红灯"停车休息，看到"绿灯"起步前行，

一切都是驾轻就熟。在操盘手中有句话讲"不做3000笔不足语交易",这句话是说一定要有量的积累才会有质的提高。所谓"万法同理,殊途同归",希望各位交易者在这项资金的博弈中不断创造佳绩!同时,交易不是生活的全部,多给自己一些生活的乐趣!

后　记

写作本书持续了近四个月的时间，在交易之余点滴而成，是作者一个夏天的成果，完成之余，倍感欣慰！作者从八年前从事股票交易开始，到转战权证市场，最后到商品期货市场，一直与技术指标打交道，交易成绩保持稳步增长。本书也算是完成了多年来的一个心愿，写一本详细介绍"指标之王"MACD和波段操作相结合的书以飨读者，同时也作为多年股票交易经验的总结。

股指期货推出之后，作者多数时间在从事股指期货交易与研究，崇尚系统化交易，以程序化交易作为研究方向。在程序交易中，能深刻体会到经典指标的好处。力求简单，才能更加适应市场的变化，否则市场波动风格稍有改变，交易系统就可能被市场无情地宣告无效。

所谓"为学日益，为道日损，损之又损，以至于无为"，这是一个逐步提升的过程，不可能一开始就悟道在简单阶段，开始的简单是入门，总要经过兼容并收，最后又化繁为简的过程！投资者开始接触技术指标是从感觉交易转向系统交易很重要的一步，从此会走上精研指标的道路，用"衣带渐宽终不悔，为伊消得人憔悴"来形容也毫不为过，但终有一天会悟得"众里寻她千百度，那人却在灯火阑珊处"！

在本书的写作中，再一次重温了经典指标MACD，也是对以前投资经历的回顾，个中滋味真是只有自己能够体会。

在此要衷心感谢一直以来关心支持我的家人和朋友们，感谢小尹给我程序化交易技术上的建议，感谢交易团队成员Bobic、Alex、Wangli、Deng，若没有你们

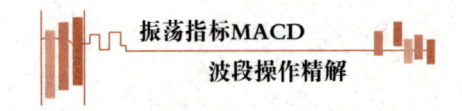

的支持，不可能取得如今的成绩。

本书虽力求完美，但由于写作时间有限，书中难免存在纰漏和不足之处，希望广大读者批评指正，提出宝贵建议和意见，作者将不断改进。

凌　波